BIBLIOTHÈQUE

DE LA REVUE GÉNÉRALE DES SCIENCES

HISTOIRE

DES

MATHÉMATIQUES

CONSTRUCTION et Usages des INSTRUMENS de
MATHEMATIQUE.

(Estampe du XVIIe siècle.)

HISTOIRE

DES

MATHÉMATIQUES

PAR

JACQUES BOYER

Illustrée de fac-similés de manuscrits et de portraits.

PARIS

GEORGES CARRÉ ET C. NAUD, ÉDITEURS

3, RUE RACINE, 3.

1900

PRÉFACE

Dans ce livre, nous nous sommes proposé de suivre l'évolution des mathématiques chez les divers peuples, depuis l'origine de la civilisation jusqu'à la fin du XIXe siècle. C'est dire assez, vu l'ampleur du sujet traité, combien de recherches intéressantes mais de second ordre toutefois, nous avons été obligé d'omettre. Aussi nous n'avons pas la prétention d'avoir épuisé une matière à laquelle Montucla au XVIIIe siècle, et Moritz Cantor, tout près de nous, ont consacré de gros volumes. Notre but est d'ailleurs différent : ces auteurs s'adressent à ceux qui savent, nous demandons simplement que ceux qui apprennent nous lisent. Nous avons donc banni de ces pages tout luxe d'érudition, nous n'avons donné de renseignements biographiques que pour les principaux mathématiciens, nous bornant pour ceux de moindre importance à faire figurer, dans une table placée à la fin du volume, leur date de naissance et de mort. Surtout, nous nous sommes efforcés de rester très *élémentaire*, en évitant, autant que possible, de surcharger notre récit de formules ou d'équations.

Malgré cela, on trouvera dans notre histoire certaines nouveautés. On rencontrera des noms que des ouvrages beaucoup plus complets n'ont même pas cités, et, on constatera l'omission de plusieurs autres dont la réputation surfaite par leurs contemporains peut être appréciée plus justement par la postérité.

Un mot encore sur l'illustration. Nous l'avons voulu exclusivement *documentaire*. Les fac-similés de manuscrits, d'ouvrages anciens ou de portraits sont des reproductions *photographiques* des originaux existant dans des collections publiques ou privées. Les historiens de la science s'inquiètent souvent très peu de ces détails qui, à notre avis, ont leur importance. En particulier, pour les portraits, ils adoptent la première gravure venue, sans s'enquérir de son authenticité. Nous avons jugé utile de procéder différemment : tous ceux qui figurent dans notre volume ont été soigneusement contrôlés, et nous avons toujours indiqué leurs sources.

Enfin, c'est pour nous un agréable devoir de remercier tous ceux qui nous ont aidé : M. Rebière, examinateur à l'École de Saint-Cyr, qui a mis libéralement à notre disposition les ressources de sa bibliothèque si riche en livres d'histoire scientifique; M. Gino Loria, professeur de l'Université de Gênes, M. Dikstein, de Varsovie; M. Paul Tannery, si compétent en ce qui touche la période hellène et M. Enestrom, l'aimable directeur de la *Bibliotheca Mathematica* de Stockholm. Ces savants nous ont communiqué de précieux documents qui ont facilité singulièrement notre tâche. De son côté, M. le commandant Brocard, de Bar-le-Duc, dont l'érudition n'a d'égale que la complaisance, a bien voulu nous aider dans la correction des épreuves. Qu'il nous soit permis d'assurer ces divers mathématiciens de notre profonde gratitude.

Paris, le 2 août 1899.

HISTOIRE

DES MATHÉMATIQUES

CHAPITRE PREMIER

Les Mathématiques chez les anciens peuples de l'Orient.

Indiquer d'une manière précise l'origine des mathématiques, serait téméraire. Si l'on veut entrer dans cette voie, on se trouve réduit à formuler des conjectures plus ou moins plausibles, à édifier des théories douteuses que des textes postérieurs permettent toujours de justifier en les tourmentant savamment. Nous laisserons donc érudits ou philosophes disserter sur ce sujet, et dans cette histoire nous ne remonterons pas au delà des premiers documents authentiques.

Autrefois, la Chine passait pour le berceau des mathématiques comme des autres sciences ; mais, d'après les récents travaux des sinologues, on peut avancer avec certitude que la géométrie et l'arithmétique des Chinois de l'antiquité étaient bien rudimentaires. Ils connaissaient peut-être, depuis une époque fort reculée, les éléments de l'arpentage, et ils paraissent même avoir découvert, indépendamment des Grecs, les propriétés du triangle rectangle quand les côtés sont entre eux dans un rapport simple comme 3, 4 et 5. Pour calculer, ils représentaient les nombres au moyen de cailloux arrangés par séries, sorte d'abaque embryonnaire. Telle fut leur science pendant plus de deux mille ans. Il fallut l'arrivée des Européens, et surtout des astronomes arabes de Mérageh (XIIIe siècle), pour que la mécanique, la navigation, la gnomonique, fissent quelque progrès dans le Céleste-Empire.

Les Hindous semblent également, comme nous le verrons plus loin, avoir usurpé leur réputation d'inventeurs de nos chiffres. Quant aux monuments laissés par les Chaldéens, les Phéniciens et les Babyloniens, ils sont assez rares, mais ils suffisent à prouver que le niveau mathématique de ces peuples était peu élevé.

Voici, d'après les orientalistes contemporains, la notation des nombres, en écriture cunéiforme :

= 1   = 10   = 100

En outre, les deux principes de représentation des nombres (additif et multiplicatif) apparaissent pour la première fois dans leur système. Les nombres plus petits que 100 sont exprimés par les symboles d'addition. Ainsi ils écrivaient :

= 2   = 3   = 5

= 21   = 30

Pour les centaines, ils indiquaient par un coefficient plus petit, placé à gauche de 100, combien de fois ce dernier était multiplié.

= 1000   = 2000

D'autre part, les Babyloniens ne savaient pas écrire des nombres supérieurs à 1.000.000 ; du moins on n'en a pas encore rencontré dans les inscriptions déchiffrées jusqu'ici. Les plus anciens documents mathématiques qui les concernent, sont *deux tablettes* trouvées récemment[1].

L'une d'elles, datant d'une époque comprise entre 2300 et 1600 ans avant notre ère, contient une table des carrés des nombres entiers jusqu'à 60^2. Les nombres 1, 4, 9, 16, 25, 36, 49 sont indiqués respectivement comme étant les carrés des sept premiers nombres. Il semble donc qu'ils connaissaient le système de *numération décimale*. Mais les carrés suivants s'y lisent ainsi : $1.4 = 8^2$; $1.21 = 9^2$; etc., ce qui reste inintelligible, à moins qu'on ne suppose les chiffres écrits dans la notation *sexagésimale*, où $1.4 = 60 + 4 = 8^2$; $1.21 = 60 + 21 = 9^2$, etc.

La seconde tablette se rapporte à l'Astronomie. Elle donne la grandeur de la portion illuminée du disque lunaire pour chaque jour, de la nouvelle à la pleine lune, le disque entier étant supposé partagé en 240 divisions. Les parties éclairées pendant les cinq premiers jours y sont représentées par la progression géométrique 5, 10, 20, 40, 1.20 (80) ; puis les termes suivants d'une progression arithmétique : 1.20, 1.36, 1.52, 2.8, 2.24, 2.40, 2.56, 3.12, 3.28, 3.44, 4, fournissent les illuminations du cinquième au quinzième jour.

Ces découvertes archéologiques montrent que les Babyloniens possédaient certaines notions arithmétiques, en particulier le principe de position qui nous sert actuellement, car mettre 1.4 pour 64 c'est supposer que 1 représente 60, l'unité de second ordre, en vertu de sa position par rapport à 4, — fait digne de remarque, cette règle ayant été seulement introduite dans l'arithmétique moderne vers le ve ou vi[e] siècle de notre ère. Maintenant, comment arrivèrent-ils à la conception du système sexagésimal ? Mystère. Si le choix de la base 10 s'explique parce qu'il correspond au nombre de doigts, celui du nombre 60 s'interprète

(1) F. Cajori. *A history of mathematics*. New-York, 1895.

moins facilement. La question n'est pas résolue, même après les travaux des orientalistes allemands, que nous ne suivrons pas sur ce terrain où tant d'hypothèses sont permises.

Quant aux connaissances géométriques des Babyloniens, elles se réduisaient à quelques constatations expérimentales. Les triangles et les quadrilatères leur étaient familiers, mais ils en ignoraient probablement les propriétés. Ils savaient diviser la circonférence en différentes parties, au moyen de ses rayons. Comme les Hébreux, ils prenaient pour valeur de π le nombre 3.

Leur Astronomie était plus savante, ainsi que deux calendriers déchiffrés il y a quelques années l'indiquent. Somme toute, en se plaçant à notre point de vue spécial, ces peuples possédaient un médiocre degré de culture, bien inférieur à celui des Égyptiens, desquels datent véritablement les Mathématiques.

Le *papyrus* de la collection Rhind, conservé au British Museum de Londres, et publié par M. Eisenlohr[1], appuie cette thèse. Ce manuscrit, écrit 1 000 ans environ avant Jésus-Christ, par un prêtre nommé Ahmes, serait la copie d'un original plus ancien remontant à 3 400 ans avant notre ère. Il renferme une collection de problèmes arithmétiques et géométriques avec réponses mais sans indication du procédé ayant permis de les obtenir. La première partie traite de la réduction de certaines fractions à une somme d'autres fractions ayant pour numérateur l'unité. Dans la seconde, se trouvent quelques exemples de division et de soustraction. Puis viennent divers problèmes se ramenant à la résolution d'une équation numérique. En voici un exemple, pour montrer leur genre. Trouver un nombre tel que lui-même augmenté de son septième soit égal à 19. La réponse donnée : $16 + \frac{1}{2} + \frac{1}{8}$ est exacte.

---

(1) Eisenlohr. *Ein mathematisches Handbuch der alten Egypter*. Leipzig, 1877, 1 vol. in-4° et atlas.

Enfin plusieurs questions d'Algèbre élémentaire terminent l'opuscule. Parmi celles-ci une ou deux se rattachent aux progressions arithmétiques, et elles semblent indiquer qu'ils savaient les sommer.

Un autre *papyrus*, découvert dans la nécropole d'*Akhmim* (ancienne Panoplis) et qui est aujourd'hui au Musée de Gizeh, nous renseigne sur les artifices de calcul usités. C'est le plus ancien document, actuellement connu, sur l'enseignement pratique de l'Arithmétique chez les Grecs. D'après M. Baillet[1] il est antérieur à l'invasion arabe, et son auteur paraît être un chrétien vivant probablement au VIIIe siècle ; mais on peut le considérer comme représentant la science égyptienne à une époque bien antérieure. Il roule sur la numération fractionnelle. On y considère toujours les fractions comme des parties aliquotes de l'unité, et à part $\frac{2}{3}$ aucune expression fractionnaire dont les numérateurs diffèrent de l'unité n'y figure. Tout cela est donc absolument conforme à ce que nous savons des principes de la numération des Égyptiens par le papyrus d'Ahmes[2]. D'autre part, la fraction est figurée par le seul chiffre que nous désignons aujourd'hui sous le nom de dénominateur, et on la note par la sigle du nombre entier correspondant légèrement modifiée, par exemple au moyen d'un double accent placé à droite. Les nombres ordinaux sont symbolisés par les mêmes caractères que les fractions, le nombre fractionnaire est caractérisé d'une manière analogue, en écrivant à la suite, sans aucun signe, les quantités qui s'additionnent, et les opérations à effectuer sont indiquées par les mots consacrés écrits parfois en abrégé.

---

(1) *Mémoires publiés par les membres de la Mission archéologique française au Caire*, t. IX. J. BAILLET. *Le papyrus mathématique d'Akhmim* (texte et traduction). Paris, 1892. Nous devons à l'obligeance de M. Leroux de pouvoir reproduire le fragment ci-joint.

(2) MORITZ CANTOR. *Vorlesungen uber Geschichte der Mathematik*, t. I. Leipzig, 1880.

Les premières pages du papyrus d'Akhmim sont occupées par les tables de multiplication des nombres entiers par des fractions, tables destinées à faciliter les calculs. Mais la partie la plus intéressante du manuscrit renferme cinquante problèmes avec leur solution. Ils se rapportent tous aux fractions, et sont rangés par ordre de difficulté. Leur variété est assez grande. Tantôt les données, tantôt les solutions changent, tantôt deux questions identiques sont résolues par des procédés différents. Cependant on ne se trouve pas en présence d'un ouvrage didactique composé par un professeur, certaines fautes semblent prouver que c'est un exercice d'enseignement, quelque chose comme le cahier d'un bon élève. Nous reproduisons ci-contre un facsimilé d'une partie du manuscrit. Voici la traduction du premier problème indiqué dans cette page :

« *Ex. 1.* — Il y avait une citerne ronde : le périmètre supérieur était de 20 coudées, le périmètre inférieur de 12 coudées, la profondeur de 6 1/2 coudées.

« *Sol.* — De même 20 et 12 font 32 ; la 1/2 de 32 fait 16. De même 16 [multiplié] par 16 font 256. De même 256 par 6 1/2 font 1664. De même divisez 1664 en 36, en sorte que [le résultat] est $46 \frac{1}{6} \frac{1}{18}$. »

D'après ce texte et la figure qui l'accompagne, il s'agit évidemment de chercher la contenance de la citerne. En effet, l'auteur fait la somme des deux périmètres, en prend la moitié et l'élève au carré, puis multiplie le résultat par la profondeur. Il assimile donc le volume du tronc de cône à celui d'un cylindre de même hauteur ayant pour base le cercle de rayon moyen, approximation permise. Mais le carré du périmètre d'une circonférence $4 \pi^2 R^2$ n'est pas la surface de cette figure πR^2, base du cylindre. Il fallait diviser le résultat obtenu par 4π ou par 12, si l'on s'en tient à la valeur approchée $\pi = 3$. Au lieu d'une division par

12 nous sommes en présence d'une division par 36, soit un nombre trois fois trop fort. L'auteur a commis là une erreur flagrante, ou encore il y a un changement d'unité non annoncé.

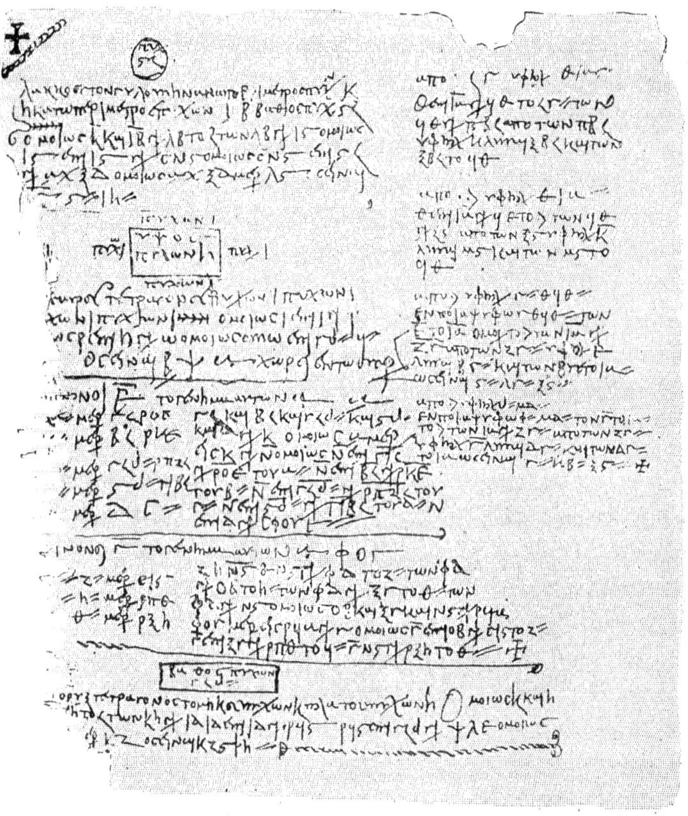

Fig. 1. — Le *papyrus mathématique* d'Akhmim.
(Fac-similé de la page 6, d'après l'original conservé au Musée de Gizeh.)

Les Égyptiens furent donc bien les initiateurs des Grecs en Arithmétique. Ces derniers, tout en inventant une numération écrite plus perfectionnée, en simplifiant les procédés de multiplication et de division, conservèrent les méthodes qui avaient d'abord fleuri sur les rives du Nil. Elles survécurent durant de longs siècles, elles furent même enseignées exclusivement dans les écoles élémentaires jusqu'aux derniers jours de l'empire byzantin.

CHAPITRE II

Les Écoles Ionienne et Pythagoricienne

La science hellène est facile à suivre dans son évolution. Elle prit naissance sur la terre des Pharaons d'où les philosophes, qui allèrent s'instruire auprès des prêtres égyptiens, en rapportèrent les principes élémentaires. Le courant se propagea ensuite en Sicile et dans le sud de l'Italie, repassa à nouveau la mer Égée pour s'arrêter enfin à Alexandrie qui fut pendant longtemps la lumière du Monde

Le premier qui introduisit la Géométrie en Grèce fut THALÈS, de Milet. Il vivait au VIIe siècle avant Jésus-Christ. Parcourant l'Égypte, en négociant sagace, il sut y glaner les connaissances scientifiques alors conservées si jalousement dans les temples. Puis, une fois de retour dans sa patrie, après avoir abandonné affaires et charges publiques pour se livrer entièrement aux spéculations philosophiques, aux observations astronomiques et aux Mathématiques, il fonda la célèbre école Ionienne. On lui attribue la découverte de plusieurs théorèmes relatifs aux triangles, et de certaines propriétés du cercle. Mais il est difficile de se prononcer avec certitude, à cause des opinions contradictoires des auteurs anciens. En particulier, la proposition suivante : l'angle inscrit dans un demi-cercle est droit, serait de lui. Il aurait même, au dire de Diogène de Laerte, été si content de l'avoir trouvée, qu'il aurait, sur-le-champ, sacrifié un bœuf aux dieux immortels. D'autre part, Plutarque nous apprend que Thalès étonna le roi Amasis en calculant la hauteur des Pyramides par la dimension de leur ombre.

A sa mort, le plus savant de ses disciples, ANAXIMANDRE lui succéda à la tête de l'École. Ce fut le premier qui rédigea un *Traité de Mathématiques*. Selon les maigres renseignements qu'on possède sur cet ouvrage, connu simplement par une mention de Suidas, il est à croire qu'il comprenait un cours d'astronomie appliquée et de philosophie. En outre on y trouvait, paraît-il, plusieurs propriétés de la sphère ignorées avant lui.

Ses continuateurs furent ANAXIMÈNE et son élève ANAXAGORAS qui occupa les loisirs de sa captivité [1] en cherchant la *quadrature du cercle*.

Ce fameux problème, basé sur la détermination de la valeur exacte de π, le rapport de la circonférence au diamètre, occupa bien des cerveaux. Les Chinois, les Égyptiens et les Babyloniens connaissaient déjà une valeur approchée de cette quantité, dès le VIe siècle au moins avant notre ère, mais la méthode pour arriver à démontrer son incommensurabilité, et par conséquent l'impossibilité de trouver un carré équivalent à un cercle donné, devait être seulement une conquête toute moderne.

Son élève, DÉMOCRITE d'Abdera, écrivit des traités *Sur le contact du cercle et de la sphère*, sur les lignes incommensurables et sur la perspective. Mais aucun ouvrage du disciple d'Anaxagoras n'est parvenu jusqu'à nous. Esprit encyclopédique, internationaliste aux idées les plus larges, il combattait déjà le jingoïsme quand il reprochait aux Grecs leur préjugé nationaliste qui les empêchait de considérer « le monde entier comme leur patrie ».

Vers la même époque florissait un indépendant, ŒNOPIDES, de Chios, mort vers 430 avant Jésus-Christ. Selon

(1) Le gouvernement Athénien l'avait, en effet, incarcéré pour avoir tenté des explications rationnelles de phénomènes considérés jusque-là comme dus à l'intervention divine.

Proclus, il aurait résolu les questions suivantes : d'un point pris sur une droite mener une perpendiculaire à une ligne donnée et construire une droite qui fasse avec une autre ligne un angle égal à un angle donné.

Les astronomes Xénophane et Phérécydes ne méritent pas de nous retenir. D'ailleurs, les mathématiciens ioniens, pendant cent ans et plus, n'ont pas contribué à augmenter beaucoup le bagage intellectuel que leur avaient légué les Égyptiens. On a voulu voir dans leurs travaux la conséquence d'un enseignement rationnel, le produit d'une « École ». C'est un mot bien ronflant, pour une si petite chose ! Conservons le terme puisque l'usage l'a consacré, mais apprécions-le à sa juste valeur. Dans l'antiquité comme de nos jours, bon nombre d'établissements officiels étaient tout en surface.

Les progrès réalisés par Pythagore et ses successeurs immédiats furent plus importants. La vie de ce philosophe, né à Samos vers 569 avant Jésus-Christ, n'est qu'un tissu de légendes. On n'est guère mieux renseigné sur l'étendue de ses connaissances mathématiques. Il aurait fait ses premières études sous Phérécydes à Lesbos, et sous Anaximandre à Milet, puis il voyagea en Égypte où il passa de longues années à Thèbes et à Memphis s'initiant aux secrets des prêtres. Il séjourna ensuite en Asie Mineure, revint dans sa ville natale où il donna sans grand succès des leçons et émigra vers 529 afin de s'établir en Sicile. Après avoir abordé à Sybaris et professé quelque temps à Tarente, il fonda enfin à Crotone, dans la maison de Milon, l'école qui devait immortaliser son nom. Là il enthousiasma, toujours au dire de la tradition, non seulement ses contemporains, mais il sut gagner le cœur d'une de ses auditrices la jolie Théano, la fille de son hôte. Malgré la disproportion d'âge elle l'épousa.

Plutôt philosophe, Pythagore ne mérite pas moins de figurer ici, car sa doctrine reposait sur les mathématiques. Ses disciples, selon leurs aptitudes et le but qu'ils se proposaient, étaient partagés en deux groupes. Les auditeurs ou *Pythagoristes* n'approfondissaient pas les doctrines du Maître. L'enseignement qu'ils recevaient se bornait à la musique — la « médecine de l'âme » comme l'appelait le professeur de Samos, — et à des notions sommaires de calcul. Les seconds, dits « mathématiciens » ou *Pythagoriens*, étaient dans le secret des Dieux. Leurs cours duraient trois ans. C'était une sorte de noviciat ayant beaucoup d'analogie avec celui des prêtres égyptiens. Ils recevaient les conseils de Pythagore lui-même, et sous sa direction observaient et cherchaient. Ils ne devaient pas révéler l'enseignement qu'on leur confiait. Une fois leurs études terminées, ils avaient encore un signe de ralliement : le *pentagone étoilé*, dont les angles étaient désignés par les lettres du mot ὑγίεια (la diphtongue ει étant remplacée par un θ) qui correspond au terme français : « Salut ».

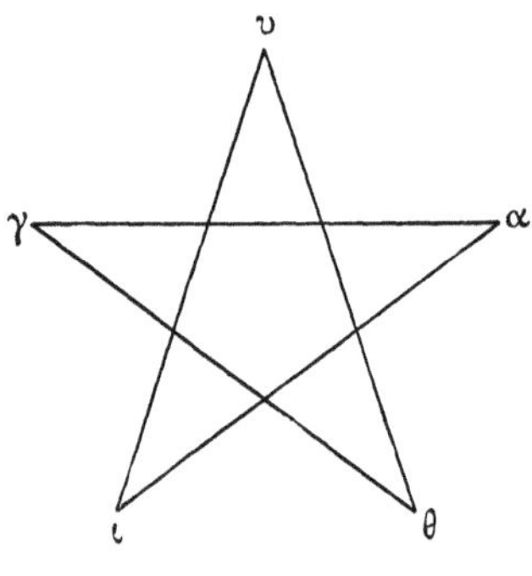

Fig. 2. — Le *pentagone étoilé*, signe de ralliement des Pythagoriciens.

Vu le mutisme volontaire de ses disciples, il est difficile de distinguer, à la lueur des trop rares fragments qui nous sont parvenus, ce qui revient en propre à Pythagore. Au milieu de ces maigres renseignements il paraît hors de doute qu'il a le premier essayé d'associer la géométrie et l'arithmétique. Quant au théorème qu'on lui attribue : dans un triangle rectangle, le carré de l'hypoténuse est égal à la somme des carrés des deux autres côtés, il semble que les Égyptiens le connaissaient avant lui. La démonstration qu'on en donne aujourd'hui est due en tout cas à Euclide. Enfin la *table de multiplication*, ne lui appartient pas davantage.

Ses élèves perpétuèrent oralement sa doctrine, celui-ci n'ayant laissé aucun écrit. Il avait seulement confié ses commentaires à une de ses filles, Damo, avec défense formelle de les communiquer aux profanes : quoique femme et pauvre elle tint, dit-on, sa promesse. Mais PHILOLAUS n'agit pas de même. Dans son *Système de la nature*, il divulgua le premier les grandes lignes de l'enseignement pythagoricien. Le secret toutefois avait duré plus d'un siècle. Ce savant émettait dans son ouvrage bon nombre d'idées plus ou moins fantaisistes sur le pouvoir des nombres. Toutefois sa cosmogonie, bien qu'elle ait essuyé les critiques d'Aristote, était plus exacte que ses théories arithmétiques et il connaissait l'existence des cinq polyèdres réguliers sur lesquels sa philosophie reposait en partie.

Son disciple ARCHYTAS, de Tarente, qui naquit vers 428 avant Jésus-Christ, se livra aux recherches scientifiques au milieu des préoccupations des fonctions publiques. Il passe pour avoir appliqué à la Mécanique les connaissances géométriques qu'on possédait alors, et il découvrit une ingénieuse solution de la duplication d'un cube[1]. La méthode qu'il emploie indique qu'il avait des vues exactes sur la génération des cônes et des cylindres. Il ramène le problème à celui de deux moyennes proportionnelles, au moyen d'une *courbe à double courbure*, qu'il construit ainsi. Sur le diamètre de base du cylindre droit circulaire il mène un demi-cercle dont le plan est perpendiculaire à celui de la base du cylindre donné. Puis il fait tourner le diamètre autour d'une de ses extrémités. Dans ce mouvement ce demi-cercle rencontre dans chacune de ses positions successives la surface du cylindre en un point. L'ensemble de ces points forme la ligne cherchée. Le savant grec coupait alors cette courbe par un cône de

(1) BRETSCHNEIDER. *Die Geometrie und die Geometer vor Euklides*. Leipzig, 1870, in-8°.

révolution autour de l'arête cylindrique menée par l'extrémité fixe du diamètre du demi-cercle mobile. Le point d'intersection répondait à la question posée.

Au sujet de l'*infini*, il le considère comme les mathématiciens le font, en somme, aujourd'hui : c'est pour lui une chose n'ayant aucune grandeur assignable.

Pendant longtemps Milet et Tarente furent à la tête des nations civilisées, sinon à un point de vue général au moins en ce qui concerne la philosophie et les mathématiques. Néanmoins, il serait inexact de se figurer que c'étaient là les seules villes du monde hellénique où existaient des institutions florissantes. Peu de colonies importantes en manquaient.

Cnide s'honorait d'avoir donné le jour à Eudoxe, vers l'an 408 avant notre ère. Plus jeune que Platon d'une vingtaine d'années [1], il se rendit à Athènes, vers 386, pour suivre les leçons du fondateur de l'Académie, voyagea ensuite en Sicile et en Égypte, s'établit à Cyzique puis à Athènes afin de s'y poser en rival de Platon, mais l'hostilité de ce dernier le força à s'en retourner quelque temps avant sa mort, survenue en 355, au cours d'un voyage sur les bords du Nil.

Si sa carrière fut agitée, elle eut la plus heureuse influence sur le progrès scientifique. Il découvrit la plus grande partie du Ier livre des *Eléments* d'Euclide [2], consacré à la théorie de la proportionnalité. Ses travaux sur les incommensurables sont des plus importants, et il démontra plusieurs théorèmes sur la mesure des solides, tels les suivants : la pyramide est le tiers du prisme de même base et de même hauteur ; le cône est le tiers du cylindre de même base et de même hauteur.

A Chios, on célébrait le mérite d'Hippocrates, qu'on

---

(1) *Revue des questions scientifiques*, 2e série, t. XV. Louvain, 1899, in-8°.

(2) Paul Tannery. *La Géométrie grecque*. Paris, 1887, in-8°.

doit se garder de prendre pour son illustre homonyme le médecin de Cos.

Né vers 470 avant Jésus-Christ, il établit pour ainsi dire la transition entre les Pythagoriciens et Platon. Il commença par exercer la profession d'armateur; mais un de ses navires ayant été pris par des pirates il se rendit à Athènes pour recouvrer son bien et demander justice : aussi eut-il de nombreux loisirs pour suivre les cours des philosophes. A son tour il ouvrit une école dont les revenus, en le faisant vivre, le dédommagèrent de la capture de son vaisseau. Peu à peu il devint une autorité en mathématique, et écrivit le premier traité d'où sont sortis les « Éléments » d'Euclide. On lui attribue en outre *l'introduction des lettres aux points principaux des figures*, pour faciliter les démonstrations; toutefois ce n'est pas l'avis de M. Cantor, qui fait honneur de cette invention aux Pythagoriciens[1]. Ainsi que nous l'avons vu plus haut, ceux-ci représentaient par chacune des lettres υ, γ, ι, θ, α les sommets du pentagone étoilé. Mais cet exemple isolé, dit avec juste raison M. Rouse Ball, ne prouve pas l'universalité de la méthode[2].

Hippocrates s'occupa également des figures semblables, et découvrit plusieurs propriétés relatives aux cercles. Parmi celles-ci signalons les suivantes :

Tous les angles inscrits dans un même segment de cercle sont égaux;

Un angle inscrit dans un segment est aigu, droit ou obtus, suivant que ce segment est supérieur, égal ou inférieur à un demi-cercle;

Deux cercles sont entre eux comme les carrés de leurs diamètres.

C'est aussi à ce savant qu'on doit le mode de démonstration dit : « de réduction », par lequel on

(1) MORITZ CANTOR. *Loc. cit.*, t. I.

(2) WALTER W. ROUSE BALL. *A short account of the history of mathematics.* Londres, 1888, in-12.

ramène la connaissance d'une question à celle d'autres choses dont elle est la conséquence nécessaire. Peut-être avant lui avait-on employé ce procédé dans quelques cas particuliers, mais il eut le mérite d'en signaler l'importance, et d'en généraliser l'application.

Ses autres travaux se rattachent à la quadrature du

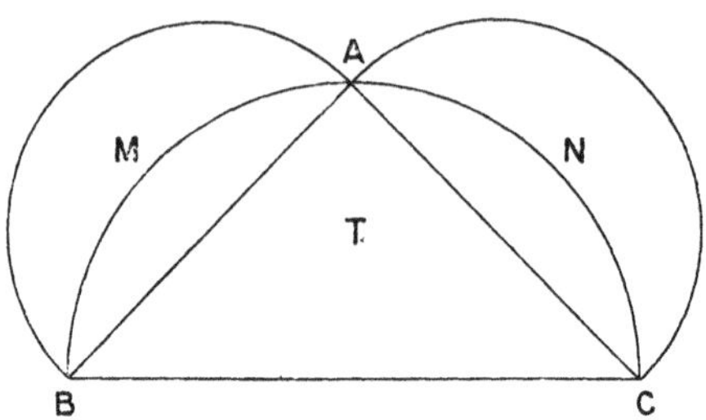

Fig. 3. — Lunules d'Hippocrates.

cercle, ce problème qui tint une si grande place dans les préoccupations des mathématiciens grecs. Pour tourner la difficulté, Hippocrates essaya d'abord de carrer la *lunule* ou aire comprise entre deux arcs de cercles inégaux. Il n'atteignit nécessairement pas le but qu'il poursuivait, mais il arriva à ce théorème important : Si sur les trois côtés d'un triangle rectangle ABC pris comme diamètre on décrit des demi-circonférences, la somme des surfaces des deux croissants M et N (lunules), égale l'aire du triangle T. C'était le premier exemple d'un espace rectiligne démontré
à celui d'une figure curviligne.

CHAPITRE III

Les Écoles d'Athènes et de Cyzique : Platon, ses disciples et leurs contemporains.

La science mathématique de PLATON est loin d'atteindre sa renommée philosophique. Né à Athènes en 429, ce brillant élève de Socrate n'aurait même jamais cultivé cette branche des connaissances humaines tant méprisée par son maître, si après la mort de ce dernier il n'eût voyagé en Égypte, dans l'Italie méridionale et la Sicile où il recueillit l'enseignement des Pythagoriciens. A son retour dans sa patrie, lorsqu'il fonda « l'Académie », il était converti, et plus tard quand on lui demandera quelles sont les occupations de la Divinité, il répondra : « Elle géométrise perpétuellement » ; il inscrira même au seuil de sa demeure : « Que nul n'entre sous mon toit, s'il est ignorant en Géométrie ». La lecture du *Timée* montre d'ailleurs qu'il connaissait les propriétés essentielles des progressions. Mais que de subtilités arithmétiques, de divagations plus ou moins bizarres sur les nombres, ne renferme pas ce livre ! Aussi, suivre les érudits modernes dans leurs commentaires ne serait ici qu'un hors-d'œuvre inutile. D'autre part, ses idées cosmogoniques n'intéressent pas cette Histoire.

On attribue à ce grand philosophe la découverte des *lieux géométriques*, c'est-à-dire d'un ensemble de points jouissant de la même propriété. Platon eut en outre le mérite d'observer l'influence des mathématiques sur la rectitude du jugement, et si ses recherches originales sont de minime importance, il fit progresser les méthodes, précisa les définitions du point, de la ligne, des surfaces et des volumes, qu'Euclide devait donner après lui presque sans changement. Il faut également lui savoir gré d'avoir dirigé quelques-uns de ses disciples vers l'étude des sections coniques. Enfin, dernier et précieux service rendu à la Géométrie, il inventa l'*analyse* comme mode de démonstration. C'est Proclus qui lui attribue cette découverte ; toutefois on en retrouve seulement les premières traces dans les livres d'Euclide.

Ce procédé consiste à établir une suite de propositions commençant au théorème qu'on veut démontrer, pour se terminer à une proposition connue, et telles qu'en partant de la première, chacune entraîne l'exactitude de la suivante. Il s'ensuit alors que la première, conséquence de la dernière, est vraie comme celle-ci.

Platon avait donné par son enseignement une forte impulsion à la science, aussi les mathématiciens contemporains ne manquent pas. Le sophiste Antiphon nous retiendra tout d'abord. Il s'ingénia à trouver la solution du problème de la *quadrature du cercle*. Pour y parvenir il inscrivait un carré dans un cercle, puis il déterminait le milieu des arcs sous-tendus par chaque côté et réunissant au moyen de droites les points ainsi déterminés il formait de la sorte un octogone. Il continuait ensuite à inscrire des polygones réguliers dont le nombre des côtés augmentait indéfiniment. Cette construction aurait pu être un trait de lumière pour Antiphon, mais il ne sut pas en profiter. Le génie d'Archimède devait cependant en déduire des résultats aussi imprévus qu'importants. Du reste, vers la même époque, Bryson d'Héraclée avait fait avancer cette fameuse question en circonscrivant des polygones en même temps qu'il en inscrivait. Toutefois il se trompa en pensant que l'aire d'un cercle est la moyenne arithmétique entre les polygones circonscrit et inscrit.

Il faut voir dans les travaux de ces deux savants les débuts de la *méthode d'exhaustion*, c'est-à-dire d'une manière logique de prouver l'égalité de deux grandeurs en démontrant que leur différence est plus petite que toute quantité donnée.

Un autre philosophe, Hippias d'Élée, qui florissait vers 420 avant notre ère, est connu pour s'être occupé de la *trisection des angles*. Il aurait même inventé, toujours d'après Proclus, une courbe transcendante lui permettant de diviser tout angle rectiligne en un certain nombre de parties ayant entre elles un rapport donné. Malheureusement le commentateur nous renseigne incomplètement sur ce travail.

Aucun ouvrage de son contemporain Théétète, d'Athènes, ne nous est parvenu. Nous savons seulement le titre de l'un d'eux. C'était un traité *Sur les cinq solides*, dont Euclide s'est servi pour composer le XIIIe livre de ses *Éléments*. Enfin ce savant aurait ébauché la théorie des grandeurs incommensurables.

Parmi les autres recherches dues à des membres des écoles d'Athènes et de Cyzique nous ne citerons que celles de Ménechme et de son frère Dinostrate. Au dire d'Eratosthène, le premier naquit aux environs de l'année 375 avant Jésus-Christ. Après avoir suivi les leçons dePlaton et d'Eudoxe, il s'acquit dans l'empire grec une assez grande réputation pour être nommé précepteur d'Alexandre. On rapporte qu'à une demande de son illustre élève le priant de lui indiquer les moyens les plus rapides pour apprendre la géométrie, il aurait répondu : « Dans le domaine mathématique, prince, il n'y a pas de chemin à l'usage des rois [1]. »

Ménechme s'occupa des sections coniques avec

---

(1) « *Non est regia ad mathematicam via.* » Inutile d'ajouter que cette anecdote, comme beaucoup de mots historiques, est plus ou moins vraie. Certains auteurs attribuent une réponse identique à Euclide dans un entretien avec Ptolémée Soter.

succès[1]. Il les aurait partagées en trois classes, et il recherchait leurs propriétés en prenant non pas différentes sections planes dans un cône fixe, mais en choisissant un plan et en le coupant par divers cônes. Il fit voir que la section d'un cône droit par un plan perpendiculaire à une génératrice est une *ellipse* si l'angle au sommet est aigu, une *parabole* si ce dernier est droit, et une *hyperbole* s'il est obtus. Toutefois il est difficile de dire au juste la part qui revient à Ménechme dans cette classification et dans la découverte des principaux théorèmes relatifs aux sections coniques, dont un avenir lointain devait seul dévoiler toute la fécondité. Étaient-elles connues avant lui? A-t-il seulement trouvé le moyen mécanique pour les réaliser expérimentalement? Mystère qui a peu de chances d'être éclairci.

De son côté, Dinostrate découvrit une courbe particulière, la *quadratrice*, que l'on attribue également à Hippias. C'est la courbe transcendante la plus anciennement connue, et il pensait la faire servir à une prétendue solution du problème de la quadrature du cercle. De là vient son nom.

Quant au grand Aristote, s'il ne fut guère un professionnel de la Mathématique, il eut cependant quelque influence sur son développement, en apportant des clartés inattendues là où les défectuosités fourmillaient. En particulier par ses *Questions mécaniques*, il dirigea l'attention de ses contemporains vers les principes initiaux de cette science, et c'est lui qui eut l'idée d'employer les lettres pour représenter les grandeurs. On rencontre enfin dans cet ouvrage — à côté d'erreurs que l'autorité de son nom rendra si tenaces — un aphorisme remarquable pour son temps : les chocs de deux corps produisent le même effet si ceux-ci sont inversement proportionnels à leurs vitesses.

---

(1) Allman. *Greek Geometry from Thales to Euclid.* Dublin, 1889; Paul Tannery. *La Géométrie grecque.* Paris, 1887; Rouse Ball. *Loc. cit.*

Ses successeurs, THÉOPHRASTE d'Erèse et EUDÈME, avaient écrit des *Histoires de la Géométrie, de l'Arithmétique et de l'Astronomie*, qui malheureusement ne nous ont pas été conservées. Quant au commentateur du philosophe de Stagyre, ALEXANDRE d'Aphrodisie, il s'occupa des nombres cycliques ou circulaires sur la nature desquels on n'est pas bien fixé.

CHAPITRE IV

Fondation de l'Ecole d'Alexandrie. Œuvres d'Euclide et d'Archimède.

En l'année 331 avant notre ère, un petit bourg riverain du Nil fut transformé en une ville immense par la volonté d'Alexandre, habilement secondé par Dinostrates, l'architecte du temple de Diane à Ephèse. Sous cette impulsion, de grandioses monuments s'élevèrent comme par enchantement, on créa un port magnifique qui ne tarda pas à accaparer le commerce du globe, et ce village naguère ignoré devint bientôt le centre intellectuel de l'Univers. Toutes les religions, toutes les races se fondirent, s'amalgamèrent dans cette merveilleuse cité, dans Alexandrie où la civilisation grecque désormais transplantée allait puiser une sève vigoureuse et rayonner encore sur le monde pendant près de dix siècles.

Après la mort du grand conquérant (323 av. J.-C.), un de ses lieutenants Ptolémée, eut l'Egypte en partage, et une fois qu'il eut assuré l'avenir de sa dynastie par la force, il voulut occuper les dernières années de son règne à organiser ses états. Il y attira les savants les plus renommés, il fonda ce Museum où toutes les connaissances humaines, les Mathématiques entre autres, eurent de remarquables interprètes, et enfin il édifia cette fameuse Bibliothèque, qui sous Démétrius de Phalère possédait plus de 400 000 rouleaux.

Dans le premier siècle de son existence, l'Ecole d'Alexandrie compta les trois plus illustres mathématiciens de l'antiquité : Euclide, Archimède et Apollonius. Remarquons aussi qu'à partir de cette époque les documents historiques vont perdre le caractère hypothétique qu'à de rares exceptions près nous leur avions trouvé jusqu'ici. Dorénavant nous n'apprécierons plus les savants dont nous analyserons les œuvres sur des rapprochements de passages isolés mais d'après leurs livres mêmes. Si parfois encore les détails biographiques sont maigres ou contradictoires, nous connaissons, au moins dans leurs grandes lignes, les travaux les plus importants de cette période si féconde.

D'après les sources arabes, Euclide serait né en Syrie d'un père grec nommé Naucrates, originaire de Damas mais fixé à Tyr. Celui-ci envoya probablement son fils faire ses études à Athènes, et il est certain que vers la fin du règne de Ptolémée Soter, roi d'Égypte (323-283 av. J.-C.), Euclide avait déjà effectué des recherches mathématiques assez remarquables, puisque ce prince l'appela à Alexandrie pour y professer la Géométrie et l'Arithmétique. L'éclat de son enseignement avait donc dû l'y précéder. En tous cas, il reçut un accueil des plus flatteurs, et fut chargé de composer un traité sur la science qu'il devait inculquer à ses disciples. C'est là l'origine des *Eléments*. Si toutes les propositions énoncées dans ce livre ne lui appartiennent pas en propre, s'il est plausible même d'en attribuer une bonne partie à Pythagore, à Hippocrate de Chios, à Eudoxe et à Ménechme, on ne peut lui contester le mérite d'avoir coordonné les théorèmes, simplifié les démonstrations, réduit le nombre des vérités primordiales admises jusqu'à lui comme axiomes et donné en plusieurs endroits des méthodes souvent élégantes et faciles pour un débutant là où ses prédécesseurs s'étaient servis de raisonnements compliqués. Aussi, malgré les défauts que les modernes ont trouvé à leur reprocher, les *Eléments* constituaient une œuvre géniale pour l'époque. Ce qui le prouve d'ailleurs mieux que tout le reste, c'est qu'après vingt siècles leur succès n'est pas épuisé. Les savants les plus célèbres les ont couverts d'éloges, depuis Archimède jusqu'à Descartes, depuis Apollonius et Pappus jusqu'à Newton et Lagrange. Que de professeurs les ont enseignés ! Que d'élèves les ont appris ! Que de commentateurs et de traducteurs n'ont-ils pas eus !

Cependant, parmi les critiques qu'on leur adresse, quelques-unes sont fondées. Ainsi certaines propositions données comme axiomes ne sont pas évidentes par elles-mêmes. Il n'y a pas d'efforts pour généraliser les résultats. Exemple : l'angle n'est pas envisagé dans le cas où il devient plus grand que deux droits. La classification est parfois imparfaite, et l'ouvrage un peu diffus. Enfin l'auteur se sert très rarement de la superposition des figures comme mode de démonstration. Tout récemment, en se plaçant au point de vue pédagogique, on a tenté des réformes pour modifier l'aridité rebutante sous laquelle se présentait jadis la Géométrie dans les collèges [1]. On peut citer comme types de cette catégorie en France l'ouvrage de Rouché et Comberousse, et en Italie celui de Lazzeri et Bassani dont une seconde édition a paru l'an dernier.

Mais revenons à l'antiquité. Il paraît vraisemblable qu'au milieu du ve siècle avant notre ère existait, sous le nom de Pythagore, un traité de Géométrie dont le cadre se rapprochait beaucoup de l'ouvrage d'Euclide. Trois ou quatre auteurs, dont un seul, Hippocrate de Chios, nous est connu, avaient déjà composé des livres analogues aux *Eléments* au moins quant au fond. Que contenaient-ils au juste ? Il est malaisé de le savoir puisque leurs travaux sont perdus. On trouve seule-

---

(1) Voir à ce sujet LAISANT. *La Mathématique. Philosophie. Enseignement.* Paris. Georges Carré et C. Naud, éditeurs, 1898.

ment des mentions succinctes relatives à certains d'entre eux, comme Theudios de Magnésie et Hermotime de Colophon, dans le résumé historique de Proclus[1]. D'autre part, Eudoxe, sans avoir composé d'ouvrages didactiques, semble avoir fait progresser la science d'une manière très importante. Il inventa la théorie des proportions et les théorèmes qui se rapportent à la mesure de la pyramide et du cône.

La Géométrie plane d'Euclide se différencie du reste de nos traités modernes. La théorie de la similitude suit l'étude du triangle, du parallélogramme, du cercle et du polygone régulier. Après avoir trouvé les propriétés essentielles de ces derniers, il démontre à part ce qui a trait aux figures semblables, en ne s'appuyant nullement sur celles-ci dans les raisonnements des théorèmes dont l'énoncé ne les comporte pas. Il arrive à ce résultat en employant dès le début l'artifice suivant qui remplace souvent dans ses *Éléments* la notion de similitude.

Soit le parallélogramme ABCD. Si par un point quelconque P pris sur une diagonale AC on mène des

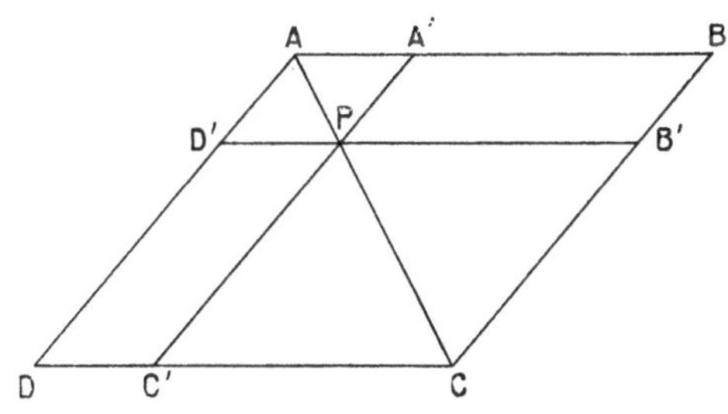

Fig. 4.

parallèles aux côtés, la figure sera divisée en deux parallélogrammes *péridiamétraux* CB'PC' et AA'PD

(1) *Procli Diadochi in primum Euclidis Elementorum librum commentarii.* Edition Friedlein, Leipzig, 1873.

semblables, et en deux autres parallélogrammes *parapléromes* PD'DC' et PA'BB' équivalents dont les côtés sont alors réciproques. Une fois ceci démontré, Euclide se sert de ce moyen pour construire par exemple une quatrième proportionnelle comme second côté d'un paraplérome dont le premier côté ainsi que le paraplérome correspondant sont donnés. Il n'y a plus, en effet, qu'à terminer la construction du parallélogramme. Cette particularité ferait donc supposer que la géométrie pythagoricienne se rapprochait plus de la nôtre en tant que succession des théorèmes, et qu'entre l'époque où vivait le philosophe de Samos et celle d'Euclide la Géométrie fut profondément remaniée à la suite des travaux d'Eudoxe sur les proportions.

Les *Eléments* sont trop connus pour qu'il soit nécessaire de les analyser longuement. Esquissons-en seulement les grandes lignes, la marche générale. Ils commencent par des définitions. D'abord le point : « ce qui n'a pas de parties » ; la ligne : « longueur sans largeur » ; le rectangle, le « rhombe » ou losange, le trapèze, le cercle, etc. Nous donnons ci-contre le fac-similé de la page d'un manuscrit qui reproduit précisément le début des *Eléments*.

Ensuite on passe aux dix postulata fondamentaux tels que celui-ci par exemple : tous les angles droits sont égaux. Puis viennent les notions communes ou « axiomes » comme : le tout est plus grand que la partie ; deux lignes droites ne renferment point un espace...

Les propositions qui se rattachent aux notions précédentes, découlent les unes des autres. Chacune d'elles se divise en quatre parties : l'exposition ou donnée, la construction, la démonstration (pour laquelle l'auteur a souvent recours à la méthode dite de « réduction à l'absurde ») et la conclusion. Cette façon logique de procéder fait converger les vérités acquises précédemment vers le théorème important, mais ce luxe de

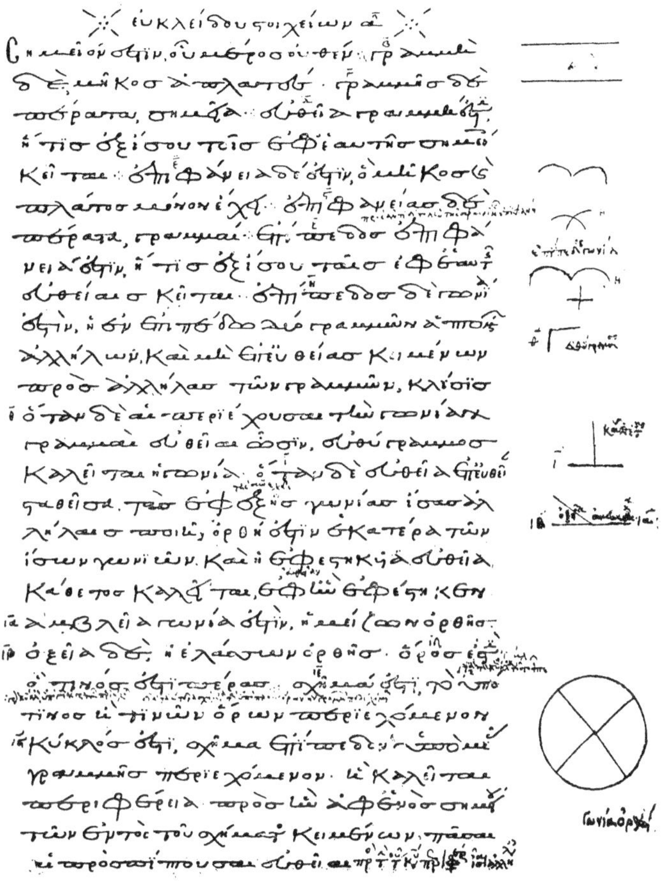

Fig. 5. — Manuscrit des *Éléments* d'EUCLIDE.
(Bibliothèque Nationale de Paris, Fonds grec n° 2344, fol. 17, XIIe siècle.
Fac-similé du début : définitions du point, de la ligne, etc.)

preuves, cette surabondance de détails, fatigue quelque peu l'esprit du lecteur.

Une fois ces préliminaires achevés, Euclide entre dans le vif de son sujet qu'il traite en treize livres, mais si l'on examine le plan que l'auteur paraît s'être tracé, on reconnaît sans peine dans son œuvre quatre sections bien marquées. Dans la première (livres I à VI) le sagace mathématicien étudie les figures planes, les quantités proportionnelles et leur application à celles-ci. La seconde (livres VII, VIII et IX) est consacrée aux propriétés des nombres, principalement à leur emploi en Géométrie pour mesurer des rapports de longueur ou de surface. Ici s'introduit la notion d'incommensurabilité, car on rencontre dans les spéculations géométriques des figures qui n'ont aucune grandeur commune avec d'autres de même nature. En conséquence, Euclide s'en occupe dans le livre X. Enfin les derniers chapitres roulent sur les plans et les solides.

Dans les éditions des *Eléments* on ajoute parfois deux livres sur les cinq polyèdres réguliers, mais cette partie doit être attribuée à Hypsiclès, qui vivait, croit-on, un siècle et demi plus tard.

Un autre ouvrage d'Euclide faisait suite pour ainsi dire au précédent, c'était les *Données*, recueil propre à faciliter les applications. Les géomètres grecs ramenaient, en effet, la résolution des problèmes à des Δεδομένα ou résultats immédiats de constructions connues. Exemples : un triangle dont on avait déterminé chaque angle était « donné de grandeur » ; une ligne dont on fixait l'inclinaison avec une autre était « donnée de position » ; un triangle dont on connaissait la valeur respective des angles et les rapports des côtés entre eux était « donné d'espèce ».

La singularité la plus remarquable de ce livre est qu'on peut déduire facilement de quelques-unes de ses propositions la résolution des équations du second degré. Nous retrouverons plus loin la même constatation pour Archimède et Apollonius. Si ces mathématiciens ne se sont pas servis de formules, il faut l'attribuer uniquement au but qu'ils poursuivaient. Ils raisonnaient toujours sur les grandeurs elles-mêmes, et non sur leur mesure. L'absence d'une langue algébrique pour exprimer ces dernières ne les gênait donc pas. Cependant certaines constructions, telles que la division d'une droite en moyenne et extrême raison illustrent trop les relations des racines des équations du second degré, pour qu'ils ne les aient pas aperçues.

Quant aux *Porismes* d'Euclide sur lesquels on a beaucoup discuté, ils ne nous sont point parvenus. Tout ce que nous en savons est dû à Pappus [1], qui en parle d'une manière assez obscure. Plusieurs savants ont cherché à restituer cet ouvrage, entre autres Robert Simson au XVIIIe siècle, et plus près de nous Chasles. Ce dernier a publié, en 1880, un essai de divination de l'œuvre perdue, mais c'est plutôt ce « qu'aurait pu laisser » le géomètre alexandrin, que ce qu'il a véritablement composé.

Un certain nombre d'écrits, tels que des *Principes de Musique*, une *Optique* et un abrégé d'Astronomie intitulé les *Phénomènes*, sont attribués à Euclide, mais ils ne paraissent pas lui appartenir. Enfin plusieurs autres ne nous sont connus que par leurs titres. Les plus importants se rapportaient à la *Perspective* et aux *Sections coniques*. Il avait également publié un traité de pédagogie géométrique ayant pour but d'éviter aux débutants les raisonnements inexacts, les pétitions de principes et les manques de logique analogues, si familiers aux jeunes étudiants.

En résumé, jamais traité didactique n'eut une vogue comparable au chef-d'œuvre d'Euclide. Pendant toute la période du Moyen Age et de la Renaissance, on le

(1) GINO LORIA. *Le Scienze esatte nell antica Graecia*, libro II. Modena, 1895.

commenta. Ce fut le pain quotidien des mathématiciens d'alors. Cependant l'Occident ne connut d'abord les *Eléments* que tronqués. Ils lui parvinrent au ve siècle, grâce à Boèce, qui confondra d'ailleurs le professeur d'Alexandrie avec le philosophe de Mégare et cette erreur subsistera longtemps. De plus, on supposait qu'Euclide avait seulement laissé des définitions. On regardait Théon comme l'auteur des démonstrations.

Au XIIe siècle, Athelard de Bath les traduira pour la première fois de l'arabe en un latin barbare, car depuis Honeïn-ben-Ishak, mort vers 870, les disciples de Mahomet possédaient dans leur langue les *Eléments*. Les Persans eux-mêmes, grâce à l'astronome Nasir-Ed-Din, purent apprendre, dès 1260, la Géométrie dans Euclide.

Lors de l'invention de l'imprimerie, la popularité de ce livre ne fit que grandir. L'édition latine *princeps* fut publiée à Venise en 1482. Son auteur Erhard Ratholt annonce dans sa préface que la difficulté d'impression des images avait été jusque-là un obstacle pour la circulation des ouvrages de ce genre. Cet obstacle, dit-il, vient d'être heureusement vaincu, et on peut donner maintenant « les figures géométriques avec autant de facilité que les caractères ». Toutes les illustrations sont, en effet, exécutées en marge, et, ce qui est curieux, semblent gravées sur métal. Le texte grec, accompagné du Commentaire de Proclus, parut pour la première fois à Bâle, en 1553, grâce aux soins de Grynœus.

Depuis cette époque, maintes éditions d'Euclide se succédèrent. Parmi les plus célèbres on cite celle de Rome (1594), celle d'Oxford (1703), une des plus luxueuses, et la grecque-française-latine de Peyrard, imprimée à Paris en 1814, d'après un très ancien manuscrit provenant de la Bibliothèque du Vatican. Mais la plus intéressante et la plus correcte, scientifiquement parlant, est celle récemment mise au jour, à Leipzig, par Heiberg et Menge (1881-1896).

Quant à Conon et Dosithée, les successeurs immédiats d'Euclide à Alexandrie, ils n'ont pas laissé grandes traces dans l'histoire des Mathématiques, et l'amitié d'ARCHIMÈDE a surtout sauvé leur nom de l'oubli. Ce grand homme, dont les travaux vont nous occuper maintenant, a ouvert bien des routes dans le domaine scientifique. Né en l'an 287 avant Jésus-Christ, il était, si nous en croyons Plutarque, apparenté à Hiéron, roi de Syracuse. Nous n'insisterons guère ici sur toutes les inventions plus ou moins fabuleuses qu'on attribue à son puissant génie, ni sur ses découvertes relatives aux lois de l'équilibre des corps plongés dans des fluides, et nous parlerons encore moins des fantaisistes légendes mises sur son compte. Mais exposons rapidement, avant de passer à l'analyse de ses œuvres, les particularités les plus authentiques de sa vie.

Pendant le siège qu'eut à soutenir sa patrie contre les Romains, l'ingéniosité d'Archimède se donna libre carrière, et il construisit des catapultes gigantesques pour détruire la flotte ennemie qu'il aurait même fini par incendier. A ce propos, on n'ignore pas qu'en 1777 Buffon, suivant point par point la description du procédé imaginé par le sagace Syracusain, fit construire un miroir métallique, et répéta cette expérience. Il réussit à enflammer du bois à une distance de 150 pieds, et à fondre du plomb à 140.

Archimède ne put cependant empêcher les ennemis de s'emparer de la ville par surprise, et il mourut sous le fer d'une brute soldatesque en 212. Ses compatriotes ne tardèrent pas à l'oublier, si bien que Cicéron, un siècle et demi après, alors qu'il était questeur de Sicile, eut grand'peine à découvrir son tombeau disparu sous les broussailles. Le philosophe raconte le fait dans ses *Tusculanes*, et il ajoute mélancoliquement : « Ainsi la plus noble et jadis la plus docte des cités grecques ignorerait encore la place du tombeau du plus illustre de ses enfants, si un homme d'Arpinum ne la lui avait enseignée ». Il l'avait retrouvé surmonté, conformément aux désirs d'Archimède, d'une sphère inscrite dans un cylindre, afin de schématiser aux yeux des profanes sa découverte des relations respectives entre les volumes et les surfaces de ces deux figures.

Quoi qu'il en soit de ces détails anecdotiques, Archimède, à son retour d'Égypte où il suivit les leçons de Conon et de Dosithée, commença ses travaux, et il rendit de précieux services à la Science, en créant la Mécanique et la Géométrie supérieure.

La plus importante de ses productions est son traité *De la sphère et du cylindre* dans lequel se trouvent énoncés les principaux théorèmes relatifs aux rapports existant entre le cylindre, le cercle et la sphère. En voici quelques-uns :

La surface d'un cylindre droit quelconque, la base exceptée, est égale à celle d'un cercle dont le rayon est moyen proportionnel entre le côté du cylindre et le diamètre de sa base.

La surface d'un cône droit quelconque, la base exceptée, est égale à celle d'un cercle dont le rayon est moyen proportionnel entre le côté du cône et le rayon du cercle de base du cône.

La surface d'une sphère quelconque est quadruple de celle d'un de ses grands cercles.

La surface d'un segment sphérique quelconque est égale à un cercle qui a pour rayon une droite menée du sommet du segment à la circonférence du cercle qui est la base du segment, etc.

Pour la démonstration de ces théorémes, Archimède s'appuie sur quelques principes qu'il pose au début de son ouvrage. Il montre d'abord que la ligne droite est la plus courte de toutes celles qui ont les mêmes extrémités. Il passe ensuite à la définition des lignes et des surfaces « concaves d'un même côté », puis il formule les deux propositions suivantes : si deux lignes concaves d'un même côté possèdent les mêmes extrémités et que l'une soit « comprise tout entière par l'autre », l'entourante est plus grande que l'entourée. Il en est de même pour les surfaces : si deux surfaces concaves d'un même côté se terminent à la même ligne dans un plan, et que l'une entoure l'autre, l'étendue de la surface enveloppante sera plus grande que celle de la surface enveloppée.

A l'aide de ces principes qui précisaient nettement les figures courbes et qui tenaient lieu de définitions impossibles à donner sans faire intervenir les notions infinitésimales, Archimède arrivait aux plus fines démonstrations. Ces découvertes arrachèrent plus tard à Leibniz cet aveu : « ceux qui peuvent comprendre Archimède admirent moins les découvertes des modernes. » Tel est le contenu du premier livre *De la sphère et du cylindre*. Le second renferme uniquement des problèmes du genre de ceux-ci :

Couper une sphère par un plan, de façon que les surfaces des segments aient entre elles une raison donnée.

Couper une sphère par un plan, de manière que les segments aient entre eux une raison donnée.

La solution de ces questions était fort ardue, vu les ressources qu'Archimède avait à sa disposition [1]. Cette dernière, entre autres, exigerait la résolution d'une équation du 3e degré.

Un autre de ses écrits *Des conoïdes et des sphéroïdes*, montre avec quel talent il savait manier les transformations de figures. Archimède nomme « conoïdes » les corps engendrés par la révolution d'une hyperbole autour de son axe transverse, ou d'une parabole autour de son diamètre, et « sphéroïde » le solide décrit par une ellipse tournant autour d'un de ses axes. Si la révolution s'opère autour du grand diamètre, le sphéroïde est dit « allongé »; si elle a lieu autour du petit on le qualifie d' « aplati ». Plusieurs propositions de ce livre

(1) NESSELMANN. *Die Algebra der Griechen.* Berlin, 1842.

sont souvent usitées, et l'une d'elles : l'aire de l'ellipse est à celle du cercle circonscrit, dans le rapport du petit au grand axe, a de multiples applications en Astronomie.

Mais le plus connu des ouvrages d'Archimède est le traité *De la mesure du cercle* qui renferme seulement trois propositions : il n'en a pas moins contribué à rendre immortel son auteur.

Le génial géomètre part de cet énoncé : un cercle quelconque égale le triangle rectangle dont un des côtés de l'angle droit a la même longueur que le rayon et dont l'autre cathète[1] est égale à sa circonférence. Voici en substance son raisonnement. Le cercle ne peut pas être supérieur au triangle rectangle dont un des côtés de l'angle droit égale la circonférence, et dont l'autre égale le rayon du cercle. Il fait voir ensuite que la même figure ne peut pas être plus petite, et il en déduit qu'en définitive le cercle et le triangle sont de même surface.

Une fois ce résultat acquis, il établit qu'un cercle est au carré construit sur son diamètre à peu près comme 11 est à 14. Enfin, serrant le problème de plus près, il arrive au but : la circonférence d'un cercle est égale au triple du diamètre réuni à une portion du diamètre, qui est plus petite que le septième de ce diamètre et inférieure à ses $\frac{10}{71}$. Il parvint à cette valeur en traçant deux polygones de 96 côtés inscrits et circonscrits au même cercle. Comme la circonférence doit être naturellement comprise entre eux deux, il établit empiriquement la longueur de cette courbe en calculant leurs dimensions respectives, c'est-à-dire ses limites inférieure et supérieure. C'était un remarquable procédé pour un savant qui vivait près de deux mille ans avant les Leibniz et les Newton!

---

(1) Le mot *cathète* désigna pendant longtemps le côté de l'angle droit d'un triangle rectangle. On le trouve employé encore dans certains traités mathématiques du XVIIe siècle.

Archimède trouva ainsi le rapport approché de la circonférence au diamètre, et montra qu'en choisissant celui-ci comme unité cette courbe est plus grande que $3\frac{10}{71}$ et plus petite que $3\frac{10}{70}$. Malheureusement nous ignorons le mode de calcul employé par Archimède pour parvenir à ce résultat. A-t-il procédé par tâtonnements dans l'extraction des racines? Tout porte à le croire puisqu'il se contente simplement d'énoncer les diverses racines des nombres sans fournir de plus amples explications sur les moyens de vérification de sa formule.

Dans un autre champ de recherches le savant syracusain fut moins heureux.

Conon, s'était principalement occupé de rechercher les propriétés de l'*hélice*, mais il décéda vers 220 avant Jésus-Christ, sans démontrer les théorèmes qu'il avait formulés. Aussi un des premiers soins d'Archimède fut-il de compléter l'œuvre inachevée de son ami. Il donna d'abord la définition précise de la courbe. L'hélice est engendrée par un point qui se déplace sur une droite d'un mouvement uniforme, la droite tournant elle-même d'un mouvement identique autour d'un de ses points. Quant aux démonstrations qu'il fournit elles sont compliquées, et les procédés géométriques employés actuellement ont permis de les rendre beaucoup plus simples. Si donc les solutions sont originales, elles ont beaucoup diminué d'intérêt.

Un livre plus remarquable est celui *De l'équilibre des plans ou de leur centre de gravité*. Archimède s'y révèle le véritable créateur de la Mécanique. Non seulement les centres de gravité d'un grand nombre de figures géométriques simples y sont déterminés, mais on y trouve ceux plus compliqués des segments de parabole à une ou à deux bases. Le tout est démontré avec concision, et s'appuie sur certaines propriétés insérées dans l'ouvrage sur la *Quadrature de la parabole*. Il parvint à cette dernière découverte, comme il l'explique lui-même dans sa dédicace à Dosithée son maître, au moyen de deux méthodes : l'une indirecte ou mécanique, l'autre géométrique. Nous insisterons sur celle-ci, la meilleure à notre avis. Après un rappel de quelques propriétés « établies par ceux qui ont vécu avant lui », il inscrit dans la courbe un triangle ayant pour base celle du segment et pour sommet le point de contact de la tangente parallèle à la base. Ce triangle est plus grand que la moitié de ce segment. Puis il en inscrit un autre dans chacun des segments fractionnels. Il en résulte qu'en continuant de la sorte cette bissection, la figure polygonale obtenue différera d'aussi peu qu'on le désirera, du segment. D'autre part ayant démontré que ABC = 4(ADC + BEC) et ainsi de suite, il en conclut que chaque triangle est quadruple des deux secondaires suivants. Or comme la somme des triangles inscrits tend vers la surface de la parabole, celle-ci se compose donc du triangle inscrit, du quart de celui-ci, du seizième du même, etc. Tout revient alors à sommer une progression géométrique dont la raison est un quart. La parabole est en définitive les $\frac{4}{3}$ du triangle inscrit. Aujourd'hui cette démonstration nous paraît aisée, une simple application d'une formule algébrique; il n'en était pas de même du temps d'Archimède, et pour avoir l'occasion d'admirer une fois de plus son habileté, relatons la méthode générale à laquelle il eut recours pour y parvenir.

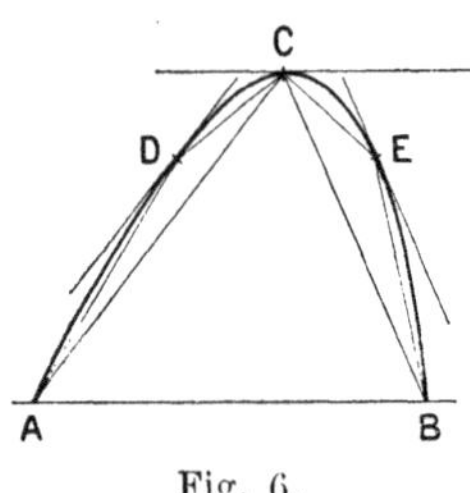

Fig. 6.

Soient par exemple A, B, C, D... des grandeurs dont chacune est un carré ayant pour côté la moitié du précédent. Supposons P, P′, P″... représentant respectivement le tiers de B, C, D... alors P + B sera le tiers de A; P′ + C celui de B; P″ + D celui de C, etc. D'où B + C + D +...+ P + P′ + P″ +... égalera le tiers de A + B + C +...; mais P + P′ + P″ +... étant le tiers de B + C + D +... sera le tiers de A. Donc A + B + C +... aura pour mesure les quatre tiers de A.

Ses vues sur l'arithmétique n'étaient pas moins ingé nieuses. Dans *L'arénaire* il se propose de trouver un nombre supérieur à celui des grains de sable renfermés dans un globe dont le rayon serait égal à la distance du centre de la Terre à la voûte céleste. Dans notre système de numération l'expression de ce chiffre, quelque considérable qu'il soit, n'offrirait aucune difficulté, mais il n'en était pas de même dans la notation grecque, qui n'allait que jusqu'à mille myriades (10^8). Aussi, Archimède dut-il proposer de nouvelles règles pour résoudre la question, et voici la conception qu'il imagina.

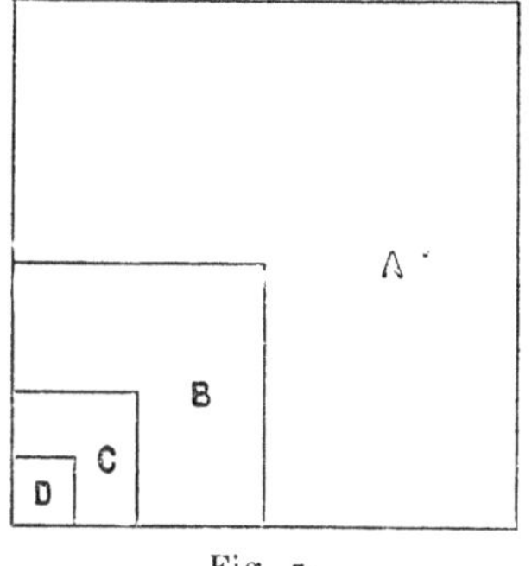

Fig. 7.

De son temps, les divers ordres d'unités (monades, décades, hécatontades...) formaient une progression dont les termes étaient : 10, 10^2, 10^3... 10^7, 10^8 correspondant à nos unités, dizaines, centaines... La première série s'étendait alors jusqu'à 100 000 000. Elle constitua ses nombres du premier ordre. La série suivante de 10^8 à 10^{16} forma ceux du second ordre ; la troisième comprenant ceux de 10^{16} à 10^{24} figura le troisième ordre, et ainsi de suite jusqu'au 8e, le dernier terme étant 10^{56}.

Une fois parvenu à ce chiffre, le sagace arithméticien constitua, grâce à ces ordres de nombres, une nouvelle catégorie d'unités qu'il nomma « première période » suivie d'une division nouvelle constituant la « deuxième période », etc. [1]. Il parvenait de la sorte à une nomenclature qui n'était sans doute pas d'une rigoureuse logique mais qui, en empruntant seulement le vocabulaire exis-

(1) HOEFER. *Histoire des mathématiques.* 3e édit., Paris, 1886.

tant, exprimait des nombres jusqu'à 10 à la trillionième puissance.

Nous ne parlons que pour mémoire ici de ses découvertes hydrostatiques et des *Lemmes* dont le texte original est perdu. Telle fut l'activité scientifique d'un des plus grands mathématiciens dont l'antiquité puisse s'honorer. La « méthode d'exhaustion » fut, en somme, le fil conducteur qui le guida dans ses mémorables travaux. Ce principe, dont l'analyse de son traité sur la quadrature de la parabole a permis de nous rendre compte, a beaucoup d'analogie avec notre procédé actuel des limites. Pour arriver à bon nombre de ses démonstrations, il concevait une grandeur comme comprise entre deux autres, de manière que celles-ci s'en approchent indéfiniment sans jamais l'atteindre. La circonférence par exemple est la limite des périmètres des polygones inscrits et circonscrits dont le nombre des côtés double indéfiniment. D'Alembert, Leibniz et Carnot considèrent d'ailleurs cette doctrine comme l'origine de l'Analyse infinitésimale : les principes sont identiques, le but poursuivi est le même. On cherche par induction certaines relations, on s'en rapproche par degrés, grâce à l'élasticité du système et on n'a plus qu'à vérifier les déductions, — ce qu'Archimède fait souvent en se servant de la réduction « ab absurdo ».

CHAPITRE V

Les travaux d'Apollonius et le développement des Mathématiques appliquées.

L'âge d'or de la science grecque se continue avec Apollonius, le troisième grand mathématicien de la première Ecole d'Alexandrie. Plus jeune de beaucoup que son illustre prédécesseur, il était né à Perga, aujourd'hui Kara-Hissar, vers 260 avant Jésus-Christ, mais il passa la plus grande partie de sa vie en Égypte. Pappus nous le dépeint comme un homme vain, jaloux de la réputation des autres, et plus prompt à les dénigrer qu'à les applaudir. Nous n'en savons guère davantage sur sa biographie. Quant à l'époque de sa mort, on peut la fixer approximativement à 210, tablant sur ce fait avéré qu'il était contemporain de Ptolémée Philopator. Heureusement ses ouvrages nous ont été mieux conservés que le souvenir des particularités de son existence.

Son grand traité des *Sections coniques* est le summum de la Géométrie antique, le fronton de l'édifice dont Euclide avait solidement posé les bases. Dans Archimède on admirait surtout l'ingéniosité des démonstrations, les merveilleuses ressources d'un esprit toujours prêt à surmonter les difficultés imprévues qu'il rencontrait dans l'enfantement de son œuvre. Dans Apollonius il faudra principalement louer l'unité de vues, l'habileté avec laquelle il fera un tout homogène de théorèmes épars avant lui, car l'idée fondamentale qui perce dans le cours de cet écrit, est de relier entre elles les sections diverses du cône qu'antérieurement, on avait considérées séparément et indépendamment l'une de l'autre. L'un s'occupe presque exclusivement de la Géométrie de la mesure, l'autre s'inquiète de celle de forme et de position.

Apollonius considéra le premier les sections faites dans un cône oblique, et fit rouler tout son ouvrage sur une propriété de ces courbes tenant à la nature même du solide qui les a engendrées et qu'on peut résumer comme il suit.

Soit un cône oblique à base circulaire, le plan mené par son axe normalement au plan de la base coupe le cône suivant deux arêtes, et détermine dans le cercle un diamètre. Il nomme « triangle par l'axe », celui qui a pour base ce diamètre et pour côtés les deux arêtes. Le géomètre alexandrin forme alors ses sections coniques en menant un plan perpendiculaire à celui du « triangle par l'axe ». Les points où ce plan rencontre les deux côtés de ce triangle sont les « sommets » de la courbe. Le diamètre qui joint ces deux points est le « *latus transversum* ». Concevons maintenant que par un de ces sommets on mène une perpendiculaire au plan du triangle précédent, ce sera le « *latus rectum* » ou paramètre, dont la longueur est déterminée par certaines expressions géométriques [1]. Si par l'extrémité de cette ligne on trace une droite à l'autre sommet de la section conique, et que par un point choisi arbitrairement sur la courbe on élève une « ordonnée », le carré de cette dernière comprise entre la courbe et le diamètre égalera le rectangle construit sur la portion de l'ordonnée s'étendant entre le diamètre et la droite.

(1) Telle est la suivante due à JACQUES BERNOUILLI : Mener un plan parallèle à la base du cône, et à la même distance de son sommet que le plan de la section conique donnée, ce plan sectionnera le cône suivant un cercle dont le diamètre sera précisément le « latus rectum » de la conique considérée. Il sera facile, d'après cette considération, de placer, dans certains cas, une conique proposée sur un cône choisi. *Acta Eruditorum*. Leipzig, An. 1689.

Au début de son traité, Apollonius commence par définir le cône à base circulaire, et indique la façon dont sa surface est engendrée; puis il poursuit, dans le reste du premier livre, la génération des trois genres de sections coniques, et étudie les principales propriétés de chacune d'elles, entre autres celle qui lui servira de point de départ. On peut la traduire ainsi en langage moderne : Dans la *parabole*, le carré de l'ordonnée égale le rectangle ayant pour côtés l'abscisse et le paramètre. Dans l'*ellipse*, ce carré est plus petit, et dans l'*hyperbole* il est plus grand.

Les trois livres suivants sont consacrés aux diamètres, aux axes, aux asymptotes ; et quelques-uns des théorèmes énoncés ont servi de bases à d'intéressantes recherches effectuées au cours de notre siècle ; l'un d'eux a été l'origine de très intéressants travaux sur les points *harmoniques*.

Ce sont là les seuls fragments des *Sections coniques* qui soient parvenus jusqu'à nous dans leur langue originale. Les livres V à VIII ne nous ont été conservés que par une traduction arabe. Apollonius s'occupe dans le premier de ceux-ci de sujets importants. Les problèmes de maxima et de minima s'y trouvent envisagés. Il détermine, en effet, « les plus grandes et les moindres » lignes joignant le périmètre d'une section conique à un point donné, dans les divers cas qui peuvent se présenter suivant la position de ce dernier. A ce propos, il donne des solutions aussi aisées qu'élégantes. Si nos méthodes analytiques actuelles nous ont fait découvrir bien d'autres propriétés de ces courbes, on ne saurait oublier que, sans leur secours, ce sagace géomètre est allé fort loin. Ainsi, pour ne prendre qu'un exemple, la détermination des développées s'y rencontre déjà.

L'étude de la similitude des sections coniques est faite dans le sixième livre, et diverses autres questions dans le genre de la suivante : Couper un cône de façon que la section ait des dimensions données, y sont également traitées. Le livre VII renferme des théorèmes roulant sur les propriétés des axes et des diamètres conjugués ; en particulier, cette proposition fondamentale : dans l'ellipse ou l'hyperbole, la somme ou la différence des carrés des axes égale la somme ou la différence des carrés de deux diamètres conjugués. Halley, astronome anglais, s'est inspiré de ces passages pour restituer le huitième et dernier livre qui, dans sa pensée, continue directement le précédent et qu'on ne possédait que tronqué. Aussi sa belle édition d'Apollonius publiée à Oxford en 1710 est-elle très recherchée. Un érudit allemand, Heiberg, en a édité une nouvelle récension qui a paru à Leipzig, en 1891-93, accompagnée d'une traduction latine. Elle comprend les quatres premiers livres, les fragments et les commentaires de Pappus et d'Eutocius.

On attribue au savant géomètre alexandrin un *De sectione rationis* et un *De tactionibus* que Viète au XVIe siècle a essayé de restaurer d'après quelques passages isolés. Il contenait le célèbre problème : Trois cercles étant donnés, trouver un quatrième qui les touche tous les trois. Il avait été proposé par le génial algébriste au Hollandais Adrianus Romanus. Par l'intersection de deux hyperboles, celui-ci détermina le centre cherché, mais Viète répondit simplement en s'adressant à la Géométrie ordinaire.

Robert Simson a tenté de reconstituer d'après certaines données un autre ouvrage perdu : le *De sectione determinata*, et Fermat le *De locis planis* dont on ne connaissait guère que le titre. Mais laissons là cette gymnastique intellectuelle. Apollonius a composé son admirable livre des *Sections coniques* sur lequel tant de ses successeurs ont vécu : cela suffit à sa gloire.

Après lui, l'École d'Alexandrie s'oriente vers un but moins spéculatif, en cherchant à appliquer les découvertes mathématiques aux progrès de la Mécanique et de l'Astronomie. Dans la période que nous allons parcourir, la Science va revêtir un caractère de plus en plus utilitaire.

Archimède avait déjà inauguré ce genre de recherches. Son successeur immédiat ÉRATOSTHÈNE, né en 275 avant Jésus-Christ, le continua. Originaire de Cyrène, celui-ci fit son éducation à Alexandrie et à Athènes, puis revint dans la ville des Ptolémée, où il fut élevé très jeune au poste de Conservateur de la célèbre Bibliothèque. Génie encyclopédique, à la fois orateur et mathématicien, géographe et archéologue, philosophe et poète, il ne dédaigna même pas les sports, puisqu'on lui décerna le titre de : « Pentathlos », nom donné à l'athlète vainqueur dans les cinq luttes des Jeux Olympiques.

Nous laisserons de côté, dans son œuvre, la partie astronomique, de beaucoup cependant la plus importante puisqu'il parvint à déterminer avec une approximation suffisante la longueur du méridien terrestre, et qu'il dota l'observatoire du Musée d'instruments assez parfaits pour servir, durant plusieurs siècles, aux savants d'Alexandrie.

D'abord nous mentionnerons ses travaux relatifs aux *nombres premiers*, sur lesquels Euclide avait déjà fait quelques remarques. L'élimination des nombres pairs, tous aisément reconnaissables, est aisée mais avec les nombres impairs les difficultés commencent. Aussi, pour effectuer le triage dans la série naturelle des nombres, Ératosthène eut l'idée de son *crible*. Il écrivit tous les nombres impairs à partir de 3, puis observant que de 3 en 3, de 5 en 5, de 7 en 7 etc., les nombres rencontrés sont multiples de 3, 5, 7, ou, d'une façon générale, si on désigne par $2p + 1$ la série des nombres impairs tous ceux qui dans cette liste se trouvent au premier rang doivent être barrés. Ils ont, en effet, d'autres diviseurs qu'eux-mêmes et l'unité : ils ne sont donc pas premiers. Mais une fois cette séparation effectuée, les nombres restants le sont.

Cette méthode indirecte est facile pour les nombres

usuels, mais elle se complique lorsqu'on parvient aux chiffres élevés. Ainsi on a calculé qu'il faudrait dix à douze jours de travail[1] pour composer la table des nombres premiers de 1 à 1 000 000. Malgré les tentatives faites jusqu'ici on n'a pas encore su découvrir un procédé direct plus expéditif. Notons cependant que la règle suivante permet d'abréger la formation du crible d'Ératosthène. Il suffit de s'arrêter lorsqu'on est conduit à effacer les multiples d'un nombre premier dont le carré est supérieur à la limite proposée. Si par exemple on désire simplement avoir la série des nombres premiers inférieurs à 100 comme $7^2 = 49$ et $11^2 = 121$, l'opération sera terminée lorsqu'on aura supprimé les multiples de 7. Cette remarque, datant seulement du XVIe siècle, est basée sur le théorème : un nombre est premier quand il n'est divisible par aucun des nombres premiers dont les carrés sont moindres que ce nombre.

Ératosthène aurait encore composé, d'après Pappus, un traité de la duplication du cube dont il ne nous reste rien. Enfin, devenu aveugle à la suite d'une ophtalmie, ce savant se laissa mourir de faim peu de temps après.

Avec lui se termine la belle période de la Science hellène ouverte par Euclide, continuée par Archimède et Apollonius. Nous n'aurons plus que quelques noms véritablement remarquables à opposer à ces génies immortels. Un géomètre, Pappus, les astronomes Hipparque et Ptolémée qui jetteront les bases de la Trigonométrie ; enfin Diophante qu'on a l'habitude de considérer comme inventeur de l'algèbre. Confinés par la tradition dans les méthodes particulières, les Grecs, comme leurs successeurs du moyen âge, manquèrent de l'esprit de généralisation. Il nous faudra attendre la venue des Viète, des Fermat et des Descartes, pour voir une nouvelle ère de prospérité se lever sur les Mathématiques.

---

(1) BOSSUT. *Histoire générale des mathématiques*, t. I. Paris, 1810.

Passons en revue maintenant les savants qui eurent une certaine célébrité parmi leurs contemporains.

Hypsiclès ajouta aux Éléments d'Euclide un quatorzième livre, se rapportant aux solides réguliers. Nicomède, qui, si l'on en croit Eutocius et Proclus, florissait à l'époque d'Ératosthène, découvrit la *conchoïde* [1] dont voici la définition. Si d'un point fixe P on trace une ligne coupant une droite donnée fixe en Q, et si S est pris sur PQ de façon que la longueur QS soit constante, le lieu du point P est la conchoïde. Ce mathématicien s'en servait pour résoudre par un procédé mécanique le problème des deux moyennes proportionnelles et celui de la duplication du cube. A la fin du XVIIe siècle et dans la première moitié du XVIIIe cette courbe redevint à la mode. De La Hire et de Mairan en France s'en occupèrent d'une manière particulière, et en Angleterre Newton l'appliqua à la recherche des propriétés des courbes du troisième et du quatrième degré.

La *cissoïde* fut trouvée à peu près vers la même époque par Dioclès [2]. D'après Eutocius, ce dernier la définissait ainsi : AOA', BOB' sont deux diamètres fixes d'un cercle se coupant à angle droit. On mène deux cordes CC', DD' parallèles à BOB' et à égales distances de cette droite. Le lieu des intersections de AC et DD' sera la courbe en question qu'il employait pour résoudre le problème des deux moyennes proportionnelles entre deux longueurs données. A l'aide des sections coniques, Dioclès trouva également la solution de la question suivante. Tracer un plan qui partage la sphère en deux parties dont les volumes soient entre eux dans un rapport donné.

Vers ce temps, vivait probablement Perseus de Citium. Selon Geminus il aurait inventé les *spiriques*,

---

(1) Voir au sujet de cette courbe et des suivantes, les excellentes *Notes de bibliographie des courbes géométriques* par H. Brocard. Bar-le-Duc, 1897-99.

(2) Suter. *Geschichte der mathematischen Wissenschaften*, 2e édit. Zurich, 1875.

courbes engendrées par les sections d'un solide formé par la révolution d'un cercle tournant autour d'une de ses cordes comme axe.

Un peu après nous trouvons Zénodore qui s'occupa d'un sujet neuf, les *figures isopérimétriques*. Deux mathématiciens grecs, Pappus et Théon, nous ont conservé quelques-uns des théorèmes qu'il découvrit. Parmi ceux-ci citons les suivants, élémentaires aujourd'hui :

Le cercle a une plus grande surface qu'un polygone régulier quelconque d'un égal périmètre.

De tous les polygones isopérimétriques d'un nombre n de côtés, le polygone régulier est le plus grand.

Des segments de cercle ayant des arcs égaux, le demi-cercle est le plus grand.

De tous les solides ayant des surfaces égales, la sphère est celle qui a le plus grand volume.

Mais si le commencement du IIe siècle fut, somme toute, assez pauvre au point de vue scientifique, l'astronome Hipparque va lui redonner quelque lustre à son déclin. Ses observations ne sont pas de notre ressort. Examinons toutefois ceux de ses travaux qui ont exigé l'emploi de nouvelles méthodes mathématiques.

Né à Nicée, en Bithynie, il vécut plusieurs années à Alexandrie, mais il passa à Rhodes la plus grande partie de son existence que Delambre [1], par une sagace interprétation d'un passage de son livre, a fixée au IIe siècle.

Presque tous les ouvrages du savant nicéen sont aujourd'hui perdus ; aussi nous en sommes réduits pour l'exposé de ses découvertes à ce que Ptolémée,

---

(1) Delambre. *Histoire de l'astronomie ancienne*, t. I. Paris, 1817. En effet, Hipparque dit en un endroit de son livre, que la longitude d'une étoile (η du Chien) avait 90° au moment où il la détermina. Admettons l'exactitude de ce chiffre — et on peut le faire quand il s'agit d'un observateur aussi consciencieux — comme en 1750 la même coordonnée était de 116°4'10" et comme le premier point d'Aries recule de 50",2 par an, il est aisé de fixer à 120 ans avant Jésus-Christ, l'époque où la détermination a été effectuée. Rouse Ball. *A short account of the History of Mathematics.* Londres, 1888.

Théon d'Alexandrie et Pline le naturaliste nous apprennent. Son court *Commentaire d'Aratus* nous est seul parvenu, mais il est peu important puisqu'il s'y borne à rectifier les erreurs de ce poème astronomique.

Parmi ses découvertes rappelons-en quelques-unes. Il détermina la durée des révolutions de la Lune, calcula l'excentricité de son orbite, l'inclinaison de celle-ci sur l'écliptique, et remarqua les mouvements inverses des lignes des apsides et des nœuds de notre satellite. Il fixa également l'excentricité de l'orbite solaire à $\frac{1}{24}$ mais surtout il découvrit la précession des équinoxes. Enfin, sans insister sur ses hypothèses pour expliquer le mouvement lunaire et sur la série de ses observations planétaires, disons que Ptolémée n'eut guère qu'à perfectionner et à étendre les méthodes indiquées par Hipparque pour composer son immortel Almageste. Du reste la Mécanique céleste progressa peu de cette époque jusqu'à Copernic.

Pour obtenir dans ses observations une si merveilleuse précision et en tirer de si justes déductions, Hipparque avait eu besoin de connaître et de démontrer les principales formules de Trigonométrie rectiligne et sphérique. C'était sans doute l'objet des 12 livres de sa *Table des cordes*. Malheureusement nous ne pouvons que faire des conjectures sur ce point.

Une autre branche des Mathématiques appliquées, la *Géodésie*, prit naissance vers cette époque. Nous possédons, en effet, six à sept recueils de questions métriques sous le nom de HÉRON d'Alexandrie, mais leur rédaction appartient certainement à des époques différentes [1]. Le fond tout au plus serait le bien de ce géomètre, et nous serions en présence de textes rajeunis au fur et à mesure des besoins. On lui attribue également un livre *Sur la Dioptre*, dont l'authenticité paraît mieux établie. Il y décrit un appareil destiné à mesurer les

(1) PAUL TANNERY. *La Géométrie grecque*. Paris, 1887.

angles, puis il termine par une table des poids et mesures.

Entre autres particularités dignes de remarque, on rencontre dans cet ouvrage la plus ancienne démonstration de la formule qui donne l'aire d'un triangle en fonction de ses côtés.

Héron avait aussi composé un traité sur les *Pneumatiques* et les *Automates*. Ce dernier est fort intéressant, car on y rencontre des objets d'amusement, de véritables jouets scientifiques dans le genre de ceux qui devaient vingt siècles plus tard immortaliser Vaucanson. On y voit même une description d'une machine à vapeur rudimentaire qui probablement resta simplement à l'état de modèle ; en tous cas elle ne semble pas avoir servi dans la pratique après la mort de son inventeur.

Un autre savant, DIONYSIDORE dirigea aussi ses recherches vers un but utilitaire. Né à Emèse, en Syrie d'après Strabon, et à Mélos suivant Pline, il s'acquit auprès de ses concitoyens une grande réputation en Géométrie. Son nom est resté attaché à une des meilleures déterminations anciennes du rayon terrestre qu'il estimait à 42.000 stades, soit une longueur trop courte de 800 kilomètres environ. On lui doit encore une solution du problème d'Archimède, consistant à diviser un hémisphère, par un plan parallèle à sa base, en deux parties dont les volumes soient entre eux dans un rapport donné.

Les Mathématiques pures n'étaient d'ailleurs pas complètement dédaignées dans le siècle qui précéda l'ère chrétienne. Quelques savants, en dehors de l'École d'Alexandrie, s'y adonnèrent. Citons les plus marquants.

THÉODOSE, de Tripoli, nous a laissé trois livres sur *Les sphériques*, dans lesquels se trouvent plusieurs théorèmes continuellement usités aujourd'hui. Peut-être étaient-ils connus avant lui ? Se trouve-t-on en présence d'une compilation ? Question délicate à trancher.

Voici toujours quelques-unes des propositions qu'ils renferment :

Tout cercle dont le plan passe par le centre de la sphère est un grand cercle. Une ligne droite tracée du centre de la sphère normalement au plan d'un petit cercle, passe par le centre de ce dernier et par son pôle. Tout grand cercle qui en coupe un autre orthogonalement passe par ses pôles, et réciproquement.

Quant à Geminus, astronome et mathématicien, il semble même avoir une certaine valeur pour l'époque. On ignore l'endroit où il vécut, mais on doit fixer la composition de son *Introduction aux phénomènes* aux environs de notre ère. C'est un traité de Cosmographie : il ne doit donc pas nous retenir. Dans un autre travail, il a le premier étudié le classement philosophique des Mathématiques, et bien que cet ouvrage ne nous ait pas été conservé, nous possédons, grâce à Proclus, assez de renseignements pour suivre la filiation de ses idées.

Geminus considère d'une part la science qui s'occupe seulement « des choses intelligibles », et d'autre part celle qui concerne « les choses sensibles ». La première est constituée par l'Arithmétique et la Géométrie; la seconde par la Mécanique, l'Astrologie, l'Optique, la Géodésie, la Canonique et la Logistique.

A son tour, la Géométrie se divise en théorie du plan et en Stéréométrie, car, en général, son but est de construire des figures planes et solides, ou bien de comparer et de diviser les figures construites. On partage de même l'Arithmétique en théorie des nombres linéaires, plans, solides; c'est-à-dire que, dans cette branche des mathématiques, on considère les « espèces du nombre en elles-mêmes dans leur progression à partir de l'unité, la génération des nombres semblables et dissemblables [*carrés* ou *hétéromèques* de forme $p\ (p + 1)$], et les augmentations suivant la troisième dimension [*cubes*] ».

La Géodésie et la Logistique sont analogues aux deux parties précédentes de la science, mais au lieu de traiter des nombres ou des figures intelligibles elles s'occupent des choses sensibles correspondantes. L'Optique dérive comme la Canonique, de la Géométrie : celle-là emploie les lignes de la vision et les angles qu'elle forme ; celle-ci étudie les rapports expérimentaux des longueurs harmoniques, et recherche les dimensions des canons, c'est-à-dire les règles qui servent à déterminer les cordes de la lyre. La Mécanique considère les objets matériels. Elle se sectionne en plusieurs branches : l'*organopéique* ou construction des engins de guerre, la *thaumatopéique* ou composition d'artifices merveilleux. Envisagée à d'autres points de vue, la Mécanique comporte la connaissance de l'équilibre, la *sphérogée* qui imite les révolutions célestes, en un mot la cinétique de la matière. Enfin l'Astrologie traite du système du monde, de la grandeur et de la forme des astres, de leur distance à la Terre, etc. Elle comprend la Gnomonique qui enseigne la détermination des heures, la *météoroscopique* ou calcul des hauteurs des corps célestes, et la Dioptrique qui s'occupe de fixer leurs positions à l'aide d'instruments appropriés.

Cette classification, malgré ses imperfections, était préférable à celle des Pythagoriciens.

Les derniers mathématiciens dont nous venons de passer en revue les œuvres n'ont guère contribué à augmenter le nombre des découvertes de leurs prédécesseurs. D'ailleurs, au moment où l'Ecole d'Alexandrie commençait à languir, une révolution politique s'accomplissait. En l'an 30 avant notre ère, César-Auguste détrône les successeurs de Ptolémée. Dès lors l'Égypte n'est plus une nation, c'est une simple province de l'Empire administrée par un gouverneur. Aussi son Université va-t-elle se ressentir de ces commotions, et la chute des Lagides marquera pour la Mathématique une nouvelle ère. L'Astronomie s'élèvera encore avec Ptolémée. Diophante créera l'Algèbre, mais la Géométrie n'aura plus à opposer aux chefs-d'œuvre des Euclide, des Archimède et des Apollonius, que les utiles mais pâles commentaires de Pappus. L'âge d'or de la science grecque est bien fini.

CHAPITRE VI

Les Mathématiques en Égypte et en Grèce, du Ier au Ve siècle. — Établissement de la Trigonométrie sphérique, et naissance de l'Algèbre.

Sans fermer ses portes, l'Ecole d'Alexandrie se modifia profondément. Ses nouveaux maîtres et l'introduction du christianisme [1] bouleversèrent son enseignement. Les idées de Platon et de Pythagore se fondirent avec la doctrine naissante, voilà pourquoi on a l'habitude de considérer les savants alexandrins de cette période comme formant une seconde Ecole. Si au point de vue de l'histoire philosophique cette distinction a sa raison d'être, il ne saurait en être de même pour la science dont nous esquissons ici les étapes ; nous avons donc jugé inutile de nous en inquiéter.

En passant sous silence les commentateurs d'Archimède et d'Apollonius, le premier auteur que nous puissions citer est le Lesbien SÉRÉNUS, originaire

(1) Au sujet de l'influence du christianisme sur les mathématiques, voici l'opinion de M. PAUL TANNERY, ce juge si compétent dans ce qui touche l'histoire de la science hellène : « Si l'on compte comme chrétiens, ainsi que j'ai indiqué qu'on pouvait le faire, Diophante, Anatolius, Eutocius, avec Jean Philopon et l'Ecole d'Anthémius, si l'on considère Pappus comme partagé entre le christianisme et le paganisme, il ne reste à l'actif de cette dernière religion, pendant la même période, que Théon d'Alexandrie, sa fille Hypatia, avec Porphyre, Jamblique et l'Ecole d'Athènes pour les commentaires sur Euclide et Nicomaque. En faisant la balance, on trouvera sans peine que les travaux les plus importants, ceux où il y a plus de vie et d'idées neuves, sont du côté du christianisme ». *Annales de philosophie chrétienne*, 66e an., t. XXXIV. Paris, 1896.

d'Antissa. Il composa deux livres *Sur les sections du cylindre et du cône*, où il enseigne d'abord à résoudre le problème : étant donné un cône, trouver un cylindre de telle sorte que les sections des deux par le même plan soient des ellipses semblables. Puis il se livre à d'intéressantes considérations sur ce sujet, et en particulier il formule la proposition suivante qui peut être considérée comme la base de la théorie moderne des harmoniques. Énonçons-la ainsi. Si d'un point P on trace une ligne PEF coupant le triangle ABC, et si on prend un point F sur cette droite de façon que $\frac{PE}{PD} = \frac{EF}{FD}$ et si on mène la ligne BF, chaque transversale issue de P, telle que PK, sera divisée par BH dans le rapport $\frac{PG}{PK} = \frac{HG}{HK}$.

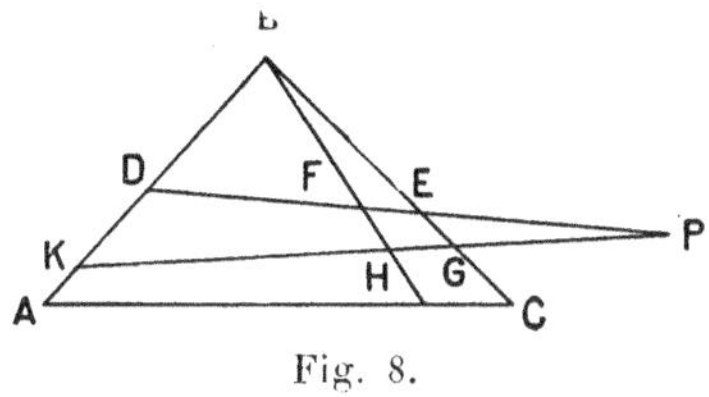

Fig. 8.

Avec Ménélaus nous entrons dans une nouvelle phase de l'histoire mathématique, la Trigonométrie sphérique est érigée en corps de doctrine. Ce géomètre, qui florissait à Alexandrie à la fin du Ier siècle de notre ère, avait écrit un traité intitulé *Des sphériques*, dont l'original grec ne nous est pas parvenu mais dont nous possédons une traduction latine faite par Halley sur des versions hébraïques et arabes et publiée à Oxford en 1758. On y rencontre l'important théorème, fondement de cette partie de la Science chez les Anciens, à savoir la propriété des six segments déterminés sur les trois côtés d'un triangle sphérique, par un arc de grand cercle.

Pour démontrer la « règle d'intersection », comme les Arabes appelèrent cette proposition, Ménélaüs procéda par analogie, en s'appuyant sur le lemme suivant de Ptolémée : quand une transversale coupe les trois côtés d'un triangle, le produit des segments n'ayant pas d'extrémités communes égale le produit des trois autres. Dans notre siècle, Carnot, en faisant de ce théorème la base de sa théorie des transversales, lui a donné une réelle importance.

Nous ne nous appesantirons guère sur NICOMAQUE et THÉON, deux mathématiciens sans grande originalité. Le premier naquit à Gérase vers l'an 50, et son *Introduction arithmétique* a joui pendant longtemps d'une grande autorité. C'est un mémento des idées pythagoriciennes sur ce sujet. Remaniée et abrégée par BOÈCE, cette compilation de connaissances acquises antérieurement fut le vade-mecum de tous ceux qui, au Moyen Age, se livraient aux études mathématiques. Parmi le petit nombre des propositions qui semblent appartenir à l'auteur, on range la suivante : les cubes sont toujours égaux à la somme des nombres impairs successifs. Par exemple, 8 ou 2^3 égale $3 + 5$; 27 ou 3^3 égale $7 + 9 + 11$, et de la sorte jusqu'à l'infini.

Comme son prédécesseur, Théon, né à Smyrne dans la première moitié du IIe siècle de notre ère, nous a laissé dans ses *Choses qui sont utiles pour la lecture de Platon*, des études sur les nombres. Après un discours sur l'Histoire des Mathématiques, contenant divers préceptes aussi bien sur la Musique et la Géométrie que sur la peste et les moyens de la faire disparaître, l'auteur aborde l'Arithmétique, la « première des sciences » à son avis ; puis il entretient son lecteur de l'unité. Il classe ensuite les nombres, et leur découvre de singulières propriétés. Relatons-les, car l'historien doit non seulement parler des brillantes découvertes, mais s'inquiéter encore des travaux oiseux ou négatifs qu'il rencontre.

Les nombres premiers sont dits indécomposables, linéaires, euthymétriques et impairement impairs. Nous glisserons sur ces définitions. Les « composés » mesurent un autre nombre. On les nomme « plans » quand ils ont longueur et largeur. (Ex. : $6 = 2 \times 3$) et « solides » lorsqu'ils possèdent les trois dimensions (Ex. : $30 = 2 \times 3 \times 5$). Si nous passons aux catégories, les nombres pairs pourront être « pairement pairs » (Ex. : $8 = 2 \times 4$) ou « pairement impairs » (Ex. : $6 = 2 \times 3$). Nous voyons encore les « æqualiter æqualibus » (Ex. : $4 = 2 \times 2$), les « inæqualiter inæqualibus » décomposables en nombres inégaux (Ex. : $6 = 2 \times 3$), les nombres « altera pars longiores » comme 12 dont la longueur 4 dépasse la largeur 3 de l'unité. Ceux-ci sont toujours pairs, car si l'une de leurs dimensions ne l'est pas, l'autre l'est. L'arithméticien d'Alexandrie donne enfin les formules pour sommer les n premiers nombres pairs ou carrés, mais sans fournir aucune démonstration.

Restons-en là. Cela nous suffit pour montrer, selon une expression contemporaine, « l'état d'âme » des Pythagoriciens en ce qui concerne l'Arithmétique. On comprend alors pourquoi les géomètres grecs traitaient avec tant de mépris la science des disciples de Pythagore, et si, comme le remarque avec juste raison M. Paul Tannery, la forme de l'exposition est la propriété de ces deux commentateurs, elle constitue un irrécusable symptôme de décadence.

Abordons maintenant l'œuvre du grand Ptolémée, de celui qui redonna quelque lustre à l'Ecole d'Alexandrie.

Comme il cultiva beaucoup plus l'Astronomie que la Mathématique, nous n'aurons à nous occuper ici que de la plus faible partie de son labeur, et cependant la moisson sera encore ample. Ce qu'on sait de sa biographie est court. Toutefois les historiens s'accordent pour fixer les premières observations rapportées dans son *Almageste*, à l'an 125, et les dernières à l'an 150. Il observait avec les instruments du Musée, qu'il perfectionna. Sans doute il emprunta pas mal à Hipparque et à ses prédécesseurs alexandrins; mais bien des idées neuves sur la Mécanique céleste lui sont dues. Voici le fondement de son système. La Terre occupe le centre de l'univers; les planètes et le Soleil tournent autour d'elle. Jusqu'à Copernic il régna avec une autorité incontestée. Il fut pour les astronomes ce qu'Aristote était pour les philosophes. Après on le décria, autant qu'on l'avait loué.

Nous pouvons être plus justes. Si ses hypothèses sont compliquées, elles sont marquées au coin de la plus grande originalité et il prépara les voies à Képler qui les aplanit lui-même à Newton. Au point de vue spécial des Mathématiques pures, il apporta d'importants perfectionnements à la Trigonométrie sphérique. D'autre part, si la méthode sexagésimale de division du cercle remonte aux Babyloniens, si Geminus et Hipparque s'en sont servis, le procédé de calcul, pour déduire des cordes de deux arcs les cordes de leur somme ou de leur différence, appartient à Ptolémée. Il considéra le premier les trois axes rectangulaires que nous employons actuellement en Géométrie analytique pour fixer la position d'un point dans l'espace. En outre, on le regarde comme l'inventeur des projections stéréographiques et comme le pionnier des théories de la vision et de la réfraction atmosphérique. Résumons-nous donc. Ptolémée, quelle que soit sa part personnelle dans l'*Almageste*, eut l'incontestable mérite d'appliquer d'une façon méthodique la Géométrie et la Trigonométrie à l'Astronomie. Malgré cela, il n'eut pas d'imitateurs dans la route qu'il avait si remarquablement ouverte. Un siècle et demi sera stérile, car les écrits d'Anatolius qui occupa la chaire de l'enseignement aristotélique à Alexandrie, et devint plus tard évêque de Laodicée, pas plus que ceux du philosophe Plotin, de son disciple Phorphyre et de son contemporain Jamblique n'apportèrent de contributions utiles à l'évolution des Mathématiques.

Il nous faut arriver à Pappus pour rencontrer un homme de quelque envergure scientifique. Les renseignements biographiques le concernant sont très succincts. On sait simplement qu'il vivait à Alexandrie au IVe siècle. Un seul de ses ouvrages, les *Collections mathématiques*, nous est parvenu et, autant qu'on peut en juger par la lecture, le but qu'il se propose était d'initier, grâce à des commentaires, les géomètres de son époque aux travaux antérieurs les plus arides. Huit livres, dont le premier et une partie du second, sont aujourd'hui perdus, les composaient.

Parmi les propositions y insérées, citons le théorème connu aujourd'hui sous le nom de Guldin parce que ce savant jésuite le redécouvrit au XVIIe siècle : le volume engendré par la révolution d'une courbe plane complètement située d'un même côté de son axe de rotation, égale le produit de la surface plane génératrice par la circonférence que décrit son centre de gravité. Puis la recherche des propriétés de la *quadratrice* de Dinostrate l'occupe aussi. Il donne à ce propos deux modes de construction de cette courbe, dont voici le premier. Soit une hélice tracée sur un cylindre droit circulaire. De chaque point de celle-ci on abaisse des perpendiculaires sur l'axe du cylindre. On forme ainsi la surface héliçoïde rampante. Un plan passant par une de ces droites et faisant un angle convenable avec la base du cylindre, coupe la surface héliçoïde suivant une ligne dont la projection orthogonale sur la même base est la quadratrice cherchée.

Un peu plus loin il étudie encore la spirale sphérique obtenue par le mouvement uniforme d'un point sur un grand cercle de la sphère, ce dernier tournant lui-même autour de son diamètre. Il exprime l'aire de la portion de surface comprise entre cette courbe et sa base ; c'est donc Pappus qui donna le premier exemple de la quadrature d'une surface courbe.

Notons qu'on rencontre dans les *Collections mathématiques* la relation fondamentale du rapport anharmonique de quatre points, devenue entre les mains de Chasles la base des théories modernes de l'homographie et de l'involution. Une autre question, célèbre dans l'antiquité et à laquelle Newton et Descartes ont redonné plus tard un regain d'actualité, s'y trouve également. On la désigne sous le nom de « problème de Pappus », et elle peut s'énoncer ainsi : Plusieurs droites étant données, trouver le lieu géométrique d'un point tel que les perpendiculaires (ou d'une façon plus générale les obliques inclinées sous certains angles) satisfassent à la condition que le produit de certaines d'entre elles soit dans un rapport constant avec le produit de toutes les autres. Ce théorème, qui se rattache à la théorie des transversales, avait été résolu par Euclide et Apollonius seulement dans le cas de trois ou quatre droites. Le lieu est alors une conique. Il découle de ce résultat la propriété remarquable de ce genre de courbe : quand un quadrilatère quelconque est inscrit à une conique, le produit des distances de chaque point de celle-ci à deux côtés opposés du quadrilatère, est au produit des distances du même point aux deux autres côtés, dans un rapport constant. Cette proposition a très utilement guidé Pascal et Desargues, et elle est regardée par Chasles comme « la plus universelle et la plus féconde de toutes les propriétés »[1] des coniques.

Bien d'autres sujets sont envisagés au cours des *Collections mathématiques*, mais nous sommes forcés d'y renvoyer le lecteur. Signalons toutefois, pour terminer, un exposé très net du but de l'analyse et de la synthèse. L'auteur donne parfois deux solutions du même problème, par l'une ou l'autre de ces méthodes.

Avec Pappus disparaît le dernier grand géomètre de l'antiquité. Une longue période s'écoulera avant que la Géométrie ne fasse de nouveaux progrès. Nous apercevrons çà et là quelques commentateurs des Euclide ou des Archimède, mais pas de découvertes originales. Cependant cette suite de siècles ne sera pas complètement stérile dans toutes les parties des Mathématiques, puisqu'une nouvelle science va naître avec DIOPHANTE.

---

(1) CHASLES. *Aperçu historique sur l'origine et le développement des méthodes en Géométrie*, 3ᵉ édit. Paris, 1889.

Mais pour prendre son merveilleux essor, l'algèbre devra attendre que le génie des Viète, des Descartes, des Leibniz et des Newton l'ait fécondée.

L'inventeur de ce puissant instrument de progrès, mourut à Alexandrie au commencement du ve siècle de l'ère chrétienne. Il était âgé de 84 ans. A la vérité, Ahmes, dans le papyrus conservé au British Museum de Londres, employa, selon le mot de Nesselmann, une « rhétorique algébrique » [1], il raisonnait au moyen de mots sans faire usage de symboles, Pappus se servit de-ci de-là de quelques notations où le savant professeur de Heidelberg M. Moritz Cantor veut voir l'embryon de l'algèbre. Dans un papyrus grec très ancien on trouve des signes de l'addition et de la soustraction, et d'autre part, au dire de certains érudits, Diophante n'aurait eu que le facile mérite de systématiser des connaissances familières aux mathématiciens de son temps [2]. Il est donc peu commode de choisir au milieu de tant d'opinions contradictoires, et de fixer avec précision le degré d'originalité de son *Arithmétique*. Constatons donc qu'il s'y sert d'une nouvelle langue, qu'il en fit usage non seulement pour les questions déjà connues, mais qu'il sut également l'appliquer à de nombreux problèmes insolubles avant lui. Malgré cela, ses écrits eurent peu de vogue de son temps. Après sa mort on les oublia durant de longs siècles, et en 1460 seulement Régiomontanus les révéla au monde savant, une fois qu'il eut pris connaissance des fragments conservés dans un manuscrit du Vatican. Depuis lors on l'étudia, on le traduisit à plusieurs reprises, et le grand Fermat lui-même le commenta.

Contrairement à ce qu'à la vue de son titre des lecteurs modernes peuvent supposer, l'*Arithmétique* est presque uniquement consacrée à l'Algèbre, et en voici

(1) NESSELMANN. *Die Algebra der Griechen.* Berlin, 1842.

(2) COSSALI. *Origine, transporto in Italia, primi progressi in essa dell' algebra*, t. I, Parme, 1797; CANTOR. *Vorlesungen uber Geschichte der Mathematik*, t. I, Leipzig, 1880.

l'économie générale. D'abord sa notation diffère de la nôtre. Pour représenter la quantité inconnue il se sert du symbole ς′ ou ς^ο′ et il la nomme ὁ ἀριθμός. Il appelle son carré δύναμις et son cube, κύβος. Dans les calculs ces derniers sont désignés par leurs initiales δ et κ combinées avec la seconde lettre υ surmontée d'une barre horizontale et ainsi de suite jusqu'à la sixième puissance, l'auteur n'allant pas plus loin. Ci-joint le tableau résumant ces abréviations :

NOMS DES PUISSANCES DE L'INCONNUE	PREMIÈRE	CARRÉ	CUBE	CARRÉ-CARRÉ	CARRÉ-CUBE	CUBE-CUBE
SYMBOLES	ς′ *ou* ς^ο′	δ^ῡ	κ^υ	δδ^ῡ	δκ^υ	κκ^ῡ

Une quantité déterminée est formée, d'après Diophante, d'un certain nombre d'unités (μονάδες) et il la note par le symbole μ^ο. Les coefficients des inconnues sont toujours des nombres. Il les place immédiatement après la quantité qu'ils multiplient. Aujourd'hui nous procédons d'une manière contraire. Quant aux signes des opérations, ils ne ressemblent pas non plus aux nôtres. Pour indiquer l'addition de deux termes on les juxtapose simplement. S'il s'agit, de les soustraire on place entre les deux une sorte de ψ renversé qui se rapporte à toutes les quantités qui le suivent. Les multiplications et les divisions n'ont pas d'indications propres ; pourtant les Grecs mettaient fréquemment le dividende et le diviseur sous forme de fraction ; enfin l'égalité se représente comme dans la figure particulière qu'on voit ci-dessous.

Les deux lignes suivantes montrent, en effet, la même équation, écrite dans la notation de Diophante et en caractères algébriques actuels :

κ^υ ᾱ ςς η̄ ⋔ δ^υ ε̄ μ^ο ᾱ ι ς ᾱ

$$(x^3 + 8x) - (5x^2 + 1) = x.$$

Ce qui précède, indique combien la langue algébrique a dû subir de perfectionnements avant de devenir le clair et simple langage d'aujourd'hui.

Dans son *Arithmétique*, Diophante constate aussi qu'un nombre négatif multiplié par un autre nombre négatif donne un nombre positif. Il applique ce principe à la multiplication de $x - 1$ par $x - 2$ par exemple ; cependant il ne concevait pas un nombre négatif existant par lui-même. Ainsi il considérait comme un non-sens la différence $3x - 5$ dans laquelle $3x$ aurait été moindre que 5. D'autre part, il ne formule pas son procédé de résolution de l'équation du second degré, il ne semble pas s'être rendu compte de la double racine car il rejette toujours, dans ses réponses, une quantité irrationnelle ou négative ; enfin, parmi les 130 problèmes qui nous sont parvenus, quelques-uns sont déterminés du premier ou du second degré, mais le plus grand nombre est indéterminé. Quant aux solutions, Diophante les obtient d'ailleurs à l'aide d'artifices de calcul, et il n'a pas en vue la généralisation des méthodes.

Tel est dans son ensemble l'*Arithmétique* de Diophante qu'HYPATIA avait commentée. Malheureusement ce travail ne nous est pas parvenu. Au dire des anciens, cette paraphrase ainsi que les notes écrites par la savante sur les Coniques d'Apollonius étaient remarquables. Fille de Théon, notre mathématicienne vit le jour à Alexandrie vers l'an 375 de notre ère[1]. Après avoir appris de son père la Géométrie, et des professeurs du Musée les rudiments des autres sciences, elle se rendit à Athènes où l'enseignement public jetait ses dernières lueurs, puis revint en Egypte professer dans la chaire qu'avait occupée Plotin. Son éloquence, son talent, sa beauté et ses vertus groupèrent autour d'elle de nombreux disciples venus de tous les points du monde. Malheureusement, elle eut une fin tragique.

---

(1) REBIÈRE. *Les femmes dans la Science*, 2e édit. Paris, 1897.

Au IVe siècle Alexandrie était partagée en trois camps rivaux : les païens, les juifs et les chrétiens dont la victoire commençait seulement à se dessiner. Hypatia était païenne. De là naquit une lutte entre le patriarche Cyrille et le préfet nommé Oreste qui, admirant son génie, suivait souvent ses conseils. Sur ces entrefaites, au mois de mars 415, un certain Hiérax, maître d'école chrétien, périt de mort violente, et ses amis répandirent le bruit qu'il avait été tué à l'instigation de la philosophe et du gouverneur. Alors des fanatiques ayant à leur tête Pierre, lecteur d'une église, arrachèrent un jour Hypatia de son char et la traînèrent dans Césarée où, après l'avoir dépouillée de ses vêtements, ils la lapidèrent, portant ensuite ses membres sanglants au Cinaron.

Ainsi mourut le dernier professeur qui illustra la chaire de Mathématiques de l'école d'Alexandrie. A partir de cette époque, leur enseignement va se concentrer à Athènes. Quelques noms seuls émergent de cette foule de compilateurs.

Proclus, le chef de l'école néo-platonicienne, écrivit, sur le premier livre d'Euclide, un commentaire précieux pour l'histoire de la Géométrie chez les Grecs. Il florissait vers le milieu du Ve siècle. Parmi les successeurs de ce philosophe, qui cultivèrent la Science, un seul a une certaine importance : c'est Eutocius dont les annotations sur Apollonius et Archimède nous révèlent l'existence d'auteurs plus anciens, et nous ont permis d'en parler. Quant à Anthémius, l'architecte de l'église Sainte-Sophie de Constantinople, né à Trallès en Lydie, on croit qu'il professait les Mathématiques quand l'empereur Justinien le chargea de construire le monument qui devait le rendre plus célèbre que ses leçons.

Les mathématiciens athéniens de ce temps occupent donc une bien petite place dans l'histoire.

CHAPITRE VII

Les Mathématiques chez les Romains.

Pendant longtemps les Mathématiques ne pénétrèrent pas chez les Romains. Les conquérants du monde n'avaient guère le loisir de s'arrêter aux spéculations scientifiques. Pline ou Varron nous donnent seulement quelques lignes sur leur numération dactylique. Par différentes combinaisons des doigts et des phalanges de la main gauche, ils comptaient jusqu'à 99. Les mêmes signes répétés par leur dextre devenaient des centaines. Ainsi le petit doigt et l'annulaire repliés vers la paume de la main gauche, représentaient 2, à la droite il signifiait 200, et ainsi de suite. C'était là toute leur Arithmétique. La Géométrie enseignée dans les écoles de Rome ne s'élevait guère plus haut. Elle se bornait aux notions nécessaires aux arpenteurs (*agrimensores*). Les Italiens qui voulaient pousser plus loin leurs études dans cette voie, devaient se rendre à Alexandrie. C'est pourquoi nous ne nous appesantirons pas beaucoup sur les ouvrages relatifs à cette période. Ils ne nous sont d'ailleurs parvenus qu'en petit nombre ; et à quoi bon surcharger de noms obscurs une Histoire dans laquelle nous nous inquiétons avant tout de la filiation des idées et des méthodes ? Nous ne signalerons donc aucun mathématicien avant CASSIODORE, né vers 570 à Squillace (Calabre). Il devint successivement ministre de plusieurs rois des Ostrogoths, et se distraya des affaires publiques en écrivant un traité *De institutione divinarum litterarum*, ou exposé des règles d'enseignement du *trivium* (Grammaire, Rhétorique, Logique) et du *quadrivuim* (Arithmétique, Géométrie, Astronomie et Musique). Ce livre sans grande valeur scientifique a cependant été le vade-mecum de beaucoup d'étudiants au moyen âge. Quant aux Martianus Capella, aux Victorius et aux Priscien, nous les mentionnerons simplement sans nous y arrêter.

Les travaux de Boèce dont nous allons nous occuper maintenant, offrent plus d'intérêt. Il appartenait à une des plus anciennes familles de l'aristocratie romaine. Après avoir commencé ses études à Rome, il alla les continuer à Athènes, et devint à son tour membre du Sénat. Lors de l'entrée de Théodoric dans la Ville Éternelle, il sut gagner ses bonnes grâces, et devint un de ses favoris.

Tout en remplissant les charges les plus importantes, il étudiait les ouvrages d'Aristote et de Platon. Mais son érudition, sa haute culture morale, bien au-dessus de son époque, ne pouvait être apprécié de ses barbares contemporains, et ses rivaux l'accusèrent de comploter avec l'empereur Justinien pour ruiner la domination des Ostrogoths, et affranchir Rome de leur joug. Théodoric, plus intelligent que ses conseillers, résista quelque peu, mais il finit par leur céder. Boèce fut emprisonné à Pavie, et étranglé en 526. Sa femme avait partagé son exil, comme le prouve une épitaphe conservée à Saint-Pierre de Rome [1].

Parmi ses œuvres, son *Arithmétique* n'est qu'une copie, mal digérée d'ailleurs, de celle de Nicomaque. Son *Ars geometriæ*, dont nous donnons ci-contre le fac-similé d'une page, est plus curieux. C'est lui qui fit connaître aux Latins la science euclidienne. Il débute par une traduction littérale ou peu s'en faut des définitions des quatre premiers livres du mathématicien grec, mais les

---

(1) Heilbronner. *Historia Matheseos universae*. Leipzig, 1742.

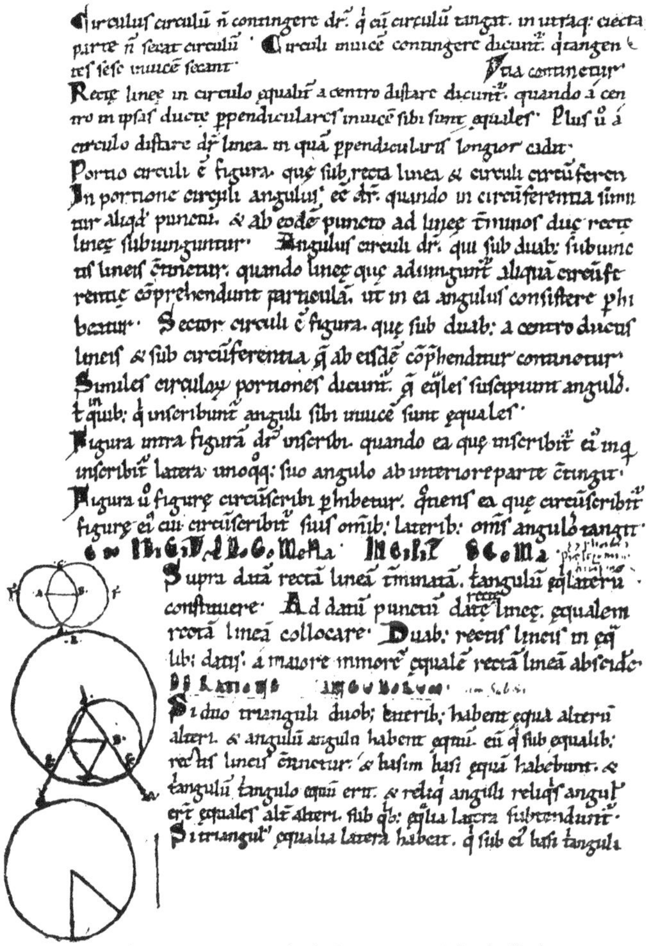
Circulus circulū ñ contingere dr̄. q̄ cū circulū tangat. in utraq; ciecta parte ñ secat circulū · Circuli inuicē contingere dicunt̄. q̄ tangen tes sese inuicē secant · Vta continetur·
Rectę lineę in circulo equalit̄ a centro distare dicunt̄. quando a cen tro in ipsas ductę ꝑpendiculares inuicē sibi sunt equales · Plus û a circulo distare dr̄ linea. in quā ꝑpendicularis longior cadit·
Portio circuli ē figura. quę sub recta linea & circuli circūferen
In portione circuli angulus ee dr̄. quando in circūferentia sūm tur aliqđ punctū. & ab eodē puncto ad lineę t̄minos duę rectę lineę subiunguntur · Angulus circuli dr̄. qui sub duab; subiunc tis lineis c̄tinetur. quando lineę quę adiungunt̄ aliquā circūfe rentię c̄prehendunt particulā. ut in ea angulus consistere ꝑhi beatur · Sector circuli ē figura. quę sub duab; a centro ductis lineis & sub circūferentia q̄ ab eisdē c̄phendıtur continetur·
Similes circuloꝝ portiones dicunt̄. q̄ eq̄les suscipiunt angulos. t in quib; q̄ inscribunt̄ anguli sibi inuicē sunt equales·
Figura intra figurā dr̄ inscribi. quando ea quę inscribit̄ cū in q inscribit̄ latera unoqq; suo angulo ab interiore parte c̄tingit·
Figura û figurę circūscribi ꝑhibetur. q̄uens ea quę circūscribit̄ figurę ei cui circūscribit̄ suis omīb; laterib; om̄s angulos tangit·
Supra datā rectā lineā t̄minatā. t angulū eq̄laterū constituere· Ad datū punctū datę lineę. equalem rectā lineā collocare· Duab; rectis lineis in eq̄ lib; datis. a maiore minori equalē rectā lineā abscidere·
Si duo trianguli duob; laterib; habent equa alteri alteri. & angulū angulo habent equū. eū q̄ sub equalib; rectis lineis c̄tinetur. & basim basi equā habebunt. & t angulū t angulo equū erit. & reliq angulı reliqs angul erit equales alt̄ alteri. sub q̄b; eq̄lia latera subtendunt̄·
Si trianguli equalia latera habeat. q̄ sub eī basi t anguli

Fig. 9. — Manuscrit de l'*Ars geometriæ* de Boèce.
(*Bibliothèque Nationale de Paris*, fond. latin nº 7377, fol. 41 verso.
Propositions sur le cercle et les angles.)

démonstrations sont omises. Puis viennent des extraits de Balbus Mensor, arpenteur romain, continués par une compilation dont les éléments sont puisés dans les écrits d'autres agrimenseurs, tels Hyginus, Frontinus, Epaphroditus et Nipsus. L'authenticité de cet ouvrage, qui eut une grande vogue pendant tout le Moyen Age, est mise en doute par certains érudits modernes. M. Paul Tannery l'estime indigne de Boèce, et croit « qu'on se trouve en présence de l'œuvre d'un faussaire ignorant et maladroit qui était probablement un arpenteur de profession vivant au plus tôt dans le IXe ou le Xe siècle ». M. Cantor pense que le fond lui appartient bien, mais que le style a été défiguré par des copistes.

L'intérêt de la controverse réside surtout dans le passage suivant de la *Géométrie*, où l'on trouve attribués aux Pythagoriciens les *apices* ou prototypes de nos chiffres. Nous croyons devoir le rapporter ici, d'après M. Chasles [1].

« Les anciens avaient coutume d'appeler *digits* toute espèce de nombre au-dessous de la première *limite*, c'est-à-dire ceux que nous comptons depuis un jusqu'à dix, qui sont 1, 2, 3, 4, 5, 6, 7, 8 et 9. Ils appelaient : *articulés* tous ceux de l'ordre des dizaines, et des ordres suivants à l'infini ; nombres *composés* tous ceux qui sont compris entre la première et la seconde limite, c'est-à-dire entre dix et vingt, et tous les autres suivants, excepté les limites ; et nombre *incomposés* tous les digits et toutes les limites...

Des Pythagoriciens, pour éviter de se tromper dans leurs multiplications, divisions et mesures (car ils étaient en toutes choses d'un génie inventeur et subtil), avaient imaginé pour leur usage un *tableau*, qu'ils appelèrent en l'honneur de leur maître *table de Pytha-*

(1) CHASLES. *Aperçu historique sur l'origine et le développement des méthodes en Géométrie*, 3e édit. Paris, 1889.

gore, parce qu'ils en tenaient la première idée du philosophe. Les modernes l'ont appelé *abacus*.

Par ce moyen, ce qu'ils avaient trouvé par un effort d'esprit, ils pouvaient en rendre plus aisément la connaissance visuelle et générale, en le montrant pour ainsi dire à l'œil. Ils donnaient à ce tableau une forme assez curieuse, qui est représentée ci-dessous. »

Ce tableau d'ailleurs n'était point la table de multiplication telle que nous la connaissons, mais répondait à la figure ci-contre, et sur les portions de ligne horizontale étaient inscrits, allant de droite à gauche, les chiffres romains un, dix, cent, mille, dix mille, etc.

X.$\bar{I}$.M.$\bar{I}$.	$\bar{I}$ M $\bar{I}$	C M I	X M $\bar{I}$	M $\bar{I}$	$\bar{C}$	$\bar{X}$	M	C	X	I

Voici comment, grâce à ce procédé, ils pouvaient effectuer des calculs dans le système de numération que Boèce expose de la sorte :

« Ils avaient des *apices* ou caractères de diverses formes. Quelques-uns s'étaient fait des notes d'apices, telles que :

I Ƭ Σ ꝒꝒ Ч Ᵽ Ϟ 8 9

correspondant à 1, 2, 3, 4, 5, 6, 7, 8, 9.

Quelques autres, pour faire usage de ce tableau, prenaient les lettres de l'alphabet ; de manière que la première répondait à l'unité, la seconde à deux, la troisième à trois, et les suivantes aux nombres naturels consécutifs. D'autres enfin se bornaient à employer, dans ces opérations, les caractères usités avant eux pour représenter les nombres naturels. Ces *apices*, quels qu'ils fussent, ils s'en servaient comme de la poussière[1]; de manière que s'ils les plaçaient sous l'unité, chacun d'eux ne représentait toujours que des digits. »

On se rend compte, d'après ce passage, que Boèce avait une notion assez nette du principe de position de notre système de numération décimale, avec cette légère différence que les places où nous disposons des zéros restaient vides.

Si ce livre ne lui appartient pas ou a été défiguré par les copistes, Boèce n'en eut pas moins une grande influence sur la Mathématique au moyen âge.

Au siècle suivant l'évêque de Séville, Isidore, est à peu près le seul qui, dans ses *Origines,* ait laissé un ouvrage traitant de science. Et quelle indigeste et mauvaise compilation que cette encyclopédie en vingt livres, dont quelques-uns seulement se rapportent à notre sujet et par lesquels il nous apprend que « la Géométrie a pour caractère la multiplication », ce qui la distingue de l'Arithmétique « dont le fondement est l'addition ». Il mourut en 636, et il nous faut encore franchir près d'un siècle pour trouver un nom à citer, Bède le Vénérable. L'examen de son *De numerorum divisione* montre d'ailleurs quelle distance sépare l'homme le plus érudit de ce temps, d'un Archimède ou même d'un Pappus.

---

(1) Les anciens étendaient de la poussière sur leurs abaques pour y tracer des figures.

CHAPITRE VIII

Le développement des Mathématiques dans l'Inde.

Bien après que les Grecs eurent amené la Science à un haut degré de perfection, elle commença seulement à fleurir dans l'Inde. Ses origines dans ce pays nous sont peu connues. Cependant on peut l'affirmer, d'après plusieurs manuscrits, les premiers savants hindous se sont formés eux-mêmes.

L'évolution mathématique s'opéra lentement mais grâce au seul concours des prêtres de Brahma et de Boudha qui n'empruntèrent rien aux adorateurs des dieux de l'Olympe. Leur Géométrie fut d'ailleurs assez rudimentaire : des énoncés de théorèmes sur les surfaces ou les volumes de figures simples telles que triangle, carré, rectangle, cercle, pyramide ou sphère, en formèrent le modeste bilan. En Arithmétique et surtout en Algèbre, ils excellèrent. Ainsi ils parvinrent à résoudre l'équation du second degré à une ou à deux inconnues. Leurs productions les plus remarquables se rapportent aux propriétés des nombres ou aux transformations algébriques, tandis que les chefs-d'œuvre scientifiques des Hellènes sont surtout géométriques. La caractéristique des génies respectifs de ces deux races est donc bien différente.

Le philosophe ARYABHATA nous occupera tout d'abord. Il naquit à Pataliputra, aujourd'hui Patna, vers l'an 475 de notre ère, et composa un ouvrage intitulé : *Aryabha-*

thiyam, consacré à l'Astronomie, aux éléments du calcul, à la mesure du temps et à diverses questions trigonométriques. Écrit en vers, il se compose de théorèmes sans démonstrations, destinés probablement à être appris dans les écoles, et il indique des connaissances arithmétiques assez sûres de la part de son auteur. Il y résout l'équation complète du second degré à coefficients indéterminés, il y donne la règle pour trouver la somme des carrés de n premiers nombres et celle de leurs cubes. Quant à son savoir géométrique, il semble peu assuré. Il trouve toutefois une valeur très exacte de π, mais à côté de cela il croit le volume de la pyramide égal à la moitié du produit de la base par la hauteur, et pour obtenir celui de la sphère il multiplie l'aire du grand cercle par la racine carrée de cette mesure.

Un de ses successeurs, BRAHMAGUPTA, dont les écrits ont été mis à jour vers l'an 628, paraît bien supérieur. Deux seulement nous ont été conservés, l'un appelé *Ganita*, l'autre *Cuttaca*. Ils formaient le douzième et le dix-huitième chapitre d'un traité d'Astronomie aujourd'hui perdu.

Les problèmes arithmétiques qu'ils renferment se rapportent pour la plupart à des questions de règles de trois et d'intérêt simple. En Algèbre, il s'attaque aux progressions arithmétiques dont il sait exprimer le dernier terme, la somme et le nombre des termes, connaissant la raison et deux des trois autres quantités. Il résout en nombres entiers les équations indéterminées du premier degré, par la méthode dont nous nous servons actuellement. Avec le problème suivant : soit n un nombre entier non carré, trouver tous les nombres carrés dont les produits par n augmentés de 1 donnent des carrés, il aborde même le second degré, et arrive à la formule exacte, mais sans indiquer son procédé. Fermat reviendra plus tard sur ce sujet. En Géométrie, il énonce le théorème du carré de l'hypoténuse, puis il donne l'expression de l'aire d'un triangle quelconque et d'un quadrilatère inscriptible en fonction de ses côtés. Il remarque aussi que la surface d'un cercle est égale à celle d'un rectangle dont les côtés seraient le rayon et le demi-périmètre, et il attribue au nombre π la valeur $\sqrt{10}$.

Pendant plusieurs siècles nous n'avons aucun nom à mentionner parmi les Hindous : Cridhara et Padmanabha, que quelques historiens citent parfois, n'ont pas apporté le plus petit perfectionnement à la science. Nous devons arriver au XIIe siècle de l'ère vulgaire pour trouver BHASKARA qui, dans trois chapitres de son *Siddhanta Ciromani* ou « Aigrettes des Pierres fines de l'Astronomie », a laissé des traités d'Arithmétique et de Mécanique céleste. Ceux-ci nous renseignent sur les connaissances acquises de son temps. La numération employée est le système décimal basé sur l'emploi des neuf chiffres et du zéro. Il semble avoir connu les œuvres d'Archimède, auxquelles il a emprunté sa valeur approchée $\frac{22}{7}$ pour le rapport de la circonférence au diamètre. Il rendit enfin un service à l'enseignement en accompagnant ses sentences versifiées de démonstrations en prose. Ses prédécesseurs avaient écrit uniquement en vers, sans donner aucune explication.

Depuis ce savant, la Mathématique hindoue, exclusivement confinée aux écoles des Brahmines, ne compte plus dans l'Histoire des sciences. On a même vu dans les temps modernes un mauvais ouvrage arabe remontant à plusieurs siècles être considéré comme le « summum » du genre. Si donc les nations de l'Inde furent douées jadis de quelque habileté dans la recherche des propriétés des nombres et des théories algébriques, elles ont été considérablement au-dessous du peuple grec en Géométrie. Quant à leur attribuer l'invention de nos chiffres, cela paraît bien difficile à admettre, depuis les travaux des orientaliste modernes. Sans suivre sur ce terrain Wœpcke[1], donnons, à titre de curiosité, son opinion. D'après lui, les chiffres indiens auraient été transportés de Bagdad en Égypte sous deux formes différentes, celle que les Arabes d'Orient ont adoptée, et celle que nous connaissons sous le nom de chiffres « Gobari ». Ces derniers auraient été transmis aux Latins par les néo-platoniciens, et de là seraient passés chez les Musulmans d'Afrique pour réapparaître en Europe sous le nom de « chiffres arabes ». M. Brennand[2], dans sa remarquable *Astronomie hindoue*, se range également à un avis peu différent. Laissons à d'autres le soin de trancher cette question.

(1) Woepcke. *L'introduction de l'Arithmétique indienne en Occident.* Rome, 1859.

(2) W. Brennand. *Hindu Astronomy.* London, 1896.

CHAPITRE IX

La Science arabe du IXᵉ au XIIᵉ siècle.

Lorsque Charles Martel, en 732, arrêta l'invasion des Arabes, un siècle juste s'était écoulé depuis la mort de Mahomet, et l'empire musulman s'étendait de l'Indus aux Pyrénées. Mais que de ruines l'Islamisme n'avait-il pas amoncelées durant ces cent années ! La destruction d'Ispahan, de Persépolis et surtout d'Alexandrie, ce foyer intellectuel d'où la Mathématique avait durant si longtemps rayonné sur le monde : tel était le bilan de la conquête, pour ne citer que les plus tristes exploits.

Cependant au VIIIᵉ siècle, sous le règne des Abassides, l'industrie se releva, la littérature et les arts se développèrent, et ces princes résolurent de faire de Bagdad le centre d'une civilisation nouvelle. Bornée à ce qui concerne cette Histoire, leur œuvre fut féconde. Par leur ordre, les grands mathématiciens de l'antiquité furent traduits ou commentés, et dès le règne d'Al-Mamoun (813-833) les géomètres arabes développaient puissamment l'héritage que les Archimède et les Ptolémée leur avaient transmis. Ils devaient même révéler plus tard ces chefs-d'œuvre à l'Europe, les originaux ayant été momentanément égarés ou définitivement perdus dans leur langue.

Mohammed ben Musa Al-Kwarizmi ouvre cette période. D'origine persane, il fut appelé à Bagdad et chargé d'une mission dans l'Inde afin de s'instruire auprès des Brahmes, de leurs doctrines scientifiques. A son retour (830) on lui ordonna de dresser des tables astronomiques qui servirent longtemps dans tous les observatoires de l'Orient. Mais son principal titre est son *Traité d'algèbre*, le plus ancien ouvrage arabe que nous possédions sur ce sujet. Il doit du reste nous être précieux. Grâce à lui Léonard de Pise, qui avait été s'instruire près des Arabes, put, en le traduisant, doter l'Europe de cette branche des mathématiques.

Il y expose l'addition, la soustraction, la multiplication des expressions renfermant l'inconnue, son carré ou sa racine carrée et, comme les Hindous, il emploie des considérations géométriques afin d'affirmer la certitude des opérations. Sa méthode lui sert ensuite à résoudre l'équation du second degré. Cependant son livre est moins complet que les traités indiens. Ainsi il ne parle pas des équations indéterminées du second ni du premier degré, mais l'auteur a soin de nous prévenir que c'est un simple résumé destiné à faciliter les opérations les plus usuelles, et non un cours complet comme les Arabes en possédaient déjà. Remarque assez piquante. Cette algèbre, considérée comme élémentaire par un savant de Bagdad du XIe siècle, devint le vade-mecum des Occidentaux sept cents ans après, et servit de base à leurs études scientifiques jusqu'à Viète !

Al-Khwarizmi écrivit encore un *Traité d'astronomie* et un livre sur l'Arithmétique dont une traduction latine, conservée dans la bibliothèque de l'Université de Cambridge, a été mise au jour, en 1857, par les soins du prince Boncompagni. Mais ils ont moins de valeur.

Parmi ses contemporains les fils de MUSA BEN SCHAKER furent de remarquables mathématiciens. Mohammed, le plus célèbre des trois, exécuta une des premières opérations géodésiques exactes. Il mesura un degré de méridien dans la plaine de Sindjar. Il calcula aussi des tables astronomiques, et composa un *Traité des mouve-*

ments célestes assez curieux. Ahmed écrivit sur *Les Machines*, et Hasen s'occupa de la *Trisection de l'angle*. Enfin les trois frères composèrent ensemble une Géométrie où se rencontre la démonstration de la formule exprimant la surface d'un triangle en fonction des trois côtés.

Chargés d'une mission en Asie Mineure, en Perse, en Égypte et en Grèce, afin d'y recueillir les meilleurs manuscrits scientifiques, Ahmed et Hasen rencontrèrent à Harran (Mésopotamie) un astronome de talent, Tabit-ben-Korra, qu'ils emmenèrent avec eux à Bagdad. Parmi les cent cinquante et quelques ouvrages que ce dernier a composés sur les diverses parties des Mathématiques, un seul nous retiendra : c'est un fragment d'algèbre où les équations du troisième degré sont résolues géométriquement. Si donc Viète eut la géniale pensée, en imaginant les équations littérales, d'arriver à la véritable conception de l'Algèbre moderne, il n'en est pas moins vrai que les Arabes surent avant lui exprimer graphiquement les formules.

Tabit-ben-Korra avait aussi publié des traductions d'Euclide, d'Archimède et d'Apollonius très estimées dans tout l'Orient. Un autre de ses livres, sa dissertation sur les « nombres amiables », dont chacun est la somme des facteurs des autres, est une des premières découvertes originales des Mahométans, et prouve que l'Arithmétique de Pythagore n'y était pas délaissée.

Mais c'est principalement à l'étude de la Trigonométrie que les Arabes apportèrent tous leurs soins. Les perfectionnements qu'ils y introduisirent permirent de nombreuses applications dans le domaine de l'Astronomie. Leur origine remonte à Al-Batani, surnommé non sans raison : « le Ptolémée des Arabes » [1].

---

(1) Son nom propre est Mohammed-ben-Geber ; mais on le connaît plus habituellement sous celui d'*Al-Batani*, à cause de son lieu de naissance. Les traducteurs du Moyen Age ont latinisé ce surnom. Ils en ont fait *Albategnius*, sous lequel bien des auteurs modernes le désignent souvent. Hoefer. *Histoire des mathématiques*, 3e édit. Paris, 1886.

Ce prince syrien naquit à Batan (Mésopotamie), vers 880. Excellent observateur il corrigea, dans sa *Science des astres*, plusieurs erreurs du grand astronome d'Alexandrie. Il eut surtout la lumineuse pensée de substituer les sinus aux cordes des arcs que les Grecs utilisaient dans leurs calculs. Il découvrit également l'expression fondamentale de la Trigonométrie sphérique, et sous la dénomination « d'ombre étendue » il se sert dans ses formules gnomoniques de la tangente, mais il ne semble pas avoir eu l'idée de son introduction dans les calculs ordinaires. Il fallut cent ans à la science arabe pour franchir cette nouvelle étape. Aboul-Wéfa, qui florissait à Bagdad dans la seconde moitié du xe siècle, employa, en effet, la tangente et les cotangentes pour résoudre divers problèmes d'Astronomie sphérique, et Ibn-Younis, mort en 1008, dans son *Livre de la grande table Hakémite*, l'utilisa également. Entre autres particularités intéressantes rencontrées dans cet ouvrage, il faut noter la transformation d'un produit de sinus ou de cosinus en somme ou en différence.

La Géométrie, sans être complètement négligée, fut relativement peu cultivée par les disciples de Mahomet. Pendant longtemps, ils se contentèrent des *Éléments* d'Euclide, mais peu à peu ils finirent par étendre la science grecque. L'un d'eux, Hassan ben Haithem, plus connu sous le nom de Alhazen, publia un *Traité des connues géométriques*, aux environs de l'an 1010. Des deux parties qui le composent, la première et la plus originale renferme des questions de lieux, la seconde comprend une suite de propositions dans le genre de celles traitées dans les *Data* d'Euclide. Elles sont cependant différentes de ces dernières et souvent assez difficiles. Pour en donner une idée, citons les deux suivantes.

Quand on a un triangle dont les côtés et les angles sont déterminés, et qu'on mène une ligne du sommet à la base, si le rapport du carré de la droite au rectangle formé sur les deux segments de la base est connu, la ligne sera donnée de position.

Lorsqu'on a deux cercles connus de grandeur et de position, et qu'on trace une droite tangente aux deux cercles, cette droite est déterminée en grandeur et en position.

Bien qu'on puisse encore citer quelques noms de mathématiciens, tels, par exemple, celui d'Abd-al-Gehl qui composa un livre sur les *Sections coniques*, la belle période de l'Ecole arabe s'arrête là. Aucun des derniers professeurs de Bagdad n'a apporté un progrès digne d'attention, et nous allons étudier maintenant l'influence de la Science musulmane sur les études mathématiques en Europe.

CHAPITRE X

Les Mathématiques en Occident au moyen âge. Influence des Arabes.

Dans les chapitres précédents nous avons suivi à travers les âges la filiation des idées mathématiques depuis l'Antiquité gréco-égyptienne jusqu'aux Hindous et aux Mahométans. Nous nous proposons de montrer maintenant dans quel degré d'ignorance vécut l'Occident latin, qui ne sortit de sa barbarie qu'après huit siècles d'obscurité intellectuelle, grâce aux Arabes d'Espagne.

Pendant que la civilisation mulsumane atteignait son apogée, la Mathématique était de plus en plus délaissée en Europe. ALCUIN, le conseiller de Charlemagne, dans ses *Propositiones arithmeticæ* résolut quelques problèmes dans le genre de ceux imaginés par Diophante, mais il n'alla pas plus loin. Une figure plus intéressante de cette période fut le moine GERBERT, qui naquit dans la capitale de l'Auvergne en 940. Sa famille était si pauvre qu'il ne dut qu'à la charité publique de pouvoir faire son éducation au monastère de Saint-Gérauld, à Aurillac. Il entra dans les ordres de fort bonne heure, et fut emmené en Espagne par le comte de Barcelone. Puis après il se rendit à Rome où le pape Jean XIII, fasciné par son érudition, si rare au milieu de l'ignorance grossière du temps, le nomma abbé de Bobbio. C'est là qu'il établit une école dont la réputation se répandit bientôt dans toute la chrétienté. Mais les moines et les seigneurs voisins, jaloux de sa renommée, portèrent contre les mœurs de Gerbert d'odieuses accusations. Celui-ci dut fuir devant l'orage et se retirer en Allemagne qu'il ne tarda pas à quitter de nouveau pour la France, rappelé par l'archevêque de Reims.

Par son intelligence il sut redonner quelque lustre à l'université de cette ville où ses cours de Mathématiques et d'Astronomie attirèrent de nombreux disciples. Aussi Grégoire V voulant récompenser son mérite lui donna le siège épiscopal de Ravenne. Enfin, à la mort de ce dernier pontife, et grâce à l'appui de l'empereur Othon III, il devint à son tour chef de l'Eglise catholique, sous le nom de Sylvestre II (999). Quatre ans plus tard il décédait. Malgré les hautes fonctions qu'il occupa, Gerbert trouva le temps de composer de multiples ouvrages scientifiques. Il s'y montre plutôt disciple de Boèce, que continuateur des Arabes. Les principaux sont le *De numerorum divisione* et la *Regula de abaco computi* où il emploie un système de numération différent de celui des Latins, alors seul usité. C'est en somme la notation décimale moins le zéro, et on désignait ce procédé sous le nom d'*abaque*.

Dans sa *Geometria* il donne d'abord les premières définitions, en commençant toutefois par celle du corps solide, puis il passe à la nomenclature des mesures romaines dont l'usage s'était conservé. Il en énumère un certain nombre : le *digitus*, le *palmus* (quart du pied), la *pertica* (d'où est venu la perche), la *leuca* (d'où dérive notre lieue), etc. Aux chapitres suivants il étudie les triangles rectangles en appliquant les méthodes grecques qui fournissent des nombres rationnels pour les côtés; mais il utilise concurremment d'autres règles conduisant à des nombres fractionnaires.

Parmi les questions intéressantes qu'il y traite se trouve la suivante : la surface et l'hypoténuse étant donnés, trouver les deux côtés. Ce problème est assez remarquable pour l'époque, puisqu'il répond à une équation du second degré. L'auteur aborde ensuite la Géométrie pratique. Il passe en revue les moyens propres à déterminer la profondeur d'un puits, la hauteur d'un monument, la distance d'un objet inaccessible, etc. La fin de son livre est moins heureuse, car, dans ses formules relatives aux aires des polygones réguliers, il répète les erreurs des agrimenseurs romains.

On considère comme ses élèves quelques mathématiciens du même siècle, entre autres Adalbolde, Berlinus et Heriger. Mais leurs ouvrages, reflets des doctrines du Maître, ne méritent guère d'être tirés de la poussière des bibliothèques.

Vers la même époque, il faut placer Francon, écolatre[1] de Liège, qui composa un opuscule *De Quadratura circuli* (1050) où il expose une solution nécessairement fausse de ce problème dont la difficulté ne l'effraye pas. On y rencontre toutefois certaines considérations assez nettes. Il montre, par exemple, que l'expression en termes rationnels, même à l'aide d'une série de substitutions, de la racine d'un nombre entier non carré parfait, comme 154, est impossible.

En Russie, les études mathématiques commençaient à se poursuivre, mais elles se bornaient à l'arithmétique et à l'arpentage. Le moine Kirique, de Nijni-Novgorod, nous a laissé un *Traité des calculs chronologiques et du comput* (1134), où il cite d'autres amateurs de la théorie des nombres[2].

La particularité la plus curieuse, constatée dans ces auteurs slaves du moyen âge, est le penchant qui les pousse vers les spéculations arithmético-algébriques, — trait de ressemblance avec les Hindous, et cependant ceux-ci n'eurent aucune relation directe avec l'empire

(1) *Revue générale internationale scientifique*, n° 15 (septembre 1897).

(2) *L'Enseignement mathématique*. Paris, n° du 15 mars 1899.

des Czars. Leurs premiers maîtres furent même les Grecs.

Cependant leur numération était assez rudimentaire. Au XIe siècle elle allait jusqu'à 10 000, puis au siècle suivant on la prolongea jusqu'à 10 000 000 ; enfin du XIIIe au XVIe siècle elle se développa de 100 000 000 jusqu'aux unités du 50e ordre. Le domaine embrassé par leur calcul s'élargissait donc lentement. Puis ils arrivèrent à exprimer d'une manière méthodique les multiples des différentes unités par des lettres.

Dans le livre de Kirique on trouve en particulier sous la dénomination « d'heures fractionnaires » les subdivisions de l'heure écrites d'après le système quinaire.

Durant les cinq cents années qui suivirent, les premières écoles fondées par le clergé gréco-bulgare furent peu florissantes au point de vue des études scientifiques. On n'y apprenait même pas à calculer. Les Russes qui désiraient acquérir des connaissances mathématiques étaient obligés de le faire dans des institutions privées. Ces établissements, dirigés par des laïques, vivaient ignorés de l'État comme des popes, et d'après les rares documents qui nous restent sur leur fonctionnement, on voit qu'on y enseignait à peu près ce qu'on nommait dans le monde latin du moyen âge les « sept arts libéraux », c'est-à-dire la Grammaire, la Dialectique, la Rhétorique, la Musique, l'Arithmétique, la Géométrie et la Cosmographie.

Pour ce qui nous regarde, le programme des études comportait peu de chose : les opérations sur les nombres, le calcul des fractions, certaines notions de métrologie, l'arpentage. Quant à l'Astronomie et au comput, ils formaient l'objet d'études complémentaires. Mais en 1492, à la fin de la période pour laquelle les calculs relatifs au calendrier avaient été effectués, on sentit la nécessité de les prolonger plus loin, et plusieurs savants indigènes s'en tirèrent à leur honneur.

Le métropolite Zossima se chargea des vingt premières années, et Philopé, évêque de Perm, vérifia son travail, puis l'archevêque de Nijni-Novgorod, Hennady, le continua pour soixante-dix ans.

Mais, somme toute, la science slave jusqu'à Pierre le Grand ne compte guère. Au moyen âge d'ailleurs celle de l'Europe ne la dépassait pas de beaucoup. Dans l'Université de Paris, la plus ancienne et la plus en renom, on commentait Boèce, on exécutait des calculs soit au moyen de l'*abacus*, soit avec le vieux système des *jetons* représentant chacun une unité, soit selon la nouvelle méthode introduite par Gerbert, à l'aide de jetons numérotés. En Géométrie on était peu avancé. On enseignait des règles et des énoncés de théorèmes sans démonstrations.

Revenons à l'ouest de l'Europe et quelque peu en arrière. L'Ecole arabe va faire sentir sa bienfaisante influence et secouer la torpeur intellectuelle du monde romain. Les connaissances mathématiques s'implantèrent d'abord en Espagne où les Maures s'étaient fixés dès 747. Après trois siècles environ de barbarie ces peuples fondèrent les Universités de Grenade et de Cordoue, pâles reflets de celle de Bagdad. Puis dans la première moitié du XIe siècle naît à Séville un astronome de talent GEBER-IBN-APHLA. Par son traité *de Astronomia* il rendit aisée à ses contemporains la lecture de l'Almageste, en simplifiant les méthodes et en démontrant ce que Ptolémée avait formulé d'une manière trop concise.

Son compatriote ARZACHEL, qui florissait à Tolède vers 1080, crut reconnaître l'excentricité des orbites planétaires, mais cette opinion fut combattue comme contraire aux doctrines admises jusque-là.

Au siècle suivant un moine anglais, ADELHARD, vint en Espagne se perfectionner dans la Science, et traduisit pour la première fois les Eléments d'Euclide d'arabe en latin. Un rabbin de Tolède, ABRAHAM BEN EZRA, contribua aussi pour sa part à répandre en Europe les ouvrages des mathématiciens musulmans. Comme livres originaux, il nous a laissé quelques tables astronomiques et une arithmétique. Il vint même professer jusqu'à Rome où il mourut en 1097.

D'autre part, au XIIe siècle Gérard de Crémone, Platon de Tivoli et le juif Jean d'Espagne publièrent des traductions latines de la plupart des auteurs arabes. Ils s'occupèrent aussi de l'*algorithme*, ainsi appelé du surnom de Mohammed-ben-Musa qui en donnant à chaque signe numéral de zéro à neuf une valeur déterminée par sa position, opéra une grande réforme arithmétique, bien que cela nous paraisse aujourd'hui si simple et si enfantin !

Mais passons à un savant d'une plus grande envergure, à JEAN DE SACRO-BOSCO qui naquit à Holywood dans le Yorkshire [1]. Après avoir fait ses études à l'inversité d'Oxford, il vint les terminer à Paris. On ne sait du reste pas grand'chose sur son existence, sinon qu'il enseigna les mathématiques avec le plus grand succès dans un collège de la Montagne Sainte-Geneviève, et qu'il mourut probablement en 1256.

Son *Algorithme* renferme tout ce qu'on savait sur le nouveau système de notation arabe. Les quatre règles s'y trouvent formulées, et il applique à diverses questions pratiques les principes de proportion. Le livre se termine par différentes formules algébriques propres à résoudre les problèmes les plus communs de la vie courante.

Nous reproduisons ci-après, en *fac-similé*, la première page d'un manuscrit de ce traité conservé à la Bibliothèque Nationale de Paris. Cette gravure est curieuse car on y voit (ligne 26) la forme de nos chiffres à cette époque. Le 5 et le 4 sont seuls assez notablement modifiés.

---

(1) Sacro-Bosco, dans le latin du moyen âge, est la traduction de Holywood.

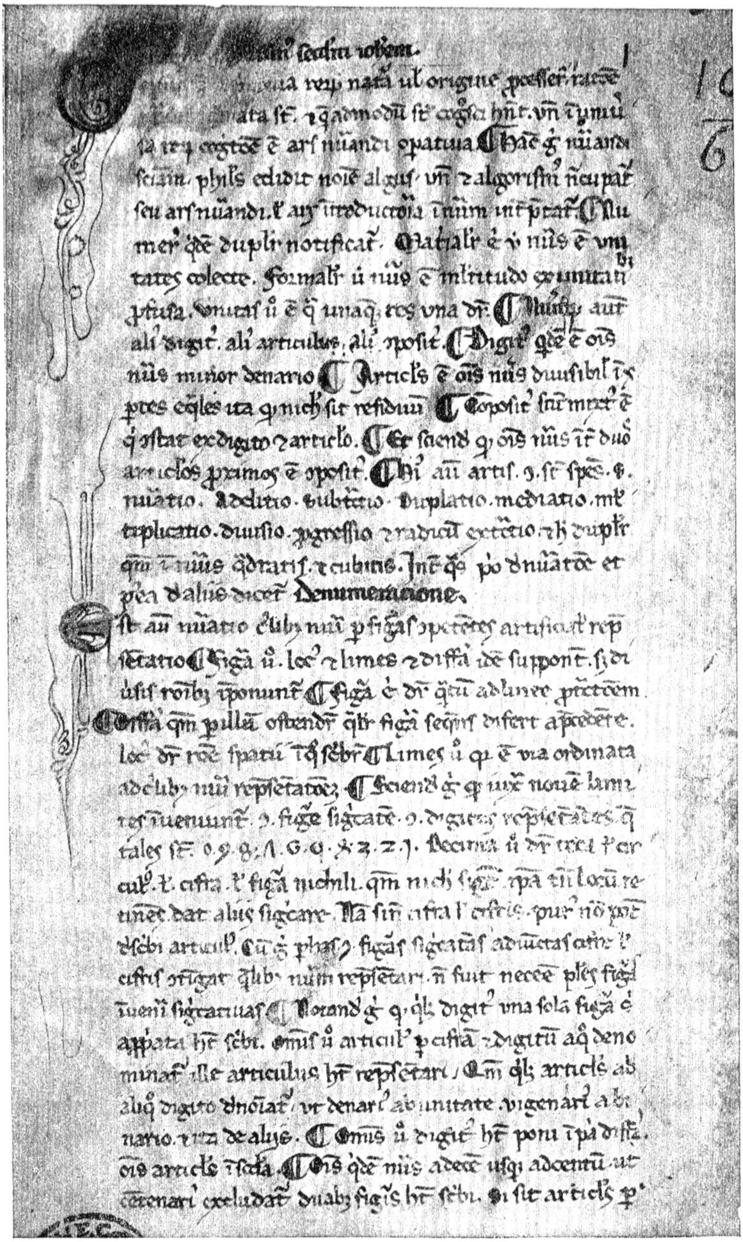

Fig. 10. — Manuscrit de l'*Algorithmus* de Jean de Sacro-Bosco. (*Bibliothèque Nationale de Paris*, fonds latin nº 7363, XIVe siècle. Cette page traitant de la numération montre (ligne 26) la forme de nos chiffres à cette époque.)

Mais son principal titre de gloire est son *Traité de la sphère*, qui renferma pendant longtemps tous les secrets de la science astronomique. Il est divisé en quatre chapitres. Le premier roule sur le globe terrestre, le second sur les cercles, le troisième sur le lever et le coucher des astres, et le dernier sur les orbites et les mouvements des planètes. L'auteur n'a guère ajouté aux ouvrages analogues grecs ou arabes. On peut louer seulement la disposition méthodique des matières. Bien que sa valeur scientifique ne soit pas très grande, c'est un des livres qui eurent le plus de succès pendant le moyen âge, et même après. Une multitude d'écrivains le commentèrent. Ce sont par ordre de date : Michel Scot, le fameux philosophe, Hugues de Castro (1337), puis Pierre d'Ailly, Purbach, Regiomontanus et tant d'autres. Après l'invention de l'imprimerie, les éditions se succédèrent. On l'imprima partout, en premier lieu à Ferrare (1572), puis à Bologne, à Venise, à Leipzig et à Paris. Le British Museum de Londres possède 65 éditions du *Traité de la sphère* dont la vogue avait duré plus de quatre cents ans !

Sacro-Bosco exerça donc une grande influence sur les études mathématiques pendant plusieurs siècles et fut par ce fait un des plus actifs propagateurs de la science des Arabes. Cependant à côté de lui existaient les *abacistes* qui se servaient de l'ancienne Arithmétique de Boèce. Celle-ci comprenait deux parties : l'Arithmétique *théorique* ou étude des propriétés des nombres et des démonstrations, toutes rudimentaires d'ailleurs, des méthodes, et l'Arithmétique *pratique* qui avait pour but d'initier à l'art du calcul au moyen de l'abaque. La première continua à être enseignée par les mathématiciens de profession jusque vers le milieu du XVe siècle, tandis que la seconde se conserva beaucoup plus longtemps : certains commerçants français, anglais ou allemands, en faisaient encore usage au commencement du XVIIe.

Parmi tous ces auteurs de médiocre intérêt pour l'histoire scientifique, distinguons Raoul de Laon qui ne connaît pas la valeur du zéro, et Gordan Nemorarius qui dans son *De numeris datis* traite de questions d'Algèbre en raisonnant sur des lettres.

CHAPITRE XI

La fin du moyen âge et l'Ecole byzantine.

En Occident, la fin du moyen âge marque pour les Mathématiques un certain renouveau dû certainement à l'influence musulmane. L'homme qui pour sa part y contribua largement fut l'Italien Fibonacci, plus connu sous le surnom de LÉONARD DE PISE. Il naquit vers 1175 et voyagea en Orient où son père, régisseur des douanes à Bougie, l'avait engagé à se rendre. Alors il parcourut l'Égypte, la Syrie et la Grèce, afin de s'enquérir des connaissances scientifiques variées qu'y avaient importées les Arabes ; puis il retourna en Italie, et résolut, en publiant son *Liber Abaci* (1202) d'initier ses contemporains aux nouvelles doctrines. Comme il l'annonce dans sa préface, il a « tout accompagné de démonstrations afin que ceux qui désirent connaître cette Science puissent s instruire, et que dorénavant la race latine ne s'en trouve pas privée comme elle l'a été jusqu'alors ». Aussi dans les quinze livres où il expose le système de numération arabe, dont il attribue l'invention aux Hindous, il fait ressortir ses avantages sur la notation romaine puis il montre comment la Géométrie et l'Algèbre peuvent se prêter un mutuel concours. Finalement il résout quelques équations du second degré.

Au point de vue historique cet ouvrage est intéressant, car, ayant joui pendant longtemps d'une excessive faveur, il introduisit les chiffres arabes dans toute la chrétienté. Dans sa *Practica geometria* (1220), on rencontre la formule de l'aire du triangle en fonction de ses trois côtés. Peut-être l'a-t-il empruntée aux auteurs mahométans, mais en tout cas elle y est démontrée d'une façon différente. Enfin, dans son *Traité des nombres carrés* retrouvé et publié seulement en 1857, par le prince Boncompagni, il indique des formules pour résoudre certaines équations indéterminées du second degré et trouve, à l'aide de méthodes graphiques, plusieurs propriétés générales des carrés.

Dans divers pays, le mouvement intellectuel commençait à se dessiner. A Paris, au début du XIIe siècle Abelard avait enseigné avec éclat la philosophie ; nous avons vu, cent ans après, Jean de Sacro-Bosco professer avec non moins de succès les mathématiques, tandis qu'Albert le Grand émettait sur l'*infini* des considérations assez curieuses pour être rapportées ici. Il dit en propres termes : « Les mathématiciens n'ont pas besoin pour leur Science d'une quantité infinie en réalité, car ils n'envisagent pas la quantité réelle, mais la quantité imaginaire, et se règlent d'après la faculté de l'imagination... Ils n'ont pas besoin d'un infini qui existe réellement, mais d'un infini qui se prête à l'imagination[1]. » Les calculateurs parisiens des XIIIe, XIVe et XVe siècles ont accumulé bien des théories sur la quadrature du cercle, avant qu'on soit parvenu à jeter le pont entre les idées d'Archimède et celles de Newton ou de Leibniz. Le célèbre Raymond Lulle s'y évertua en 1299, alors qu'il occupait une chaire au collège des Franciscains, et quelques-uns de ses disciples partageaient déjà les idées que Cavalieri et Wallis devaient défendre plus tard. Ils assimilaient le cercle à un polygone d'un nombre infini de côtés, et sa circonférence à une série de lignes droites infiniment petites. Enfin

(1) Bibliothèque nationale, Paris. *Manuscrit latin* n° 7437, fol. 13.

il y a lieu de se demander si Newton ne s'est pas inspiré des idées émises par JEAN DE MURIS, qui vivait à Paris au milieu du XIVe siècle. Il déclare, dans un ouvrage où il traite de la proportion des vitesses dans les mouvements, que « la vitesse de deux corps subissant une impulsion du même genre est proportionnelle aux espaces parcourus, et que les résultats des forces motrices sont proportionnels aux temps où ces forces s'exercent[1] ».

D'autre part, les études mathématiques étaient assez fortes dans l'Université de Prague fondée en 1384. On exigeait du candidat au grade de bachelier une connaissance approfondie des ouvrages astronomiques de Sacro-Bosco et de Ptolémée, des six livres d'Euclide, et des notions d'arpentage. Dans les écoles de Leipzig et de Cologne, on attachait peu d'importance à ces questions. Celles de Bologne et de Palerme étaient très florissantes, mais cette dernière surtout en Médecine. A Padoue et à Pise, les programmes se rapprochaient de l'enseignement suivi en France ou en Autriche. On remplaçait toutefois les leçons sur l'Almageste par des cours astrologiques. A Oxford et à Cambridge, jusqu'au milieu du XVe siècle, on se contenta des deux premiers livres d'Euclide et des éléments de la numération.

A Constantinople, pendant la durée du Moyen âge on s'occupa plus de controverses théologiques ou grammaticales que de spéculations scientifiques[2]. Aussi, dans la liste des auteurs byzantins, nous retiendrons seulement deux noms montrant la parfaite ignorance mathémathique des savants de la nouvelle Rome.

---

(1) BIBLIOTHÈQUE NATIONALE, Paris. *Manuscrit latin* n° 7190. *De moventibus et motis*, fol. 75.

(2) Les historiens intitulent habituellement : « École byzantine », une liste de quelques auteurs s'étendant jusqu'au milieu du XVe siècle, tels que Psellus, Nicolas de Smyrne, le moine Argyrus, Planude, Pachymère et les deux autres savants dont nous analysons les œuvres. Nous croyons que leurs travaux ne méritent pas un tel honneur, mais nous avons conservé cette dénomination en tête de ce chapitre, pour nous conformer à l'usage.

Le premier, Barlaam, originaire de la Calabre, mourut vers le milieu du XIVe siècle. C'était un moine appartenant à l'ordre de Saint-Basile. Très intelligent, il fut envoyé comme ambassadeur près du pape, qui résidait alors à Avignon, afin d'examiner la possibilité de réunion des Églises grecque et latine. Pendant cette mission il enseigna, dit-on, le grec au poète Pétrarque. Puis, à son retour à Constantinople, il s'acquit une juste réputation en couvrant de ridicule les prétentions saugrenues, les idées baroques et les sots préjugés des religieux quiétistes du Mont-Athos, qui avaient à leur tête Palmos.

C'est au milieu de ces discussions qu'il écrivit sa *Logistique*, consacrée à l'exposition des principes de calcul des Grecs, en particulier de leur laborieux procédé relatif aux opérations sur les fractions.

Au siècle suivant, Moschopoulos, dont M. Tannery[1] a récemment édité l'ouvrage sur les *Carrés magiques*,

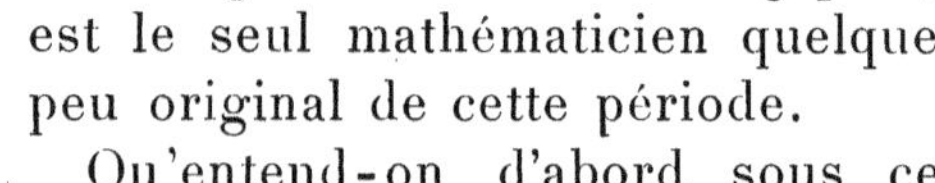

est le seul mathématicien quelque peu original de cette période.

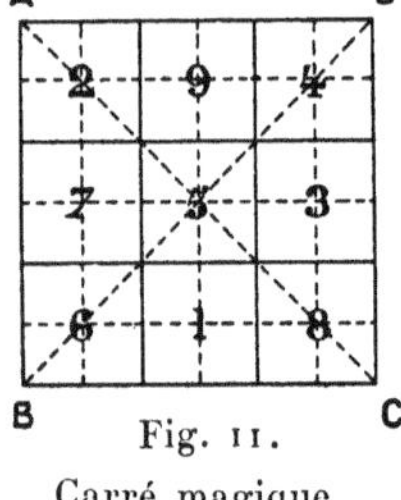

Fig. 11.
Carré magique.

Qu'entend-on d'abord sous ce nom? Soit un carré A B C D. Divisons-le par des parallèles aux côtés en petites cases égales, et inscrivons dans chacune un nombre entier. La figure A B C D sera un « carré magique », si la somme des nombres suivant chaque ligne horizontale, chaque colonne ou chaque diagonale, est toujours identique. Tel est le tableau ci-dessus où la « somme magique » est constamment 15.

On rencontre cet amusement mathématique dans l'Inde et chez les Arabes. Les Byzantins les ont-ils reçus par l'intermédiaire de ces derniers, ou est-ce simplement une ancienne tradition qui des Grecs d'Orient

(1) Paul Tannery. *Le traité manuel de Moschopoulos sur les carrés magiques.* Le Puy, 1886.

passa aux disciples de Mahomet? Enigme difficile à percer. Ceci, sous de futiles apparences, se rattache du reste à une considération plus haute : quel degré d'originalité faut-il attribuer à l'Islamisme? N'a-t-on pas fait honneur à ses sectateurs de trop d'idées appartenant à la civilisation hellène? Leur génie d'invention était-il si puissant? Problème plus ardu à résoudre qu'à poser! Quoi qu'il en soit et jusqu'à nouvel ordre, nous attribuerons la paternité de cette petite découverte à Moschopoulos qui indiqua les propriétés générales des carrés magiques et les règles de leur formation [1]. Son livre ne porte en effet aucun cachet arabe. Il ignore en particulier la signification symbolique qu'on leur attribuait dans tout l'Orient. Mais pour trancher la difficulté il faudrait trouver dans un auteur plus ancien une allusion à ce sujet. Ce débat de priorité serait intéressant. Avis aux érudits.

---

(1) Voir, sur les Carrés magiques, la 3e partie du livre de M. E. FOURREY. *Récréations arithmétiques*, Paris, 1899.

CHAPITRE XII

Les précurseurs de la Mathématique moderne.

La renaissance des Mathématiques, comme celle des Lettres et des Arts, suivit à peu de distance l'invention de l'imprimerie et la chute de l'empire byzantin. Les Grecs instruits fuient leur patrie envahie par les Turcs (1453), et se réfugient en grand nombre en Italie, emportant avec eux les plus précieux manuscrits soustraits au pillage. L'Occident peut alors connaître dans leur pureté originale les écrits des grands mathématiciens de l'Antiquité défigurés par les copistes ou les traducteurs arabes. Deux contrées surtout vont se distinguer dans les Sciences. L'Italie, la terre classique des chefs-d'œuvre, s'enorgueillira de ses algébristes, et l'Allemagne portera la Trigonométrie et l'Astronomie à un haut degré de perfection.

Au début de cette période nous rencontrons Jean Muller, plus connu sous le nom de REGIOMONTANUS, auquel la Trigonométrie doit de remarquables progrès. Né à Könisberg en 1436, il étudia à Vienne sous Georges Purbach, puis se mit à lire dans leur langue les savants les plus illustres de la Grèce ancienne. Il laissa même des traductions et des commentaires de l'Almageste de Ptolémée, des Sections coniques d'Apollonius, et des Œuvres de Héron. Enfin et surtout, il composa son important ouvrage *De triangulis omnimodis*, publié seulement à Nuremberg en 1553, et où il résout bien des questions nouvelles de Trigonométrie rectiligne et sphérique. Dans tous les calculs, il substitue les sinus aux cordes, ainsi que les Hindous l'avaient fait avant lui; mais il n'eut sans doute pas connaissance des travaux d'Al-Batani.

A l'aide de trois données quelconques il détermine les divers éléments d'un triangle qu'il résout au moyen d'équations du second degré. Du reste, dans son *Algorithmus demonstratus*, il prépara la voie à Viète en substituant les lettres aux nombres. Son œuvre astronomique fut encore plus considérable; mais nous ne saurions parler ici de ses observations sur les comètes, ni de sa réforme du calendrier, exécutée sur les ordres du pape Sixte IV.

Un autre de ses compatriotes, le cardinal Nicolas de Cusa, en s'attaquant au fameux problème de la quadrature du cercle trouva une nouvelle formule pour le calcul du rayon d'une circonférence. A peu près vers la même époque, se place Jean Widman d'Eger qui dans son *Arithmétique marchande* imprimée à Leipzig en 1489, employa, le premier peut-être, les signes + et — pour désigner l'addition et la soustraction. Cependant ces symboles ne lui servent pas dans les opérations, mais marquent seulement l'excès ou la différence. D'ailleurs, au sujet de l'origine de la plupart des notations mathématiques, nous nous rangeons à l'avis de M. Charles Henry. Elles ne sauraient être attribuées à « une création individuelle ». Elles ne sont que des « abréviations de leurs significations verbales »[1], et reposent sur l'expérience de nombreuses générations.

En Italie, la Science continuait son mouvement ascendant. Au milieu du XVe siècle, naquit à Borgo-San-Sepolcro, en Toscane, un ardent admirateur des Arabes, Lucas Paccioli. Frère mineur, il professa dans plusieurs

(1) Charles Henry. *Sur l'origine de quelques notations mathématiques*, dans la *Revue archéologique*. Paris, 1879.

collèges de son ordre, à Pérouse, à Rome, à Pise, à Venise, et il termina ses jours à Florence.

Sa *Summa de arithmetica, geometria, proportioni e proportionalita* (1494), la plus importante de ses publications, est composée de deux parties : la première roule sur l'Arithmétique et l'Algèbre, la seconde sur la Géométrie. Dans celle-là, il donne les méthodes de résolution des équations pouvant se ramener au second degré. Le mot italien « cosa », traduction du mot latin « res », la chose, lui sert à désigner l'inconnue, qu'il représente parfois par R ou Rj. Il nomme son carré « census » ou « il censo », et l'indique quelquefois par z ; de même son cube « cuba » est figuré par c. Ce n'est cependant pas encore l'Algèbre moderne : les quantités connues n'étaient pas remplacées par des lettres, les questions à résoudre étaient toujours numériques, et dans les formules il ne se servait, comme signes, que d'abréviations de mots. Ex. *p* pour *plus* (addition) ; *æ* pour *æqualis* (égalité). Comme il considérait seulement les racines positives, il n'employait pas de symbole pour la soustraction. Enfin il ramenait toutes les équations du second degré à trois cas, et il formulait en vers latins le procédé pour résoudre chacun d'eux [1].

Son ami Leonard de Vinci, qui occupe une si grande place dans l'Histoire de l'Art, cultiva également avec succès la Mécanique et l'Hydrostatique. Parmi ses plus curieuses inventions, figure le *tour à ovale* dont le principe était neuf. Jusqu'alors on n'avait tracé les courbes qu'à l'aide d'une pointe mobile le long d'un plan fixe. L'illustre artiste opéra d'une façon inverse. Il avait donc à se poser un problème d'un genre nouveau : quel

(1) Voici, à titre de curiosité, la règle du premier cas :

Si res et census numero coæquantur, a rebus
Dimidio sumpto, censum producere debes
Addereque numero, cujus a radice totius
Tolle semis rerum, census latusque redibit.

Rouse Ball. *A short account of the History of Mathematics.* Londres, 1888.

mouvement faut-il donner au plan pour décrire de la sorte une ellipse, et parmi l'infinité de solutions répondant à la question choisir la plus simple ? Il y réussit entièrement en faisant mouvoir le plan d'un angle de grandeur constante, dont les deux côtés glissent sur deux points fixes. D'autre part, on lui attribue aussi la détermination du centre de gravité de la pyramide.

Mais c'est surtout au XVIe siècle que commence la belle phase de l'Histoire des Mathématiques italiennes. Les recherches de ces savants peuvent se ranger sous deux catégories. Les uns étudient et complètent les travaux de l'Antiquité, tandis que les autres, novateurs hardis, s'attaquent à l'Algèbre.

A la tête des premiers brille FRANÇOIS MAUROLYCUS, « le seul véritable géomètre qu'ait eu la Sicile depuis Archimède »[1]. Il professa longtemps dans sa ville natale et composa un nombre prodigieux d'ouvrages ; mais de son vivant il ne publia qu'une *Cosmographie* (1540). D'ailleurs la plupart de ses écrits consistaient en traductions d'auteurs grecs, et sont aujourd'hui perdus. Heureusement ses recherches originales nous ont été conservées dans ses *Opuscules mathématiques* publiés quelques jours après sa mort (1575). Sa théorie arithmétique renferme de curieux aperçus sur les propriétés des nombres polygonaux beaucoup plus complètement étudiés que chez Diophante. Il envisage plusieurs séries nouvelles des nombres composés de deux ou trois facteurs dont il détermine le terme général et la somme. En Géométrie, les sections coniques l'attirèrent et il sut déduire de leurs propriétés d'utiles applications à la théorie des nombres. Les propositions qu'il découvrit lui permirent d'établir la Gnomonique sur de nouvelles bases. En Mécanique il s'attaqua à la recherche du centre de gravité du cône et du paraboloïde de révolution, mais

(1) LIBRI. *Histoire des Sciences Mathématiques en Italie*, t. III. Paris, 1841.

comme il conservait ses travaux dans ses cartons, son émule Commandin le devança.

Enfin la pénétration de son esprit se dévoile par son explication de l'arc-en-ciel, de la vision, de la marche des rayons lumineux réfléchis ou réfractés et de divers autres phénomènes optiques.

Parmi ses compatriotes, JEAN-BAPTISTE BENEDETTI de Venise, dans sa *Résolution de tous les problèmes d'Euclide avec une seule ouverture de compas* (1553) et dans ses *Spéculations mathématiques et physiques* (1585) énonça bien des vérités scientifiques. Citons seulement ses découvertes mécaniques. Il expliqua l'action de plusieurs machines, les effets de la force centrifuge et l'équilibre du levier ; il ramena la recherche du mouvement d'un corps à la détermination de celui de son centre de gravité. Polémiste dans l'âme, il excella dans les luttes mathématiques qui passionnèrent son temps, et souvent il fut dans le camp de la vérité. Parmi ses adversaires, qu'il combattit d'ailleurs à armes courtoises, se trouvait le Portugais PEDRO NUNEZ qui, depuis 1544 jusqu'à sa mort, professa les mathématiques à l'Université de Coïmbre, et dont le nom est resté attaché à la *loxodromie* ou courbe rencontrant tous les méridiens d'une sphère sous un angle constant. Cette ligne était importante à considérer dans l'ancienne navigation à voile, puisque c'était celle suivie par un navire dirigé constamment sur le même rhumb de vent. Elle n'a plus maintenant qu'un intérêt rétrospectif, car dans la marine à vapeur moderne on la délaisse, les vaisseaux suivant maintenant la ligne géodésique.

Ce savant détermina encore dans son *De crepusculis* (1542) le jour de l'année où la durée du crépuscule est minimum, et il eut aussi maille à partir avec Oronce Fine à propos de certains paralogismes algébriques.

Nous avons indiqué plus haut que plusieurs algébristes italiens en s'attaquant à la Science des Arabes lui firent faire de mémorables progrès. Justifions cette assertion. Avant eux, on n'avait su résoudre que différentes équations déterminées des deux premiers degrés à racines positives. Ils découvrirent le calcul des imaginaires, et parvinrent jusqu'à la solution des équations générales du troisième et du quatrième degré. Seul l'obstacle qui devait plus tard résister au génie de Lagrange les empêcha d'aller plus loin.

Ces nouvelles méthodes seraient dues principalement à SCIPION FERRO, mais ne les ayant pas publiées, elles périrent avec lui[1]. Celles de NICOLO TARTAGLIA nous sont mieux connues. A la suite d'un défi, il résolut en quelques heures les problèmes proposés par Fiore à qui elles avaient été communiquées trente ans auparavant par Ferro lui-même. On engagea des paris, on s'envoya des cartels, bref tout le monde s'intéressa à ces joutes scientifiques, comme autrefois les luttes des athlètes dans l'arène ou les tournois poétiques passionnaient les habitants d'Athènes. Ces différentes questions se ramenaient du reste à une équation particulière du troisième degré.

Mais son *Traité des nombres et mesures* est son principal ouvrage. Dans cette espèce de cours complet de Mathématiques on rencontre, entre autres nouveautés, le développement du binôme dans le cas de l'exposant entier et positif, de curieux problèmes sur les maxima et minima de fonctions algébriques et plusieurs simplifications relatives au calcul des radicaux.

Dans sa *Science nouvelle* (1550) il a obtenu ce principe de balistique : pour atteindre l'effet maximum il faut tirer sous l'angle de 45°. Enfin il essayait dans ce livre d'édifier la Mécanique sur des bases plus

(1) Voici ce qu'écrit à ce propos LIBRI, *loc. cit.*, p. 149 : « Cet homme à qui l'algèbre doit un si notable progrès fut Scipion Ferro de Bologne, qui professa dans cette ville depuis 1496 jusqu'en 1525. Ayant résolu cette équation qu'on désignait alors par le nom de *cubes et choses égales aux nombres*, il mourut sans publier sa découverte ; mais il avait confié sa formule à Antoine Fiore, qui s'en servit pour proposer des problèmes à différents géomètres, et entre autres, en 1535, à Tartaglia. »

rationnelles, et s'il n'y réussit pas complètement, il s'est rendu compte, d'une façon très exacte, des principes qui régissaient la chute des corps. Galilée devait les découvrir seulement un siècle plus tard. D'autre part, dans le cinquième livre de ses *Questions et inventions nouvelles*, mises au jour la même année, il traita de l'arpentage et du levé des plans. Son activité s'exerça donc dans bien des domaines scientifiques.

Son rival fut Jérome Cardan qui, né à Pavie le 24 septembre 1501, cultiva également l'Algèbre avec succès. En différentes circonstances, il pria Tartaglia de lui enseigner son procédé de résolution des équations du troisième degré. Après avoir essuyé plusieurs refus, il eut gain de cause, celui-ci eu la faiblesse de lui expliquer, dans une pièce de vers, sa découverte et Cardan, malgré les promesses les plus formelles relativement au secret, l'inséra dans son *Ars magna* (1545) avec l'extension due à son élève Ferrari, qui était arrivé à résoudre l'équation du quatrième degré. Quoique sa conduite dans ce cas fût plutôt blâmable cet ouvrage rendit, on ne peut s'empêcher de le constater, de grands services à la Science.

Il y donnait un moyen pour la résolution approchée des équations. La base de la méthode est le changement de signe qui se produit par la substitution successive à la place de l'inconnue de deux nombres entre lesquels se trouve comprise une racine. En outre, il a découvert, entre autres relations qui lient les racines aux coefficients, les deux théorèmes suivants :

Toute équation du troisième degré est divisible par l'inconnue diminuée de la racine.

Le coefficient du second terme est égal à la somme des racines changée de signe.

Le premier il distingua les racines négatives et positives. Enfin il a amorcé bien des points de la théorie générale des équations, et il a ébauché le calcul des imaginaires.

Son traité *De subtilitate* est une encyclopédie fourmillant d'idées ingénieuses, d'inventions ou d'appareils intéressants, mais dont la plupart sortent de notre cadre. Quelques-unes des curieuses opinions qu'il y émet se rattachent cependant à la philosophie mathématique.

Parmi ses élèves, mentionnons Louis Ferrari, qui dans sa trop courte carrière, terminée en 1565, donna la solution générale des équations du quatrième degré à laquelle nous avons fait allusion ci-dessus, et Raphael Bombelli dont le *Traité d'algèbre* (1572) clòt dignement la série des ouvrages de l'illustre école italienne du XVIe siècle. On y rencontre très logiquement disposées les découvertes de ses prédécesseurs immédiats accompagnées de commentaires intéressants, de simplifications inattendues et de vues souvent très personnelles. Enfin c'est là que se trouve annoncé d'une façon générale la réalité des trois racines d'une équation du troisième degré, quand elles se présentent toutes trois sous la forme imaginaire.

Pendant que l'Algèbre atteignait un si haut degré de perfection en Italie, les autres contrées de l'Europe étaient assez pauvres en mathématiciens.

Adrien Romain, qui professa longtemps les mathématiques à Louvain, déterminait dans sa *Methodus polygonum* (1590) la valeur de π avec 15 décimales ; le Hollandais van Colen dans son *De Circulo* la calculait jusqu'à la trentième décimale. Metius professeur à Francker, s'appliquait à une détermination encore plus exacte.

En outre, son *Canon triangulorum* a une certaine valeur, car il essaye de ramener à six cas généraux les divers problèmes de Trigonométrie sphérique. On regarde aussi un savant allemand de ce temps, Praetorius ,comme inventeur d'un instrument géodésique permettant de prendre des angles visuels. Quant à la France, elle semble se recueillir, avant d'enfanter le grand Viète. Passons donc vite sur Butéon qui, dans sa *Logistica* (1559), imita l'exemple de Stifel en représentant dans les équations algébriques les inconnues par des lettres. Son élève ORONCE FINÉ, un des plus fameux quadrateurs du cercle, s'acquit une grande réputation auprès de ses contemporains, mais aucun de ses écrits ne renferme d'inventions originales. PIERRE LA RAMÉE fut le premier professeur de mathématiques au Collège de France. Ses *Cours* de Géométrie, d'Arithmétique et d'Algèbre eurent assez de vogue. Il périt malheureusement dans le massacre de la Saint-Barthélemy. Mais assez de ces travailleurs de second plan. Avant toutefois d'arriver au grand Maître, constatons que le XVIe siècle ne fut pas uniquement consacré aux arts. A côté des Michel-Ange et des Raphaël nous avons les Tartaglia et les Cardan. Si les immortels chefs-d'œuvre des premiers sont restés sans rivaux tandis que les découvertes des seconds furent rapidement dépassées par celles des Viète, des Descartes ou des Newton, cela tient surtout à l'essence même de leurs recherches. L'esthétique a des limites dans la perfection, la Science n'en connaît point. Le Louvre peut à peine soutenir la comparaison avec le Parthénon, tandis qu'un parallèle entre Archimède et Pascal n'a pas de sens, celui-ci disposant de moyens que celui-là ne pouvait même pas soupçonner.

CHAPITRE XIII

Invention de l'Algèbre moderne par Viète, et découverte des logarithmes par Napier.

Avec FRANÇOIS VIÈTE, sieur de la Bigotière, s'ouvre une ère nouvelle pour la Mathématique : l'Algèbre moderne s'édifie. Ses successeurs perfectionneront son œuvre, il est vrai. Ils remplaceront ses notations qui, nous allons le voir, sont parfois assez compliquées, par des symboles plus élégants ou plus généraux, mais les fondements de ses géniales méthodes resteront; et si notre siècle l'a quelque peu oublié, ses contemporains surent admirer ce « géant de la plus haute stature », qui, dans la marche du progrès, comme le dit avec raison de Billy, semble dominer tous les autres par ses vastes conceptions.

Né à Fontenay-le-Comte, en 1540, cet illustre algébriste fut d'abord avocat au barreau de sa ville natale, et obtint par la suite une charge de conseiller au Parlement de Bretagne (1574). Puis devenu maître des requêtes sous Henri III, disgracié ensuite quelque temps, il rentra dans les bonnes grâces royales en 1589, et fut enfin appelé par Henri IV au Conseil privé, fonction que sa mauvaise constitution lui fit résigner en décembre 1602. Mais les douceurs de la retraite n'étaient point faites pour lui. Il mourut peu après, le 26 février 1603. Du moins il laissait une œuvre qui, elle, ne devait point périr.

En vue de remplacer l'Almageste de Ptolémée dont sa sagacité lui avait démontré l'insuffisance, il projeta son

Harmonicum cœleste, malheureusement égaré aujourd'hui. Pour venir à bout de cette entreprise il fallait avant tout réformer la Trigonométrie, construire des tables plus étendues que celles alors en usage, donner aux astronomes des règles commodes pour la résolution des triangles, et leur apprendre à se servir des tangentes et des sécantes que Rhéticus venait d'imaginer. La lecture de son *Canon mathematicus* (1579) montre quels services il a rendus à la science dans cette voie. C'est un recueil de tables trigonométriques où pour la première fois on voit en regard de l'angle correspondant la valeur des sinus, tangentes, sécantes, cosinus, cotangentes et cosécantes, calculée de minute en minute pour un rayon égal à 100000. Le *Liber inspectionum* lui fait suite. Il renferme les formules pour la résolution des triangles plans et sphériques, ainsi que de nombreux résultats numériques.

Pour confectionner ces ouvrages, Viète laisse de côté les laborieux procédés des Grecs, ou ceux plus perfectionnés des Arabes. Il ramène la recherche du sinus fondamental de une minute à celle de la longueur de la circonférence par la méthode des bissections successives d'Archimède qu'il rajeunit. En affranchissant la Trigonométrie de ses énoncés prolixes, il présente sous forme de tableaux les éléments connus et inconnus d'un triangle, et constitue de la sorte les formules générales, expéditives, dont nous nous servons journellement. Toutefois c'est principalement la Trigonométrie sphérique qui a bénéficié de ses travaux. Al Batani avait découvert la relation permettant de trouver les angles A, B, C d'un triangle sphérique lorsqu'on connaît les trois côtés. Viète fit de cette expression le point de départ de féconds développements. Il trouva les diverses formules de résolution sans passer par la décomposition en deux triangles rectangles. D'autre part, il se servit le premier des propriétés du triangle sphérique polaire ou supplémen-

Fig. 12.

FRANÇOIS VIETE.

tiré de la collection des Maîtres des Requêtes

taire dans les calculs où cela peut avoir quelque intérêt.

Le savant mathématicien donna encore dans son *Traité des sections angulaires* d'autres formules trigonométriques non moins importantes. Il exprime Sin nx, Cos nx et Tg nx en fonction de Sin x, Cos x et Tg x, en déterminant les coefficients par des additions successives des nombres figurés de différents ordres. Il parvient d'une façon analogue à l'équation générale de la corde de l'arc simple en fonction de la corde de l'arc multiple. Mais arrêtons là cette analyse écourtée de ses premiers travaux, car il nous reste à aborder la plus belle partie de son œuvre et à montrer qu'après avoir renouvelé la Trigonométrie des Anciens, il a su créer une science nouvelle.

Au XIIe siècle, Léonard de Pise enseigna à l'Europe les rudiments de l'algèbre. Il s'était inspiré lui-même des travaux arabes, et n'allait pas au delà des équations du second degré. En outre, les méthodes usitées pour obtenir la valeur de l'inconnue étaient basées sur des considérations presque exclusivement géométriques. Les quantités étaient représentées par des lignes droites, les données étaient toujours des nombres, et dans les calculs l'inconnue seule était désignée par un symbole. Tel était l'état de l'Algèbre au moment où Viète en aborda l'étude. Il commença d'abord par remplacer les connues comme les inconnues, par des lettres capitales. Les premières sont représentées par les voyelles A, E, I, O, V, Y; les secondes par des consonnes B, G, D, F..., les puissances de l'inconnue par la même lettre avec un des indices q, c (abréviations de *quadratum* et de *cubus*) combinés par addition des exposants. Mais afin de conserver dans les équations le principe de l'homogénéité, il indique les données par un signe de leurs dimensions formé des abréviations des mots *planum* et *solidum* et de leurs combinaisons.

Il se sert de + et — pour l'addition et la soustraction. Pour la multiplication, il emploie la particule *in*, pour la division il sépare le dividende du diviseur au moyen d'une barre horizontale, et pour les racines il fait usage des lettres *l* ou *k*.

Remarquons que quand il ignore la grandeur du terme à soustraire il le note par $=$ (*minus incertum*). Cette distinction paraît oiseuse aujourd'hui, mais s'explique du temps de Viète. Si son Algèbre comprend, en effet, toute la science des équations, elle repose seulement sur la considération des racines positives, et à l'exemple des anciens algébristes il rejette les quantités négatives et imaginaires. Enfin comme l'homogénéité disparaît dans les applications, il représente alors l'inconnue et ses puissances par leurs indices.

Empruntons d'ailleurs à un mémoire de Ritter[1] le tableau résumant sa nomenclature[2] :

INCONNUES	*Numerus*	*Quadratum*	*Cubus*	*Quad. Quadratum*	*Quad. cubus*	*Cubus-cubus*
Théorie générale . .	A	A*q*	A*c*	A *qq*	A *qc*	A *cc*
Applic. numériques.	1N	1Q	1C	1 QQ	1 QC	1 CC
Equivalents modernes.	x	x^2	x^3	x^4	x^5	x^6
COEFFICIENTS HOMOGÈNES	*Latus*	*Planum*	*Solidum*	*Plano-planum*	*Plano-solidum*	*Solidum-solidum*
Théorie générale . .	B	B*p*	B*s*	B *pp*	B *ps*	B *ss*

« La science de bien trouver en Mathématiques »,

(1) F. RITTER. *François Viète d'après des documents nouveaux* dans la *Revue générale des sciences*, t. IV. Paris. 1893. Voy. aussi deux autres mémoires de ce savant sur le même sujet dans le compte rendu de l'*Association française pour l'avancement des sciences. Congrès de Pau*, 1892.

(2) Ainsi dans la notation de Viète l'équation littérale $x^3 + ax^2 - bx = d$

comme Viète nomme son algèbre, comprend les quatre opérations arithmétiques appliquées aux polynômes, les règles générales pour réduire les équations à la forme canonique, ou, en d'autres termes, pour les transformer de façon que les diverses puissances de l'inconnue se trouvent dans le premier membre, ordonnées selon l'ordre croissant ou décroissant, que la puissance la plus élevée ait pour coefficient l'unité, que les quantités connues soient dans le second membre, et que ce dernier soit positif. Puis il résout à l'aide de ces principes une série de problèmes déterminés et indéterminés du premier et du second degré. Après viennent d'élégants procédés pour la résolution numérique des équations. Enfin il expose magistralement leur théorie générale. Là se reconnaît véritablement la griffe du lion. Ce n'est plus une ébauche de la Science, l'Algèbre s'élève tout à coup à une hauteur inespérée. On y trouve les méthodes usitées encore aujourd'hui, les relations entre les racines positives et les coefficients des équations du second et du troisième degré, parfois même d'un degré quelconque, les formules générales pour résoudre les équations du troisième et du quatrième degré, etc.

L'œuvre de Viète fut donc des plus fécondes. On ne peut le comparer pour son génie d'invention qu'à Newton, et si, comme il le dit modestement dans une de ses lettres, il n'était pas un « mathématicien de profession », il sut néanmoins, en « faisant des mathématiques ses plus chères études », s'y placer au tout premier rang.

A la même époque, Simon Stevin, né à Bruges en 1548, cultiva avec succès bien des branches de la science, et sut se distinguer dans chacune d'elles. Dans *La Disme* (1585) se trouve décrit pour la première fois le traitement méthodique des fractions décimales, et il montre

---

s'écrirait Ac + B *in* Aq = Dp *in* A$æq$ Dp F + bs et l'équation numérique $x^3 + 4x^2 - 6x = 51$ se représenterait par 1C + 4Q — 6N = 51.

les avantages d'un système décimal de poids et mesures, devançant de plus de deux siècles la division réalisée en France sous la Révolution seulement. Sa notation est toutefois un peu encombrante car il remplace la virgule par un zéro et il écrit par exemple le nombre 5,678 de la sorte : 5 [0] 6 [1] 7 [2] 8 [3].

Ce sont probablement ces symboles qui le conduisirent à imaginer la représentation des diverses puissances par des exposants numériques entiers et fractionnaires. Il les plaçait d'une façon à peu près analogue à la nôtre. Ainsi il écrivait $3x^2 + 4x + 5$ de cette manière : 4 [2] + 3 [1] + 5 [0].

Dans sa *Pratique géométrique* on rencontre plusieurs propositions ou constructions originales, telles la génération de l'ellipse à l'aide d'un cercle dont on fait varier dans un rapport constant toutes les ordonnées. Cependant ce sont ses *Principes de statique et d'hydrostatique* qui ont surtout fondé sa réputation.

Depuis les mathématiciens de l'école d'Alexandrie jusqu'à la fin du XVIe siècle, la Mécanique demeura stationnaire. En 1577 seulement l'Italien Guido Ubaldi perfectionna un peu les lois de l'équilibre des corps solides, en introduisant la considération des *moments* dans la théorie des machines simples. Mais il était réservé à Stevin d'apercevoir la possibilité de représenter les forces par des lignes droites, et de ramener alors les propositions de mécanique à de simples théorèmes géométriques. En particulier il a enseigné la règle du parallélogramme des forces, base de la Statique moderne. On attribue souvent cette découverte à Varignon, ce savant l'ayant énoncée sous la forme qu'on lui donne aujourd'hui ; mais il l'a déduite comme conséquence du théorème formulé par le savant brugeois.

Stevin a résolu aussi un problème longtemps agité parmi ses prédécesseurs : le rapport de la puissance au poids sur un plan incliné. Il y parvint en imaginant un chapelet composé de douze sphères également distantes

Fig. 13. — Portrait de NAPIER.
(D'après l'original du Cabinet des estampes de la *Bibliothèque Nationale* de Paris.)

et disposées sur un support triangulaire. Appliquant ces lois à l'équilibre des liquides, il démontra le paradoxe hydrostatique : un fluide peut exercer sur le fond du vase qui le contient, une pression bien supérieure à son poids, principe dont on fait honneur à Pascal. En outre, Stevin était un ingénieur fort distingué. Ses travaux de fortifications militaires l'avaient surtout rendu très populaire parmi ses compatriotes. Quelques-unes de ses méthodes de travaux hydrauliques sont même encore suivies par les entrepreneurs modernes.

L'emploi des chiffres arabes et des fractions décimales avait beaucoup simplifié les procédés de calcul. A la suite de Stevin, Joost Bürgi ou Byrge, mathématicien suisse, et Jean Hartmann Beyer, géomètre allemand qui publia en 1603 une *Logistica Decimalis*, utilisèrent ses méthodes.

De son côté l'Angleterre, avec Thomas Harriot, contribuait honorablement aux progrès de l'Algèbre. Ce savant perfectionna l'œuvre de Viète, et dans son *Artis analyticæ praxis* (1631), il donna une exposition systématique des préceptes qu'il avait inventés ou simplifiés. Ses découvertes sont intéressantes. Ainsi il eut l'idée de faire passer dans un seul membre tous les termes d'une équation ; il montra que toutes les équations d'ordres élevés sont des produits d'équation plus simples ; il se servit des signes $>$ et $<$ pour désigner qu'une quantité est plus grande ou plus petite qu'une autre ; il écrivit a^2 pour *aa*, a^3 pour *aaa*, etc. Dans un autre ordre d'idées, ayant accompagné Walter Raleigh dans son exploration américaine, il leva d'une façon aussi exacte que possible pour l'époque, la carte de la Virginie et de la Caroline du Nord. C'est une des premières opérations géodésiques exécutées d'une manière scientifique.

Mais il était réservé à son illustre compatriote John Napier, baron de Merchiston, d'apporter à la pratique mathématique un de ses plus féconds instruments : les *logarithmes*. Comme pour Viète, la science n'était qu'un passe-temps pour ce noble anglais, occupé à gérer ses propriétés, à étudier la théologie et à batailler dans les luttes acharnées que les puritains d'Ecosse soutenaient contre la royauté.

Les découvertes astronomiques de Copernic et de Tycho-Brahé avaient dirigé l'attention des calculateurs vers les moyens d'abréger les opérations trigonométriques, vu la grandeur des nombres qui entraient dans les formules. Quelques auteurs avaient donc orienté leurs recherches de ce côté. Werner, de Nuremberg, imagina, en 1522, la « prostaphérèse », destinée à remplacer les multiplications et les divisions rencontrées dans la Trigonométrie sphérique par des additions ou des soustractions. Tycho-Brahé paraît s'être servi d'une méthode analogue dans les calculs de l'*Astronomia instaurata*. Puis Michel Stifel, en comparant les progressions géométriques et arithmétiques, constata la relation fondamentale de la théorie des logarithmes ; mais il ne sut pas en déduire les conséquences que Napier allait en tirer.

Le mathématicien écossais décrivit sa découverte dans sa *Logarithmorum canonis descriptio* (1614), mais sans exposer les moyens qu'il avait employés pour y parvenir. Il devait, dit-il dans sa préface, les indiquer ultérieurement. La mort vint empêcher la réalisation de cette promesse. Heureusement son fils nous les a dévoilés, en publiant quatre ans plus tard le manuscrit inachevé de son père, intitulé : *Mirifici logarithmorum canonis descriptio*[1].

Son procédé, fort ingénieux d'ailleurs, n'indique pas une connaissance des Mathématiques aussi profonde qu'on le croirait. Il n'avait certes pas entrevu, comme

(1) Cet ouvrage fut imprimé à Lyon, en 1620, chez Barthélemy Vincent. Il était devenu presque introuvable quand l'éditeur Hermann, de Paris, l'a réimprimé en 1895. Cette édition est un *fac-similé* page pour page de l'édition l'originale du XVIIe siècle.

plusieurs historiens se sont plu à le répéter[1], les analogies entre ses logarithmes et les aires de l'hyperbole équilatère comprises entre cette courbe et ses asymptotes.

Napier formait sa progression géométrique de la façon suivante. Chaque terme égalait le précédent diminué de sa n^{e} partie, et une simple soustraction permettait de le trouver. Donc à mesure que le nombre devenait plus grand, son logarithme décroissait. Du reste, ce livre ayant pour principal objectif de venir en aide aux calculateurs qui résolvaient des triangles, on n'y rencontre que les logarithmes des sinus de minute en minute de o à 90°, et comme le sinus du quart de cercle forme souvent le premier terme des proportions auxquelles conduisent la résolution des triangles, il égale à zéro le logarithme du sinus total. En outre, pour établir sa table, il se basait sur ce théorème : Log. sin A est compris entre (1 — sin A) et (cosec A — 1). Pour calculer alors cette valeur il lui suffisait de prendre la moyenne géométrique entre ces deux limites. Enfin il n'a aucune idée de ce que nous appelons aujourd'hui « base » d'un système de logarithme. Sa découverte n'en constituait pas moins une des plus grandes acquisitions de la Science au XVIIe siècle.

Le grand astronome KEPLER, en publiant sa *Chilias Logarithmorum* (1622), fit beaucoup pour la propagation en Allemagne de la doctrine népérienne[2].

(1) M. NAPIER. *Memoirs of John Napier of Merchiston*. Edimbourg, 1834.

(2) Son œuvre astronomique est de beaucoup la plus importante. Mais elle sort de notre cadre. Rappelons ses fameuses lois relatives aux mouvements des planètes, qu'on trouve exposées dans son *Astronomia nova* (1609). On rencontre dans son *Harmonice mundi* (1619) d'intéressantes considérations sur les polygones étoilés. Enfin dans sa *Stereometria doliorum* où il s'occupe de la cubature des solides engendrés par la rotation des coniques autour d'axes contenus dans leurs plans, on voit plusieurs formules inexactes. Ces quelques taches ne sauraient d'ailleurs obscurcir sa gloire, car, selon la belle image de M. Joseph Bertrand, « elle est écrite dans le ciel ; les progrès de la science ne peuvent ni la diminuer ni l'obscurcir, et les planètes, par la succession toujours constante de leurs mouvements réguliers, la raconteront de siècle en siècle ».

Benjamin Ursinus et son gendre Bartsch le secondèrent. Un professeur du Gresham's College d'Oxford, Henry Briggs, ne tarda pas à se rendre compte de tout le parti qu'on pouvait tirer de cette invention. Il fit même un voyage pour conférer avec Napier à ce sujet (1614), et probablement lui suggéra le choix de 10 comme base. Quoi qu'il en soit, Briggs publia en 1618 sa *Logarithmorum Chilias prima* où cet important perfectionnement était appliqué pour la première fois aux nombres de 1 à 1 000 avec 14 décimales. Six ans plus tard, dans son *Arithmetica logarithmica*, il compléta cet essai en donnant les logarithmes de 1 à 20 000 et de 90 000 à 100 000.

Plusieurs autres mathématiciens suivirent encore l'impulsion donnée. Ed. Gunther, le collègue de Briggs, avait mis, dès 1620, son précieux *Canon of triangles* entre les mains de tous les calculateurs. Cavalieri, dans son *Directorium universale uranometricum*, révéla à l'Italie ces principes. Le mathématicien français Henrion publia, en 1626, un excellent *Traité des logarithmes*, et peu après le géomètre hollandais Adrien Vlacq comblait la lacune des tables précédentes. Dès lors, les logarithmes avaient droit de cité dans tout l'univers civilisé. Les astronomes étaient en possession de merveilleux instruments : Napier venait de leur donner les logarithmes pour abréger leur calcul, et Galilée, en les dotant du télescope, agrandissait démesurément leur champ d'observation.

CHAPITRE XIV

La *Géométrie* de Descartes (1637). — Les travaux de Fermat et de Pascal.

Pendant le XVIe siècle et les premières années du XVIIe nous avons vu se dessiner une renaissance des Sciences. Les physiciens et les astronomes durent faire appel aux mathématiciens pour mettre en œuvre les riches matériaux qu'ils avaient accumulés grâce aux perfectionnements apportés aux procédés d'observation. Ce mouvement va s'accentuer encore dans la période que nous allons étudier. Descartes, en inventant la Géométrie analytique, Leibniz et Newton en découvrant le Calcul infinitésimal, ouvriront aux savants des horizons insoupçonnés. Fermat ira « plus loin que ses successeurs » dans ses recherches sur les nombres, et Pascal créera le calcul des probabilités. Quelle admirable succession de découvertes !

La conception de DESCARTES renouvela la Géométrie. Elle fournit aux mathématiciens des méthodes générales qui jusqu'ici leur avaient manqué et dont le défaut avait souvent frappé de stérilité leurs plus louables efforts. Cette idée fut en quelque sorte la préface nécessaire aux célèbres inventions newtoniennes.

Quelques lignes de biographie tout d'abord.

René Descartes, seigneur du Perron, naquit à La Haye, petite ville située sur la rive droite de la Creuse, le 31 mars 1596. Après des études brillantes au collège de La Flèche tenu alors par les Jésuites, il embrassa la carrière des armes, sans grand goût d'ailleurs, puisqu'il dit en propres termes dans une de ses lettres qu'il a de la peine à la ranger parmi les professions honorables, « voyant que l'oisiveté et le libertinage sont les deux principaux motifs qui y portent aujourd'hui la plupart des hommes ». Il s'engagea d'abord dans les troupes du prince Maurice de Nassau, et deux années de paix lui permirent d'entrer en relations avec plusieurs mathématiciens hollandais. Puis, quittant le service des princes d'Orange (1619), il servit dans les troupes du duc de Bavière. C'était à vrai dire un singulier soldat : l'anecdote suivante est là pour l'attester. Rencontrant à Ulm le professeur Jean Faulhaber, il résolut plusieurs problèmes que celui-ci lui proposa, et charmé de sa compagnie il songea seulement plusieurs mois après à rejoindre son corps. Ensuite il se rendit en Bohême et arriva à Prague juste à temps pour participer à la célèbre bataille qui s'y livra le 7 novembre 1620. Enfin il passa en Hongrie l'année suivante, et abandonna une première fois l'uniforme pour visiter en touriste la Silésie, la Pologne et les côtes de la Baltique.

Descartes revint en France au début de 1622. Après une nouvelle fugue en Suisse et en Italie, la capitale l'attira encore. Il y séjourna en 1626 et 1627, fréquentant des savants comme Desargues, de Beaune, Mydorge ou son ancien condisciple le P. Mersenne, des littérateurs et des magistrats tels que Balzac et Hardi. Mais brusquement il s'arracha à cette vie intellectuelle pour aller guerroyer au siège de La Rochelle. Cette ville tombée aux mains de Richelieu, notre héros retourna à Paris pour régler quelques affaires, et alla se fixer définitivement en Hollande (1629), seul pays où régnait alors la liberté. Il allait y trouver, durant vingt ans, le calme nécessaire aux spéculations scientifiques. C'est à Amsterdam d'abord puis dans un petit castel près de Franeker et surtout à Egmond-de-Bineau qu'il composa

Fig. 14.

Portrait de René Descartes.

(D'après le tableau de Hals, Musée du Louvre.)

presque tous ses ouvrages. Enfin, pour terminer de suite ce qui est relatif à sa vie [1], disons que la reine Christine l'attira en Suède (1649). Il y fut reçu magnifiquement, et logé à l'ambassade française de Stockholm. Mais sa santé débile ne put supporter les rigueurs du climat. Il succomba à une fluxion de poitrine, le 11 février 1650.

Laissant de côté son œuvre philosophique, le principal écrit de Descartes est sa *Géométrie* (1637), où se trouvent consignées ses immortels travaux. Le géomètre tourangeau esquisse à ses successeurs la voie à suivre. Il n'a pas voulu composer un traité didactique à leur usage, mais leur tracer simplement le cadre qu'ils auraient à remplir.

Les courbes, découvertes par les Grecs au fur et à mesure des besoins, n'étaient reliées entre elles par aucune relation. Descartes sentit la nécessité d'apporter quelque ordre dans ce domaine. Il fallait d'abord arriver à définir ces figures, ou en d'autres termes poser les règles permettant de les construire. Tout se ramenait, somme toute, à fixer d'une manière précise la position d'un point dans un plan. Or celle-ci ne dépend que de deux éléments, ses « coordonnées ». Donc la définition d'une courbe, autrement dit son équation, n'est pas autre chose que la relation entre les coordonnées de ses points. Il est facile alors d'établir des formules générales s'appliquant ensuite aux cas particuliers.

Après avoir exposé l'idée directrice de la *Géométrie*, passons à son examen.

L'auteur commence d'abord par établir les bases de son système de coordonnées (rectilignes). Il montre que dans un plan, un point M est entièrement défini par ses distances MP et MQ à deux droites fixes xox',

---

(1) Voir pour plus de détails : BAILLET. *Vie de Descartes*, 2 vol. Paris, 1691-93.

yoy' qui se coupent. Maintenant, si on trace une courbe quelconque sur un plan et que l'on considère les coordonnées de chaque point de cette ligne, à toute valeur de x correspondront une ou plusieurs valeurs de y, celle-ci sera donc fonction de x et la relation $y = f(x)$ caractérisant les divers points du lieu géométrique sera son équation. Descartes était parvenu à traduire en relations numériques des propriétés géométriques.

Ensuite il divise les courbes en deux catégories : les premières ou « géométriques » peuvent s'engendrer par l'intersection de deux lignes se mouvant chacune parallèlement à un des axes de coordonnées avec des vitesses commensurables (conchoïde, cissoïde, par exemple); les secondes ou « mécaniques », dont le rapport des mouvements qui les engendrent est inconnu (spirale, quadratice, cycloïde, etc.). Il ne s'occupe que de celles-là, et nous verrons plus tard Leibniz modifier sa classification.

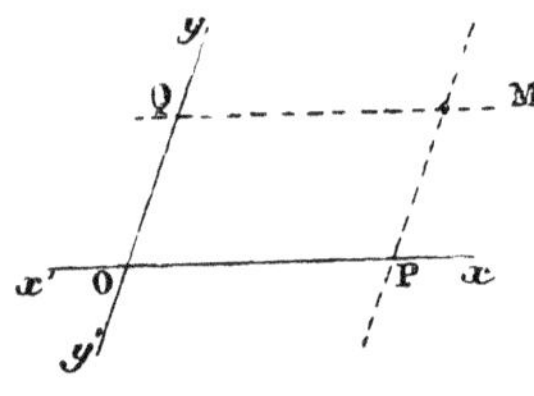

Fig. 15.

Descartes s'attache aussi dans sa *Géométrie* à fournir une règle générale du problème des tangentes. Puis, dans la dernière partie, consacrée exclusivement à l'Algèbre, il introduit l'usage des premières lettres de l'alphabet pour désigner les quantités connues, et celles de la fin pour représenter les inconnues. Il emploie les exposants tels que nous le faisons aujourd'hui, il simplifie la théorie de la transformation des équations données par Viète et il s'occupe de trouver les racines commensurables. Ensuite il aborde les équations du 3ᵉ et du 4ᵉ degré. Fournissant les règles nécessaires à leur résolution, il démontre qu'on ne saurait les construire à l'aide seulement de la règle et du compas. Le premier il fit voir qu'il était aussi logique de représenter les grandeurs négatives que les quantités positives, et qu'il était suffisant d'établir un théorème dans un cas général pour qu'il se vérifie dans tous les cas particuliers.

D'autre part, il énonce, au cours de ces pages, la règle si importante pour déterminer le nombre des racines positives et négatives. Enfin, en introduisant la méthode des coefficients indéterminés, il pensait avoir donné un procédé absolument général pour résoudre les équations algébriques d'un degré quelconque ; mais l'avenir devait donner un démenti à sa trop grande confiance.

Peu de temps après l'apparition de la *Géométrie*, comme Descartes avait omis « beaucoup de choses qui pouvaient y être ajoutées pour la commodité de la pratique », ainsi qu'il l'avoue dans sa préface, de Beaune l'annota afin d'en faciliter l'accès aux moins savants. Il y réussit fort bien puisque son illustre ami lui-même tenait ce commentaire en grande estime.

Parmi les autres livres de Descartes, l'*Optique* et les *Météores* appartiennent plus à la Physique qu'aux Mathématiques. Quant à son *Explication des machines*, de curieuses vues y sont exposées. Dans ce court aperçu, il s'efforçait de mettre en lumière que l'invention des « engins par l'aide desquels on peut avec une petite force lever un fardeau », repose sur le principe suivant : La même force qui peut soulever un poids « de 100 livres à la hauteur de deux pieds, en peut aussi lever un de 200 livres à la hauteur d'un pied, ou un de 400 à la hauteur d'un demi-pied. » Descartes appelle donc *force* ce que nous dénommons aujourd'hui *travail*. D'autre part, il pose le principe de la conservation de la quantité de mouvement, et arrive à quelques lois relatives à la théorie du choc ; mais les exemples qu'il donne semblent un peu confus.

La grande découverte cartésienne fut le signal d'une rénovation algébrique. De Beaune, un des premiers qu'elle enthousiasma, fixa les limites supérieure et inférieure des racines réelles ; Pascal, dont nous étudierons plus loin les remarquables recherches, imagina son triangle arithmétique pour calculer les coefficients du développement d'un binôme élevé à une certaine puissance. De Sluse perfectionna le mode de construction des racines des équations algébriques par l'intersection des courbes, et Wallis se servit des exposants fractionnaires et négatifs. Enfin, la *méthode des indivisibles* apparut. En quelque sorte, ce procédé peut rendre les mêmes services que le calcul intégral tel que nous l'appliquons aujourd'hui, mais limité à l'intégration des fonctions différentielles. On en est redevable au savant jésuite italien Cavalieri, qui professa longtemps à Bologne. Sa découverte se trouve rapportée dans sa *Geometria indivisibilibus continuorum nova quadam ratione promota* (1635), et il l'a perfectionnée par la suite dans ses *Exercitationes geometricæ* (1647). Bien qu'elle soit oubliée aujourd'hui, elle est curieuse, car elle jette le pont entre la méthode d'exhaustion d'Archimède et l'Analyse infinitésimale de Newton.

Cavalieri imaginait le continu comme une infinité de parties insécables, termes ultimes de sa subdivision en tranches parallèles. « L'indivisible » devait changer de nom cinquante ans plus tard, et s'appeler « l'élément différentiel ». Grâce à ces considérations, la grandeur relative de deux surfaces ou de deux solides se trouvait alors aisément par la sommation d'une suite de lignes ou de plans. Soit à comparer, par exemple, un triangle au parallélogramme ayant même base et même hauteur ; il suffira de décomposer les deux figures au moyen de parallèles aux bases, équidistantes entre elles. La comparaison du tétraèdre au parallélépipède de même base et de même hauteur s'établira d'une façon analogue en les décomposant en éléments par des plans parallèles aux bases. Au moyen de ce procédé, le géomètre milanais put résoudre un certain nombre de problèmes proposés par Képler, entre autres celui relatif à la mesure

Fig. 16.

Portrait de FERMAT, d'après la gravure placée en tête de ses *Œuvres*, Toulouse, 1679.

des fuseaux paraboliques et hyperboliques. Aussi, malgré les vices de raisonnement qu'on rencontre dans les applications, il eut une féconde influence sur le progrès de l'Analyse.

GULDIN critiqua la méthode des indivisibles, mais à l'aide d'objections peu intéressantes. CAVALIERI lui répondit en démontrant l'important théorème de son détracteur relatif au centre de gravité, précisément à l'aide des principes objets du litige. Il eût été difficile d'être plus spirituel. D'ailleurs, l'obscurité du *Centrobarytica*, où cette proposition se trouve établie, a contribué à faire oublier son auteur, qu'il faut souvent deviner.

FERMAT, « le premier homme du monde » au dire de Pascal, suivit dans l'application de l'Algèbre à la Géométrie une route assez différente de celle adoptée par Descartes. La renommée de l'un n'obscurcit pas la gloire de l'autre. Mais le premier, génie peut-être plus profond, laissa dans toutes les branches des Mathématiques une note personnelle. Né à Beaumont-de-Lomagne, près de Montauban, en 1601, sa vie uniquement consacrée aux travaux intellectuels n'offre guère de particularités. Il était fils d'un marchand de cuir qui, jouissant d'une honnête aisance, put lui donner une éducation soignée. Le jeune Fermat, après avoir terminé ses études de droit à Toulouse, devint conseiller au Parlement de cette ville, fonction qu'il remplit jusqu'à sa mort (12 janvier 1665).

Voici comment Lagrange [1], un juge compétent, caractérise l'œuvre scientifique de ce précurseur.

« Dans sa méthode *De maximis et minimis* il égale l'expression de la quantité dont on recherche le maximum ou le minimum à l'expression de la même quantité dans laquelle l'inconnue est augmentée d'une quantité indéterminée. Il fait disparaître dans cette équation les radicaux et les fractions, s'il y en a, et, après avoir

(1) LAGRANGE. *Leçons sur le calcul des fonctions*. Paris, 1806.

effacé les termes communs dans les deux membres, il divise tous les autres par la quantité indéterminée qui se trouve les multiplier ; ensuite il fait cette quantité nulle, et il a une équation qui sert à déterminer l'inconnue de la question. Or, il est facile de voir au premier coup d'œil que la règle déduite du Calcul différentiel, qui consiste à égaler à zéro la différentielle de l'expression qu'on veut rendre maximum ou minimum, prise en faisant varier l'inconnue de cette expression, donne le même résultat, parce que le fond est le même et que les termes qu'on néglige comme infiniment petits dans le Calcul différentiel, sont ceux qu'on doit supprimer comme nuls dans le procédé de Fermat. »

Celui-ci du reste ne se donnait même pas la peine de publier ses inventions, aussi plusieurs de ses travaux ont-ils été perdus, ou il faut en rechercher la trace dans sa correspondance, mise à jour seulement après sa mort, en 1679. Il se bornait à appliquer son procédé à des exemples. Huygens et Barrow devaient plus tard le présenter sous une forme plus pratique. Parmi les applications originales imaginées par Fermat, il faut noter la détermination de l'aire de la parabole et de l'hyperbole d'un degré quelconque et du centre de gravité d'un paraboloïde de révolution.

La théorie des nombres, délaissée depuis tant de siècles, fut reprise seulement au XVIIe siècle par Fermat et Pascal. Le génie du premier se complut surtout dans cette étude, et ses idées à ce sujet semblent avoir été très particulières. Plusieurs de ses théorèmes, après avoir exercé la sagacité des Euler et des Legendre, sont même restés sans démonstration. C'est au cours de recherches exécutées en vue d'une nouvelle édition de Diophante, qu'il se tourna de ce côté et sut, grâce à une méthode dont nous ignorons le secret, « s'avancer plus loin que ses successeurs »[1].

---

(1) LIBRI. In *Revue des Deux-Mondes* (mai 1845).

La plus célèbre de ses propositions arithmétiques est la suivante :

La somme ou la différence de deux cubes n'est jamais un cube, ou d'une manière plus générale au-dessus du carré aucune puissance n'est décomposable en deux puissances de même nom [1].

Enfin Fermat participa à une autre découverte de son temps, le *Calcul des probabilités ;* mais pour éviter des redites, nous en parlerons seulement plus loin, lorsque nous analyserons les œuvres de son promoteur Blaise Pascal.

Le magistrat de Toulouse fut donc un des plus grands noms de l'histoire des Mathématiques. Malgré le peu de temps que ses fonctions lui permettaient de consacrer à la science, il sut comme Viète se créer une place à part. En appliquant l'Algèbre à la Géométrie, il se fit l'égal de Descartes. Qui pourrait dire si Leibniz et Newton ne doivent pas à ses vues le trait de lumière qui les a guidés vers l'analyse infinitésimale ? Avec l'auteur des « Provinciales » il fut un des pionniers de la théorie des hasards, et surtout s'il a des rivaux dans les autres branches, ses découvertes sur les nombres lui assurent une supériorité unique. Dans ce domaine, on chercherait en vain son émule. Géant sublime, sphinx impénétrable, il s'est frayé des routes qu'aucun savant n'a encore pu retrouver malgré les ressources modernes. C'est un privilège sans exemple dans les annales de la Science.

Avec Blaise Pascal qui naquit à Clermont le 19 juin 1623, l'Arithmétique, la Géométrie, l'Algèbre et la Mécanique vont s'enrichir tour à tour, et le Calcul des probabilités va naître. Dès son jeune âge, notre futur savant montra les plus rares aptitudes au travail. Aussi son

---

(1) En d'autres termes, l'équation $x^n + y^n = z^n$ ne peut être satisfaite pour aucune valeur entière de x, y, z, si n est supérieur à 2. Cette proposition dite *théorème de Fermat* n'a été démontrée que pour des valeurs particulières de n.

père, président de la Cour des aides, abandonna-t-il sa charge en 1631 pour venir à Paris se consacrer exclusivement à l'éducation de son enfant dont il voulut être le premier et l'unique maître. Mais poussant son fils beaucoup plus vers le grec et le latin que vers la Science, il lui avait caché tous les livres mathématiques de sa bibliothèque. Une rencontre extraordinaire, racontée par sa sœur en ces termes, allait cependant le déterminer à développer les goûts du jeune Blaise dans cette voie, et nous la rapportons ici car elle nous montre l'éveil d'un génie précoce : « Mon père était homme savant dans les Mathématiques, et avait l'habitude par là avec tous les habiles gens en cette Science, qui étaient souvent chez lui[1]; mais comme il avait dessein d'instruire mon frère dans les langues, et qu'il savait que la Mathématique est une Science qui remplit et qui satisfait beaucoup l'esprit, il ne voulut point que mon frère en eût aucune connaissance, de peur que cela ne le rendît négligent pour la langue latine et les autres sciences dans lesquelles il voulait le perfectionner. Mon frère voyant cette résistance, lui demanda un jour ce que c'était que la Mathématique, de quoi on y traitait : mon père lui dit en général que c'était le moyen de faire des figures justes, et de trouver les proportions qu'elles avaient entre elles, et en même temps lui défendit d'en parler davantage et d'y penser jamais. Mais cet esprit qui ne pouvait demeurer dans ces bornes, dès qu'il eut cette simple ouverture, que la Mathématique donnait des moyens de faire des figures infailliblement justes, il se mit lui-même à rêver sur cela à ses heures de récréation ; et étant seul dans une salle où il avait coutume de se divertir, il prenait du charbon et faisait des figures sur des carreaux, cher-

(1) Entre autres, le P. Mersenne, Roberval, Mydorge et Carcavi, qui s'assemblaient également au couvent des Minimes, place Royale, chez le P. Mersenne. Ces conférences furent même l'origine de l'Académie des Sciences, fondée seulement en 1660.

Fig. 17.

(D'après une gravure du XVIIe siècle, tirée du cabinet de M. Guerrier de Bezance, alors maître des Requêtes.)

chant des moyens de faire, par exemple, un cercle parfaitement rond, un triangle dont les côtés et les angles fussent égaux, et autres choses semblables. Il trouvait tout cela tout seul; ensuite il cherchait les proportions des figures entre elles. Mais comme le soin de mon père avait été si grand de lui cacher toutes ces choses, il n'en savait pas même les noms. Il fut contraint de se faire lui-même des définitions : il appelait un cercle un rond, une ligne une barre, et ainsi des autres. Après ces définitions, il se fit des axiomes, et enfin il fit des démonstrations parfaites; et comme l'on va de l'un à l'autre dans ces choses, il poussa les recherches si avant, qu'il en vint jusqu'à la trente-deuxième proposition du premier livre d'Euclide (la somme des angles d'un triangle est égale à deux droits). Comme il en était là-dessus, mon père entra dans le lieu où il était, sans que mon frère l'entendît; il le trouva si fort appliqué, qu'il fut longtemps sans s'apercevoir de sa venue. On ne peut dire lequel fut le plus surpris, ou le fils de voir son père, à cause de la défense expresse qu'il lui en avait faite, ou le père de voir son fils au milieu de toutes ces choses. Mais la surprise du père fut bien plus grande, lorsque, lui ayant demandé ce qu'il faisait, il lui dit qu'il cherchait telle chose, qui était la trente-deuxième proposition d'Euclide. Mon père lui demanda ce qui l'avait fait penser à chercher cela : il dit que c'était qu'il avait trouvé telle autre chose ; et sur cela lui ayant fait encore la même question, il lui dit encore quelques démonstrations qu'il avait faites ; et enfin, en rétrogradant et s'expliquant toujours par les noms de rond et de barre, il en vint à ses définitions et à ses axiomes. Alors son père lui donna les Éléments d'Euclide pour les lire à ses heures de récréation. Il les vit et les entendit à lui tout seul, sans avoir jamais besoin d'aucune explication; et pendant qu'il les voyait, il composait et allait si avant... qu'à l'âge de seize ans il fit un traité *Des Coniques* qui passe pour un si grand effort d'esprit, qu'on disait que depuis Archimède on n'avait rien vu de cette force[1]. »

Ce petit opuscule où se trouvent en germe les méthodes de géométrie moderne, fut mis au jour en 1640, il ne fut à nouveau tiré de l'oubli qu'en 1779, lorsque Bossut publia son édition des Œuvres du célèbre mathématicien. C'était le canevas d'un ouvrage où étaient exposées les découvertes de Pascal sur ce sujet. On y rencontre le théorème sur « l'hexagramme mystique » qui, énoncé comme lemme au début de l'ouvrage, sert à déduire le reste. Sous ce nom, il désigne la propriété fondamentale que possède tout hexagone inscrit à une conique d'avoir les trois points de concours de ses côtés opposés en ligne droite. Cinq points suffisant à déterminer une conique, cette proposition fournit une relation de position d'un sixième point quelconque de cette courbe par rapport aux cinq autres. A l'aide de ce principe, il arrive à démontrer la relation suivante due à Desargues : Le produit des segments compris sur la transversale entre un point de la conique et deux côtés opposés du quadrilatère, est au produit des segments compris entre le même point de la conique et les deux autres côtés opposés du quadrilatère, dans un rapport qui est égal à celui des produits semblablement faits avec le second point de la conique situé sur la transversale. Desargues dénomma ce théorème « involution des six points ». Les nombreuses conséquences que les géomètres modernes en ont tirées montrent assez sa fécondité.

Deux ans après, Pascal inventait la *Machine arithmétique*, remarquable conception et entreprise hardie, la Mécanique pratique étant alors fort peu avancée. Il se proposait de remplacer « toutes sortes de supputations » par des mouvements et des combinaisons de

---

(1) Mme PÉRIER. *Vie de Blaise Pascal.* Paris, 1665. Pascal était mort à Paris, le 19 août 1662.

roues. Il y arriva après bien des tâtonnements, des difficultés d'exécution sans nombre, car, ainsi qu'il l'écrit dans sa dédicace au chancelier Pierre Séguier, « les artisans ont plus de connaissance de la pratique de leur art, que des sciences sur lesquelles il est fondé ». Néanmoins le modèle put être réalisé, et est aujourd'hui dans les collections du Conservatoire des arts et métiers à Paris.

Au milieu d'infirmités survenues avant l'âge, Pascal donna en 1653 son traité sur *Le triangle arithmétique*, destiné à obtenir rapidement les coefficients des puissances successives d'un binôme. La loi de formation de ces derniers avait été trouvée par Viète, et Newton un peu plus tard en indiqua la formule. Dans un autre domaine scientifique, le nom de Pascal est intimement lié à celui de Fermat parmi les inventeurs du *Calcul des probabilités*. Il peut même en être regardé comme le véritable fondateur. En 1654, le chevalier de Méré lui proposa deux difficultés à résoudre :

D'abord de savoir en combien de coups on pouvait parier avec avantage d'amener sonnez avec deux dés, et deuxièmement de formuler une règle pour distribuer équitablement les mises à un moment donné de la partie, entre deux joueurs inégalement partagés, désirant se retirer avant le dernier coup.

A l'aide d'ingénieux raisonnements, il parvint à mesurer le degré mathématique de croyance qu'on pouvait attribuer à de simples conjectures. Il posa les bases de la théorie des hasards, transformant ainsi la question oiseuse d'un mondain frivole en une mémorable découverte. Fermat, par une méthode différente, généralisa les résultats, et au seul cas particulier envisagé par son devancier, il substitua un corps de doctrine parfaitement ordonnée. Dès lors une « science sans racines dans le passé [1] », était fondée.

---

(1) GOURAUD, *Histoire du Calcul des probabilités*. Paris, 1848.

Le dernier ouvrage mathématique de notre philosophe concerne la *Cycloïde* (1658). Cette courbe est engendrée par un point de la circonférence d'un cercle roulant sans glisser sur une droite fixe nommée base. On croit devoir attribuer au cardinal de Cusa et à Charles de Bovelles (1511) les premières notions qui s'y rapportent, mais ils la considéraient comme un simple arc de cercle. Roberval reprit le sujet et Pascal résolut plusieurs questions relatives aux solides formés par la rotation de cette courbe autour de sa base ou de son axe, grâce à un nouveau procédé d'analyse présentant beaucoup d'analogie avec celui de Cavalieri.

Parmi les autres mathématiciens de cette époque, à côté des Descartes ou des Fermat et bien près d'eux par la perspicacité de son génie, se place Desargues, méconnu de son vivant, oublié après sa mort. Ce géomètre, dont un érudit moderne, Poudra, a remis en lumière la curieuse physionomie, naquit à Lyon en 1593, mais passa la plus grande partie de sa vie à Paris. Non content d'innover dans le domaine de la Science, il aurait voulu aussi la vulgariser. Sentant quelle portée sociale avait sa diffusion dans les classes laborieuses, il enseignait le soir aux charpentiers de la Capitale la Stéréotomie et la Perspective. Dans des leçons pleines de bonhomie il tâchait de leur en rendre familières les notions, si utiles pour la pratique de leur métier. Il est triste à dire qu'il n'eut pas le succès dont il s'était flatté, et que dépité de l'apathie des artisans parisiens il alla poursuivre ces cours dans sa ville natale.

Si ses contemporains ne surent pas le comprendre et seconder ses vues, la postérité lui a rendu justice. Que de titres d'ailleurs ses méthodes si fécondes ne lui donnent-elles pas ? Dans son *Brouillon projet d'une atteinte aux événements des rencontres d'un cône avec un plan* (1639), perdu pendant le XVIIIe siècle et retrouvé seulement par Chasles en 1845, il développe cette idée que les différentes sections coniques (cercle, ellipse, hyperbole, parabole, système de deux droites) sont des variétés d'une même courbe, et au lieu de les étudier séparément, comme les Anciens l'avaient fait, il envisage sur le cône les diverses positions du plan sécant, sans utiliser le triangle par l'axe.

Ce livre débute par la considération suivante et ses conséquences : plusieurs droites parallèles entre elles concourent en un même point situé à l'infini. Comparant ensuite les systèmes de droites aux courbes, Desargues découvre l'intéressante relation des segments déterminés par une conique et par les quatre côtés du quadrilatère inscrit sur une tranversale quelconque tracée dans le plan de la courbe et qu'il nomme « involution des six points », désignation consacrée depuis par l'usage.

Notre époque a montré combien de théories étaient contenues en germe dans ce beau théorème. Servois l'a reproduit le premier en 1805, Brianchon l'a pris pour base de son curieux mémoire sur les lignes de deuxième ordre (1817), le général Poncelet n'a dû qu'à lui la découverte des propriétés des figures homologiques ; sans parler des secours que Simson, Newton et Chasles ont su en tirer.

Desargues a laissé encore une *Méthode universelle de mettre en perspective les objets donnés réellement*, où se trouve ce principe souvent appliqué depuis : si deux triangles, situés dans l'espace ou dans un même plan ont leurs sommets placés deux à deux sur trois droites concourant en un même point, leurs côtés se rencontrent deux à deux en trois points situés en ligne droite, et réciproquement.

Nous n'insisterons pas sur les autres écrits du grand géomètre lyonnais, relatifs à la coupe des pierres, et au tracé des cadrans. La place nous manque pour relater les nouveautés qu'ils renferment, et surtout la généralité des résultats qui y sont exposés. Aussi le surnom de « Monge de son siècle » lui a été justement décerné, car entre l'auteur de la *Géométrie descrip-*

tive et Desargues il y a plus d'un trait de ressemblance.

Indépendamment de ces Maîtres, vivaient quelques savants de moindre importance. L'un d'eux, Mydorge, conseiller au Châtelet de Paris, avait publié, en 1631, deux livres sur les *Sections coniques*, composés à la manière des Grecs. Il ne s'y préoccupe guère que de simplifier les démonstrations, sans essayer comme Pascal ou Desargues de déduire les propriétés de ces courbes de celles du cercle, soit au moyen de la Perspective, soit par la considération constante du cône qui les engendre. Un autre Français, Gilles Personnier de Roberval, lié lui aussi avec Descartes et le P. Mersenne, imagina un principe général pour résoudre le problème des tangentes aux courbes. Il y arriva en introduisant en Géométrie les règles cinématiques que Galilée venait d'appliquer tout récemment en Mécanique. Mais il ne sut pas étendre la doctrine métaphysique qui présidait à ce procédé, et en tirer toutes les conclusions qu'en partant d'un point de vue analogue le génie perspicace de Newton devait découvrir. Sans un moyen analytique uniforme, comme celui des « fluxions » par exemple, il était impossible pratiquement de la mettre en valeur. « La conception de Roberval était à la même hauteur que celle de Descartes et de Fermat [1]. » Elle leur cédait seulement par l'aide puissante de l'Analyse qu'ils surent appeler à leur secours.

Roberval examina encore, dans son *Traité des indivisibles*, diverses questions relatives à la quadrature de l'hyperbole et de la parabole proposées par Fermat. L'italien Cavalieri l'avait précédé dans cette voie. Toutefois, dans une lettre de 1644, adressée à Torricelli, Roberval se vante d'être en possession de sa méthode depuis longtemps. Mais on ne peut juger que sur des documents ; or son livre ainsi que ses autres mémoires, parurent seu-

---

(1) Chasles. *Aperçu historique sur l'origine et le développement des méthodes en Géométrie,* 3e édit. Paris, 1889.

lement en 1693, dix-huit ans après sa mort. S'il a « ménagé les oreilles des géomètres » afin d'avoir sur eux une « supériorité flatteuse », comme il l'avoue ingénument, il s'est privé aux yeux de la postérité du bénéfice de cette invention.

Quoi qu'il en soit, la découverte du Calcul infinitésimal était dans l'air. Un jésuite belge, trop ignoré aujourd'hui, Grégoire de Saint-Vincent, aplanissait le chemin en publiant sa *Quadratura circuli et sectionum coni* (1647). En opérant la quadrature de l'hyperbole il démontra que la surface entre les asymptotes croît en progression arithmétique tandis que l'abscisse augmente en progression géométrique ou en d'autres termes que les aires sont les logarithmes des abscisses. Il perfectionna aussi, grâce à un procédé particulier, la méthode d'exhaustion d'Archimède. A ce propos, il considère le petit triangle différentiel formé par la parabole et deux côtés consécutifs de l'un des deux « polygones à échelles » (inscrit et circonscrit). Cette figure peut avoir conduit Leibniz et Newton à leur sublime invention. Cela soit dit sans penser à amoindrir la gloire de ces immortels génies.

L'Histoire des Sciences vérifie à chaque pas le fait que les plus remarquables progrès s'opèrent rarement par des divinations subites, mais ne sont que l'évolution logique du persévérant labeur de plusieurs générations.

Si les chercheurs travaillaient beaucoup dans ces nouvelles directions, la Géométrie à la manière des Anciens n'était pas délaissée entièrement. Philippe de Lahire traitait des *Sections coniques* (1685) envisagées de la sorte. Pour engendrer ces figures et déterminer leurs principales propriétés, les Grecs menaient dans le cône un plan normal au triangle par l'axe. Trois cônes différents leur étaient alors nécessaires pour avoir l'ellipse, l'hyperbole et la parabole. Lahire voulut abréger ce moyen en le remplaçant par une méthode plus facile et plus logique. Il prit comme point de départ les propriétés du cercle qui devaient se retrouver dans les sections coniques. Si la marche synthétique qu'il suivit se rapprochait de la doctrine ancienne, elle en différait donc assez notablement. Ses contemporains l'accueillirent du reste très favorablement. Enfin dans son *Mémoire sur les épicycloïdes* (1694) il détermina géométriquement la forme des engrenages utilisés pour la construction des roues dentées.

Le hollandais CHRISTIAN HUYGENS fut à la fois mathématicien, physicien, chimiste et dans chaque partie des sciences qu'il a cultivées il se révéla novateur original. Né à La Haye en 1629, il termina ses études à l'université de Bréda où plus tard il devait se faire, comme le professeur van Schooten, le vulgarisateur de la géométrie cartésienne. Dès 1651 il rectifiait, dans ses *Theoremata de quadratura hyperboles, ellipsis et circuli,* quelques erreurs de Saint-Vincent et en 1656 il publiait son *De ratiociniis in ludo aleæ*, le premier ouvrage complet sur le calcul des probabilités dont Pascal et Fermat venaient de poser les premiers jalons. L'année suivante paraissait son *Horologium oscillatorium* ouvrage capital qui ne peut être comparé qu'aux *Principes* de Newton. Ce dernier admirait d'ailleurs beaucoup les travaux de celui qu'il avait surnommé « Summus Hugenius [1] ». Entrons donc dans quelques détails au sujet de ce traité.

Le premier chapitre est consacré à la description des horloges à pendule, une de ses plus utiles inventions. Dans le deuxième il étend la découverte de Galilée, concernant l'accélération des graves tombant librement sous l'action de la pesanteur ou glissant sur des plans inclinés, aux corps qui se meuvent sur des courbes données. Il trouve alors que la cycloïde jouit de cette remarquable propriété d'être *tautochrone* dans le vide.

On rencontre dans la troisième partie, la théorie des développées qui eut par la suite tant d'usages heureux.

---

(1) HŒFER. *Histoire des Mathématiques*, 3e édit. Paris, 1886.

Il avait surtout en vue l'application de la « cooluta [1] » à la rectification des courbes. Un peu plus loin, il résout le problème des centres d'oscillation, proposé par Mersenne, en appliquant une des règles les plus fécondes de la Mécanique, celle dite aujourd'hui principe de la conservation des forces vives. Puis dans la dernière partie outre une nouvelle construction de ses horloges, il donne plusieurs théorèmes sur la force centrifuge et le mouvement circulaire. Grâce à l'utilisation de ces dernières propositions dans la recherche du déplacement de la Terre autour de son axe et de celui de la Lune autour de notre globe, Newton put découvrir les lois de gravitation de ces corps célestes.

Parmi les autres travaux d'Huygens, dont beaucoup sortent de notre cadre, tels que la découverte des anneaux de Saturne par exemple, il nous faut donner un moment d'attention au *Traité de la lumière* (1690) car c'est la première application véritablement rationnelle de la Mathématique à la Physique érigée en corps de doctrine. Là se voit exposée la théorie des ondulations, qui, après avoir eu de nombreux adversaires au cours du XVIIIe siècle et dans le nôtre, est actuellement triomphante, grâce aux travaux des Fresnel et des Foucault. L'auteur s'appuie sur le remarquable principe qui a conservé son nom. Il consiste à admettre que le mouvement de l'éther en un point quelconque d'une onde lumineuse, occupant une certaine position, est la résultante des vibrations qu'y enverraient toutes les parties de la même onde considérée dans l'une de ses positions antérieures.

Huygens en déduit la sphéricité des ondes et la loi de la réflexion pour un milieu homogène. Il se base ensuite sur ce théorème pour étudier la réfraction. Lorsque des rayons parallèles entre eux tombent sur une surface plane, si l'on imagine un plan perpendiculaire a

---

(1) C'est ainsi qu'Huygens nomme la *développée*.

la direction du faisceau et que de chaque point de la surface dirimante, pris pour centre, on décrive une sphère dont le rayon soit proportionnel à la distance de ce point au plan de l'onde incidente, ces diverses sphères auront pour enveloppe la surface de l'onde réfractée et les rayons lui seront normaux. D'autre part, pour rendre compte des phénomènes de la double réfraction dans le spath d'Islande, il remarque simplement que le milieu étant hétérogène, l'onde n'est plus sphérique, par conséquent le rayon lumineux ne sera plus perpendiculaire à celle-ci. Seulement la résistance sera identique dans les directions également inclinées sur l'axe optique du cristal. Il arrive enfin à cette constatation importante : pour le spath, l'onde correspondant au rayon réfracté extraordinaire est un ellipsoïde de révolution. Fresnel devait compléter plus tard ces remarquables résultats, vérifier expérimentalement cette théorie et découvrir la polarisation, à peine entrevue par le célèbre Hollandais.

Ajoutons pour terminer, que Huygens fut attiré à Paris par les libéralités de Louis XIV. Nommé membre de l'Académie des Sciences dès sa fondation (1666), il quitta la France, en 1681, aux premières persécutions dirigées contre les protestants, et dès la révocation de l'Édit de Nantes jusqu'à sa mort (1695) il ne voulut même plus correspondre avec la docte compagnie.

La caractéristique de la majorité de ses découvertes est qu'elles ont été faites au moyen de l'ancienne Géométrie, quoique sur la fin de sa vie il se mit à étudier les nouvelles doctrines.

CHAPITRE XV

Découverte de l'Analyse infinitésimale par Newton et Leibniz.

La transition entre les œuvres de Huygens et la découverte de l'Analyse infinitésimale ne saurait être mieux établie que par WALLIS, qui, après avoir achevé ses études à Cambridge, fut nommé professeur à Oxford (1649), à l'âge de trente-trois ans. Il s'occupa principalement des sections coniques et inventa, dans son *Arithmétique des infinis* (1656), une méthode d'analyse qui constitue un réel progrès sur celles employées antérieurement par Cavalieri, Fermat, Roberval et Descartes. Les travaux de Newton ont fait oublier les vues ingénieuses et les démonstrations générales mais parfois compliquées qu'on y rencontre. Quelques résultats sont cependant restés acquis à la Science. Telles sont la détermination, au moyen de l'*interpolation*, de la nature d'une fonction, dont on connaît quelques valeurs particulières, et la mise en évidence de ce fait que les dénominateurs des fractions sont de véritables puissances à exposants négatifs. Son ami lord BROUNCKER mérite aussi une mention : il trouva pour π l'expression qui donna naissance à la théorie des fractions continues[1].

---

(1)
$$\pi = \cfrac{4}{1 + \cfrac{1}{2 + \cfrac{9}{2 + \cfrac{25}{2 + \text{etc.}}}}}$$

Mais ISAAC NEWTON éclipsa tous ses contemporains par la profondeur de son génie mathématique. Il naquit à Woolstrope dans le Lincolnshire en 1642. Ses biographes s'accordent à lui reconnaître une intelligence très vive dès sa plus tendre enfance[1]. Quoi qu'il en soit, il succéda à son professeur Barrow dans sa chaire de Cambridge (1669). Peu après, la Société Royale de Londres l'appela dans son sein, et il publia en 1687 ses immortels *Principia* où se trouvent exposées la plupart de ses belles découvertes[2].

Caractérisons d'abord ce livre par le jugement suivant d'un critique éclairé[3]. Malgré sa longueur nous citons ce passage, car il nous semble résumer très exactement la question de priorité, si souvent débattue entre Leibniz et Newton.

« Le livre des *Principes* est, pour qui sait le comprendre, l'un des chefs-d'œuvre et peut-être le plus grand effort de la pensée humaine. La dignité des résultats est incomparable comme leur précision et leur certitude, et l'immense talent évidemment accessoire à ses yeux, que Newton y déploie comme géomètre porte sa grandeur au plus haut point. La théorie des fluxions y est indiquée rapidement dans une note que Newton nomme *scholie*, mais elle pénètre et domine tout l'ouvrage, qui, aujourd'hui encore, en est comme la plus belle application. Lorsque parut le

---

(1) FONTENELLE. *Éloge de Newton*. Œuvres, t. VII, Paris, 1792 ; BREWSTER. *Memoirs of... Isaac Newton*. 3e édit., Edinburg, 1860 ; — ROUSE BALL. *A short account of the History of Mathematics*. Londres, 1888.

(2) Newton fut remplacé dans sa chaire d'abord par Whiston, auteur de plusieurs ouvrages sur l'Astronomie, auquel succéda en 1711 NICOLAS SAUNDERSON, né dans le Yorkshire en 1682. Ce savant bien qu'*aveugle* dès l'âge de deux ans, sut s'initier aux mathématiques et les professer avec succès. Il avait inventé une planchette à calculer, son « arithmétique palpable » comme il l'appelait, au moyen de laquelle il pouvait effectuer promptement tous les calculs, grâce au seul sens du toucher. Ses *Éléments d'algèbre*, publiés en 1733, n'étaient pas sans valeur, et ils eurent l'honneur d'une traduction française en 1756. Saunderson était mort le 19 août 1739, au Christ' College de Cambridge.

(3) JOSEPH BERTRAND. *Les fondateurs de l'Astronomie moderne*. Paris, s. d.

Fig. 18. — (D'après le frontispice de son *Optique*, édition latine de Lausanne et Genève, 1740.)

livre des *Principes*, cette théorie inventée mais non publiée vingt ans avant par Newton n'était plus nouvelle pour les géomètres. Leibniz avait publié, en 1684, dans les *Acta eruditorum* une note de 6 pages qui contient sous une autre forme des principes équivalents.

Newton lui-même l'a reconnu d'une manière expresse. Rien ne semble donc plus simple et plus clair que l'histoire de cette double découverte, sur laquelle cependant on a tant discuté... Quoique la publication de Newton ait été postérieure à celle de Leibniz, il est prouvé qu'il ne lui doit rien ; mais tout porte à croire qu'il ne l'a aidé en rien. En l'absence de preuve positive, qui oserait soupçonner Leibniz, lui si sincère et si dévoué à la vérité, d'avoir dissimulé les secours qu'il aurait reçus d'un rival ? Sa vie tout entière, tant de fois et si minutieusement étudiée, le justifie d'une telle imputation...

Leibniz et Newton partagent donc la gloire d'avoir inventé le Calcul différentiel, et quoique différemment illustres, chacun d'eux doit être tenu pour honoré de s'être rencontré avec un tel émule. Bien qu'ils soient complètement d'accord sur le fond, on retrouve dans la forme qu'ils ont adoptée, l'empreinte de leurs génies si dissemblables. L'un, plus préoccupé des lois de l'Univers que de celles de l'esprit humain, semble voir surtout dans ces nouvelles méthodes l'instrument de ses efforts pour pénétrer la nature, et, leur assignant un but élevé, en a mieux montré toute la portée. L'autre, qui mettait sa gloire à perfectionner l'art d'inventer, a plus nettement marqué la route, et nous suivons encore aujourd'hui les traces lumineuses qu'il y a laissées. Le premier, ne produisant ses découvertes qu'après en avoir longuement mûri la forme, a pu donner à ses travaux quelque chose de plus achevé et de plus ferme, et faire jaillir de sa pensée toutes les vérités qu'elle contient.

Le second, plus habile à marquer les grands traits, se plaisait à remuer les questions les plus variées, en éveillant des idées justes et fécondes, qu'il laissait à d'autres le soin de suivre et de développer. Newton se croyait rarement obligé de renoncer à la règle avant d'en faire l'application ; Leibniz, au contraire, aimait à donner des préceptes, et se montrait plus empressé à proposer de beaux problèmes qu'à suivre le détail de leurs solutions. Si Newton plus diligent avait publié dix ans plutôt sa théorie des fluxions, le nom de Leibniz resterait un des plus grands dans l'Histoire de l'esprit humain ; mais tout en le comptant parmi les géomètres de premier ordre, c'est à ses idées philosophiques et à l'universalité de ses travaux que la postérité attacherait surtout sa gloire. Si Leibniz au contraire, abordant plus tôt l'étude des Mathématiques, avait pu ravir à son rival l'honneur de leur commune découverte, on n'admirerait pas moins dans le livre des *Principes*, avec la majesté des résultats obtenus, l'incomparable éclat des détails ; et en perdant ses droits à l'invention de la méthode qui s'y trouve employée avec tant d'art, Newton resterait placé au rang qu'il occupe aujourd'hui parmi les géomètres, je veux dire à côté d'Archimède et au-dessus de tous les autres. »

Analysons maintenant les trois livres des *Principes*. Nous suivrons pour cela la traduction faite par la marquise du Chatelet, la célèbre amie de Voltaire. Les deux volumes qui la composent ne parurent qu'après la mort de cette savante, en 1759, et ils sont enrichis d'un commentaire très estimé.

L'ouvrage débute par des définitions déjà connues qu'il commente après les avoir formulées, puis viennent des axiomes également adoptés par ses prédécesseurs. Une fois ces premiers jalons posés, Newton, avec le premier livre, aborde le fond même du sujet en exposant ses grandes découvertes en Dynamique. Rappelons les principales, en tête le fameux « théorème des aires ». Dans les mouvements curvilignes des corps, les aires décrites autour d'un centre immobile

Fig. 19. — Portrait de Nicolas Saunderson, *aveugle* qui professa les Mathématiques à l'Université de Cambridge de 1711 à 1739.
(D'après une gravure du *Gentleman Magazine* de Londres, n° de sept. 1754.)

sont dans un même plan immobile, et sont proportionnelles au temps. Il démontre réciproquement que la force est dirigée vers le centre dans tout mouvement quelconque où la loi s'applique, puis il cherche la force accélératrice dans l'hypothèse d'un mouvement elliptique où la loi des aires est rapportée au foyer, et par un simple calcul il voit que la variation de cette force doit être en raison inverse du carré du rayon vecteur. Pour envisager enfin la question sous toutes ses faces, il suppose un mobile attiré par un centre fixe suivant la loi de l'inverse du carré de la distance, et il arrive à cette conclusion que la trajectoire décrite sera une conique. Si la marche adoptée par Newton dans cet endroit est remarquable par son élégance et sa logique, il serait injuste d'oublier que Huygens avait défriché la route par ses recherches sur la force centripète dans le mouvement uniforme.

Puis l'auteur termine ce livre en étudiant le mouvement des corpuscules attirés par toutes les parties d'un corps quelconque. Il découvre un certain nombre de propositions qui lui permettront d'établir sa théorie de l'émission.

L'intérêt décroît au second livre, dans lequel il expose le mouvement des corps dans un milieu résistant. On y rencontre à l'état embryonnaire quelques éléments de la théorie des fluxions. Mais occupons-nous du morceau capital des *Principes*, celui où il applique au système du monde les théorèmes précédemment énoncés.

Pour étendre au Soleil, aux planètes et à leurs satellites les préceptes découverts, et arriver à déterminer leurs masses, il considère les corps secondaires comme de simples molécules vis-à-vis des corps principaux. Voici à titre d'exemple comment il fixe le rapport entre celles du Soleil et de la Terre. Connaissant l'accélération de Mercure, qu'il calcule grâce à la durée de sa révolution et au rayon de son orbite, il en déduit au moyen de la loi des variations d'attraction selon la distance, l'accélération que le Soleil communiquerait à un corps situé à sa surface. D'autre part, sachant l'accélération imprimée par la Terre à un corps placé dans les mêmes conditions sur notre globe, il en conclut aisément celle qu'elle donnerait à un corps distant de son centre d'une longeur égale au rayon du Soleil. Mais précisément le rapport des deux accélérations imprimées par le Soleil et la Terre à un même corps, à des distances égales de leurs centres, est celui de leurs masses.

Il étend ensuite sa méthode à une planète possédant un satellite, et il trouve d'une façon analogue l'accélération qu'elle transmet à ce dernier ; il en déduit l'accélération qu'elle imprimerait à un corps situé à une distance de son centre égale au rayon du Soleil. D'un autre côté, comme il a déterminé l'accélération communiquée par le Soleil à un corps placé à sa surface, il n'a qu'à prendre le rapport entre ces deux grandeurs pour obtenir le rapport entre les masses de la planète et du Soleil. Ce procédé ne permet pas de déterminer les masses des satellites ; toutefois pour la Lune, Newton a résolu le problème à l'aide de l'observation des marées.

Cet immortel ouvrage donnait donc toutes les lois de la gravitation universelle, la plus sublime généralisation que le cerveau humain ait enfantée, puisqu'elle règle le cours de tout le système solaire.

Les difficultés qui hérissaient à chaque page les *Principes*, empêchèrent leur diffusion ; peu de savants étaient à même de les comprendre, encore moins de les juger, mais cette œuvre apporta au géomètre la fortune. Nommé en 1695 inspecteur de la Monnaie de Londres, Newton en devint bientôt directeur (1699). Cette situation lui valant 30 000 livres, somme considérable pour l'époque, il put continuer la publication de ses travaux sans s'inquiéter du lendemain.

Fig. 20. — Portrait de la marquise DU CHATELET, traductrice de Newton.
(D'après une gravure du temps.)

Son *Optique*, mise au jour en 1704, regarde surtout l'histoire de la Physique. Il y montre la composition de la lumière blanche, et expose la théorie de l'émission. Bien que cette dernière ait été remplacée par celle des ondulations, on peut dire qu'il partage avec Huygens l'honneur d'avoir introduit les raisonnements mathématiques dans un livre didactique sur les phénomènes naturels. A ce volume étaient joints deux petits traités dont un *Sur les lignes du troisième ordre*, semble n'avoir pour objet qu'un exercice de Géométrie analytique. Les courbes y sont classées d'après leurs équations, en algébriques ou transcendantes : les premières sont rencontrées par une ligne droite en un certain nombre de points réels ou imaginaires égal au degré de la courbe ; tandis que les autres peuvent être coupées par une droite en une infinité de points. Il y indique ensuite que la plupart des propriétés des coniques ont leurs correspondantes dans la théorie des cubiques. Le second opuscule roule sur la *Quadrature des courbes*. On y voit apparaître pour la première fois les indices littéraux et l'extension de sa formule du binôme au cas d'un exposant quelconque ; mais surtout il contient d'intéressantes applications des principes exposés dans sa *Méthode des fluxions*, publiée seulement en 1736.

Voyons comment il est parvenu à cette conception.

Après avoir donné le développement en séries des quantités fractionnaires ou irrationnelles, il énonce les deux problèmes relatifs au mouvement, qui l'ont conduit à imaginer sa méthode. Ce sont :

La longueur de l'espace décrit étant connue à chaque instant, déterminer la vitesse du mouvement à un moment quelconque.

La vitesse du mouvement étant donnée, trouver la longueur de l'espace parcouru.

Ceci posé, Newton fait le raisonnement suivant. Si dans l'équation $y = x^2$, y exprime l'espace parcouru au temps t, temps mesuré par un autre espace x, s'accroissant d'une vitesse uniforme x, $\dot{x}$ exprimera la vitesse avec laquelle dans le même moment l'espace y sera parcouru, et vice versa. Considérant alors les grandeurs comme décrites d'un mouvement continu, il cherche à les déterminer d'après les vitesses des mouvements ou accroissements (*fluxions*), tandis que les grandeurs engendrées sont les *fluentes*. « Les fluxions sont, dit-il, d'aussi près que possible proportionnelles aux accroissements des fluentes, engendrés dans des intervalles du temps, égaux et aussi petits que possible ; elles sont dans la raison première des accroissements naissants, et peuvent être représentées par des lignes qui leur soient proportionnelles. » Comme notations il se sert, pour les fluxions des grandeurs x, y, z..., des mêmes lettres surmontées d'un point. Ces fluxions étant à leur tour des variables, leurs fluxions seront notées par des lettres identiques surmontées de deux points. Enfin il a soin de réserver aux quantités connues les premières lettres de l'alphabet a, b, c... etc.[1].

Parmi ses autres publications, l'*Arithmétique universelle* renferme d'importantes contributions à la théorie des équations, entre autres son théorème sur la somme des puissances des racines. Telles sont les principales découvertes de Newton. Nous n'avons pu signaler les inventions de moindre importance qui figurent dans ses œuvres ; ce que nous en avons dit suffit à montrer quelle ardeur scientifique il a déployée, et quel sillon profond il a creusé dans le champ mathématique.

Son émule Gottfried Guillaume Leibniz partage avec lui le titre de créateur de l'Analyse infinitésimale. Il naquit à Leipzig le 3 juillet 1646. Son père, habile professeur, guida ses premières études, puis il apprit avec Thomasius la Philosophie, et avec Kuhmius les Mathématiques. D'ailleurs il ne borna pas à ces sciences son bagage intellectuel. L'Archéologie, la Littérature et

(1) Lagrange a substitué à ces symboles les suivants : x', y', z'... x'', y'', z''...

Fig. 21. — Portrait de LEIBNIZ (1646-1716).
(D'après une gravure allemande du XVIIIe siècle.)

le Droit le passionnèrent également. Vers l'âge de vingt-cinq ans il put, grâce à une mission que lui donna le baron Boineburg, se rendre à Paris qui attirait à lui tout ce que l'Europe comptait alors de savants. Il s'y lia avec Huygens. Peu après il se dirigea vers l'Angleterre où Newton, Boyle, Wallis et les autres membres de la Société Royale de Londres l'accueillirent avec honneur. Mais à quelques mois de là, la mort de l'électeur de Mayence le privant de sa pension, le força à abréger son séjour. Il dut songer à reprendre le chemin de l'Allemagne, non sans toutefois repasser par Paris où il demeura encore plus d'une année. C'est à ce moment qu'il s'adonna aux mathématiques, se mettant au courant de toutes les nouvelles découvertes, et construisant sa *machine arithmétique*.

D'ailleurs sa situation pécuniaire s'améliora bientôt, car le duc de Brunswick le nomma vers ce temps conseiller à sa Cour, en l'autorisant à rester à l'étranger. Puis, en 1676, il quitta notre pays pour voyager à nouveau en Angleterre et en Hollande, enfin il retourna à Hanovre, ville qu'habitait son protecteur. Ses soins se portèrent alors sur l'organisation d'une bibliothèque et d'un cabinet de physique pour le duc de Brunswick, très curieux du mouvement intellectuel de son époque. L'activité de Leibniz était toujours en éveil, aussi ne tarda-t-il pas à fonder avec Mencken (1682) le premier journal scientifique de l'Allemagne, les *Acta eruditorum* [1] (fig. 22), le pendant de notre *Journal des savants*. Leibniz prit une part importante à sa rédaction. Dès l'année même de sa fondation il y inséra des articles, et au mois d'octobre 1684 sa *Nova methodus pro maximis et minimis* y parut. Dans ce mémoire il résout, au moyen du Calcul différentiel, le problème ci-après proposé par de Beaune : Trouver une courbe dont la sous-tangente soit constante. Il

(1) Ce journal paraissait mensuellement à Leipzig.

ACTA
ERUDITORUM
ANNO MDCLXXXIII
publicata,
ac
SERENISSIMO FRATRUM PARI,
DN. JOHANNI
GEORGIO IV,
Electoratus Saxonici Hæredi,
&
DN. FRIDERICO
AUGUSTO,
Ducibus Saxoniæ &c.&c.&c.
PRINCIPIBUS JUVENTUTIS
dicata.
Cum S.Cæsareæ Majestatis & Potentissimi Electoris Saxoniæ Privilegiis.

LIPSIÆ,
Prostant apud J. GROSSIUM & J. F. GLETITSCHIUM.
Typis CHRISTOPHORI GÜNTHERI.
Anno MDCLXXXIII.

Fig. 22. — Fac-similé du frontispice des *Acta Eruditorum*, premier journal scientifique de l'Allemagne, fondé par Leibniz en 1682.

démontre que la courbe cherchée est une logarithmique ordinaire, ses abscisses croissant en progression arithmétique, et ses ordonnées en progression géométrique. Il y donne en outre le moyen de différencier aussi bien les quantités rationnelles que fractionnaires, et applique son procédé à un exemple assez difficile lui permettant de bien indiquer la route à suivre dans tous les cas. Cette méthode générale laissait loin derrière elle celles de Fermat, de Descartes ou de Barrow [1].

Deux ans après, dans son *De geometria recondita*, il exposa les bases du Calcul intégral, et il montra que les problèmes des quadratures si péniblement résolus par ses prédécesseurs peuvent se traiter avec aisance grâce à ce dernier.

Envisagée en bloc, la doctrine leibnizienne repose sur les considérations suivantes. Déterminer les conditions dans lesquelles un phénomène continue à se développer, est toujours plus aisé que de rechercher des relations qui exprimeraient les lois de son accomplissement dans leurs moindres détails ; et cependant, pour assister à la production intégrale du phénomène, il suffira de connaître ses développements successifs, d'un état à un état infiniment voisin. Or la mise en équations différentielles d'un problème est simple, tandis que la recherche des équations en quantités finies est souvent insoluble. Plus la question se complique, plus la disproportion entre leurs difficultés augmente.

Entre autres sujets intéressants que Leibniz inséra dans sa revue, il faut noter plusieurs formules courantes aujourd'hui, divers développements en série, le premier usage du signe d'intégration $\int$ et des articles sur les jeux de hasard.

Ses travaux relatifs à la Mécanique sont importants. Dans le *Journal des Savants* de 1693, il formula la

(1) BOSSUT. *Histoire generale des Mathematiques*, t. II. Paris, 1810.

règle générale de la composition des mouvements. Il avait repris auparavant dans son recueil la théorie des déplacements planétaires. Par une heureuse inspiration il emploie le système de cordonnées polaires qui simplifie les formules.

Puis, tout en disputant avec les Cartésiens sur le principe des forces vives, il consacra principalement les dernières années de sa vie, à perfectionner et à étendre sa méthode. Des adeptes le secondaient du reste. En particulier le marquis DE L'HOPITAL dont l'*Analyse des infiniment petits* (1696) révéla au grand public les mystères du nouveau Calcul, réservés jusqu'alors à quelques privilégiés.

Comme en France tout finit, dit-on, par des chansons, on représenta à Paris une comédie : *Les infiniment petits*, où les nouveaux préceptes étaient tournés en ridicule. L'intrigue de la pièce n'était pas compliquée. La santé chancelante du marquis DE L'HOPITAL, et la répulsion de sa femme pour le progrès, en faisaient tous les frais. De là des scènes de ménage faciles à deviner, et dignes d'ailleurs d'un vaudeville de bas étage.

Les adversaires de l'Analyse infinitésimale ne méritent pas de nous retenir beaucoup. Citons quelques-uns de ces retardataires. En Angleterre nous trouvons le philosophe BERKELEY. En France, l'abbé DE CATELAN dans sa *Logistique universelle* (1692) voulut remplacer le Calcul différentiel par un procédé qui n'en était qu'un grossier déguisement, et MICHEL ROLLE, dont le *Traité d'algèbre* (1690) fit progresser la théorie des équations, se posa en ennemi non seulement de Leibniz et de Newton, mais de Descartes. Toutefois dans son ouvrage on rencontre entre autres choses curieuses le théorème connu aujourd'hui sous son nom. C'est une généralisation de celui qu'il énonce sous la forme suivante et avec sa terminologie particulière : lorsqu'il y a des racines effectives dans une cascade, les hypothèses de cette cascade donnent alternativement l'une + et l'autre —[1].

En Hollande, Bernard Nieuwentyt faisait, dans ses *Considerationes circa analysis* (1694), des objections assez sérieuses au principe même. Il considérait celui-ci comme faux, parce qu'on envisage comme égales des quantités ayant entre elles des différences infiniment petites mais cependant réelles. Leibniz leva ces difficultés, et finit par le convaincre.

Mais les partisans du progrès furent de beaucoup les plus nombreux, et à leur tête il convient de placer les Bernoulli, parmi lesquels les plus célèbres furent les deux frères Jacques et Jean[2].

Le premier se distingua dans la théorie des courbes. Parmi ses découvertes, la plus remarquable est celle relative à la *spirale logarithmique*. Il démontra que sa développée, sa caustique par réfraction et sa caustique par réflexions ont de nouvelles spirales logarithmiques égales à la proposée mais tournées d'un certain angle autour du pôle. Il en fut tellement enthousiasmé qu'il fit gra-

(1) Rolle appelle « racines effectives » d'une équation ses racines positives. Il nomme « cascade » une équation $f'(x) = 0$ dans laquelle $f(x)$ est un polynôme entier, et il donne le même nom aux équations $f''(x) = 0$ $f'''(x) = 0$... Les « hypothèses » d'une cascade $f^i(x) = 0$ sont pour lui les racines de l'équation $f^{i+1}(x) = 0$ et en même temps une limite supérieure des racines de $f^i(x) = 0$. Il appelle enfin première, deuxième, troisième... cascade, les cascades du premier, deuxième, troisième... degré. Voir pour plus amples détails sur sa méthode, notre petite note sur le théorème de Rolle, insérée dans l'*Intermédiaire des mathématiciens*, t. II (1895).

(2) Comme plusieurs membres de cette famille se sont illustrés dans les Mathématiques, nous croyons intéressant de donner ici la généalogie des Bernoulli, originaires d'Anvers, mais réfugiés en Suisse. Nous l'empruntons à M. Florian Cajori. (*A History of Mathematics*. New-York, 1895.)

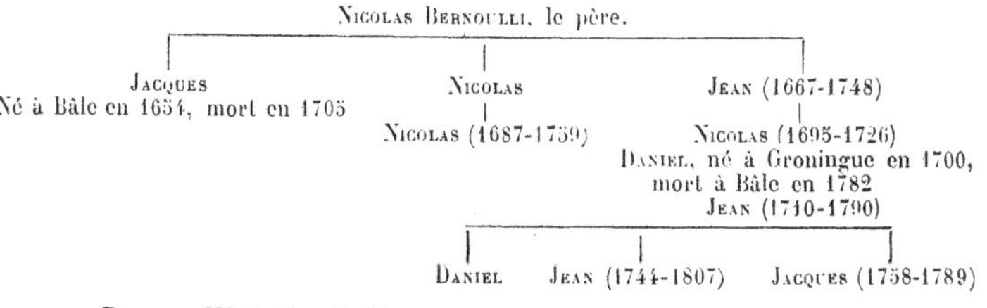

ver cette figure sur son tombeau, avec cette devise emblème de la résurrection : *Eadem immutata resurgo.* D'autre part, dans son étude de la courbe *isochrone paracentrique*, on rencontre pour la première fois le mot « intégral ». Leibniz appela d'abord sa méthode « calcul sommatoire » mais après entente avec le savant suisse il adopta définitivement la dénomination proposée par celui-ci. En 1695, Jacques Bernoulli énonça son fameux problème des *isopérimètres*, cause de sa querelle avec son frère Jean, car ce dernier commit quelques erreurs dans la solution, erreurs qu'il rectifia par la suite.

Son mémoire sur la *chaînette* ou courbe théorique d'équilibre d'un fil sans épaisseur, pesant, homogène, flexible et inextensible, est important. Toutefois Leibniz avait déjà découvert ses propriétés et donné son équation[1]. Jacques Bernoulli étendit la question à des cas plus compliqués tels celui où le fil est de densité variable, puis inextensible, puis sollicité en chaque point par une force dirigée vers un centre. Il montra également la déformation que subit une lame élastique fixée à l'une de ses extrémités et courbée par un poids attaché à l'autre. Dans le même ordre d'idées notons ses recherches sur la *lintéaire*, forme prise par un linge soutenant un liquide, et sur la figure d'une voile enflée par le vent.

En outre, dans son *Ars conjectandi*, publié seulement après sa mort en 1713, il précisa les notions émises par Pascal et Fermat sur les probabilités. Enfin et surtout on lui est redevable du *Calcul exponentiel*, cette partie de l'analyse devenue si féconde. Il est basé sur la relation $\text{Log}\, x^n = n\, \text{Log}\, x$ et sur ce fait que la différentielle d'un logarithme, $d\,(\log x)$ est égale à $\frac{dx}{x}$. Il montra d'autre part que les courbes exponentielles, algébriques et trancendantes, ont entre elles des points de ressemblance.

(1) H. Brocard. *Notes de bibliographie des courbes géométriques.* Bar-le-Duc, 1897-99.

Jean Bernoulli, haineux et vindicatif, ne sut s'accorder ni avec son frère, ni avec son fils. Mais heureusement sa science était au-dessus de son caractère. Outre les travaux que nous avons déjà cités, il poursuivit d'heureuses investigations sur la *brachistochrone* ou courbe que doit suivre un corps pesant pour descendre d'un point à un autre dans le moindre temps possible. Il avait accordé vers la fin de 1696 un délai de six mois aux géomètres pour répondre à ce problème. Leibniz, Newton et son frère Jacques le résolurent par des méthodes particulières, et démontrèrent que la cycloïde était le chemin cherché. Antérieurement on avait déjà reconnu à cette courbe, surnommée pour cette raison « curva descensus æquabilis », la propriété du tautochronisme. Lagrange devait plus tard, grâce à son calcul des variations, embrasser complètement ce sujet, que Jean Bernoulli avait seulement ébauché.

Mais ses principaux titres de gloire sont d'avoir contribué à répandre parmi ses contemporains l'analyse infinitésimale, et d'avoir su former de nombreux disciples au rang desquels figure le grand Euler.

Au sein de l'Académie des Sciences de Paris se trouvait également un intelligent défenseur des mêmes doctrines, Pierre Varignon. Dans sa *Nouvelle Mécanique* imprimée seulement après sa mort, en 1725, on rencontre de nombreuses simplifications de démonstrations. Beaucoup de propositions importantes même lui sont dues : tels sont la théorie des moments pour les forces concourantes et l'énoncé général du principe des vitesses virtuelles.

Si Varignon chercha toujours la clarté dans l'exposition de la science, il n'en était pas de même d'Antoine Parent dont les *Éléments de Mécanique et de Physique* sont remarquables cependant sous certains rapports. Entre autres sujets qu'il y aborde se voient les équations de la sphère et du plan, le calcul des ordonnées maxima et minima dans différentes sections de la sphère, et la

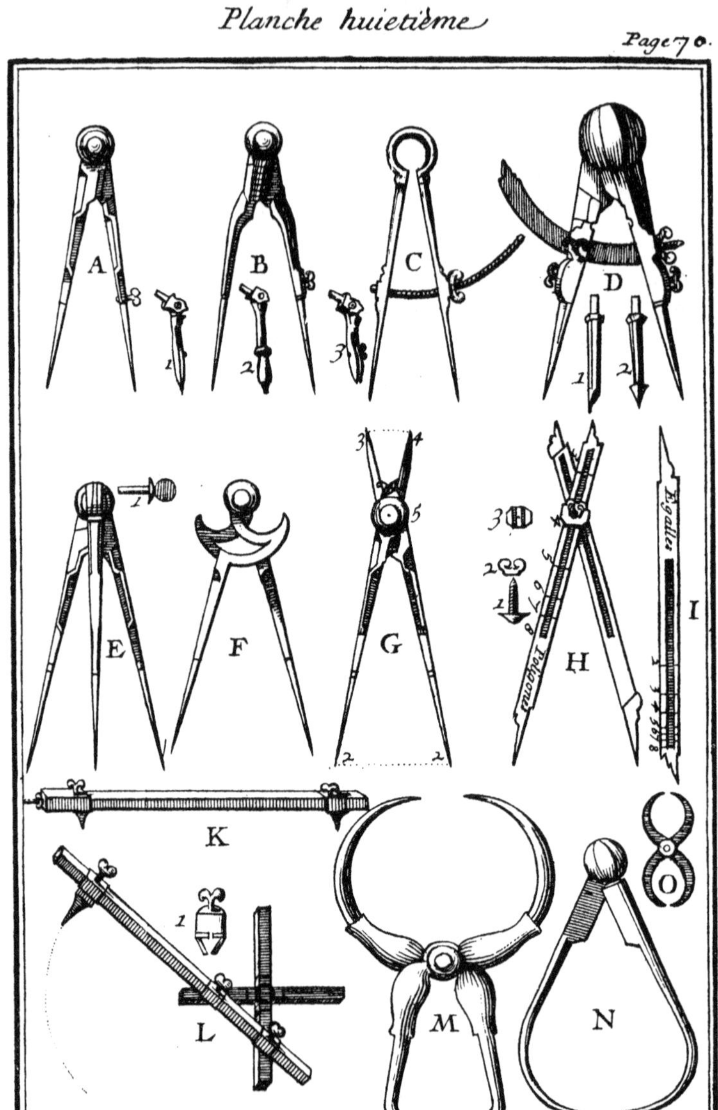

Fig. 23. — Les instruments de mathématiques au XVIIe siècle.
D'après le *Traité* de BION (1652-1733.)

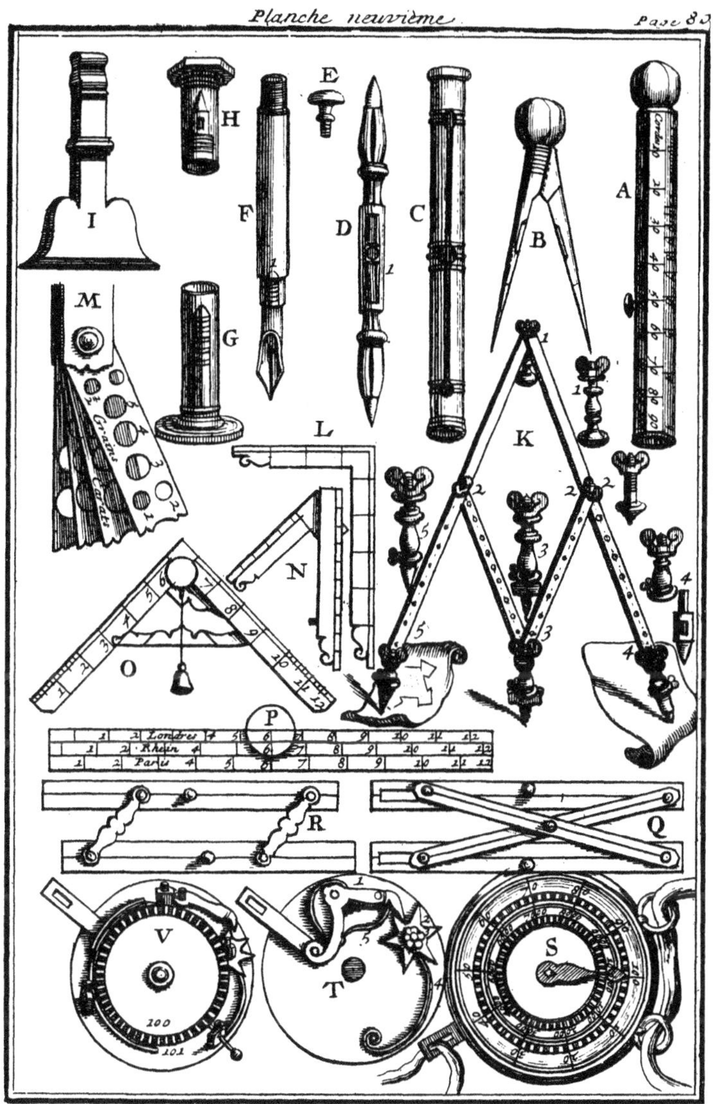

Fig. 24. — Les instruments de mathématiques au XVIIe siècle.
D'après le *Traité* de Bion (1652-1733.)

représentation d'une surface courbe par une équation entre trois variables, ce qui est, somme toute, intéressant comme première application, à des questions ardues, de notre système de coordonnées dans l'espace.

De son côté, François Nicole, dans son *Traité des différences finies* (1717) éclaircit certains points de la théorie, et en sommant bon nombre de suites enrichit notablement cette branche de l'algèbre. Ses autres recherches roulèrent sur les rectifications de la cissoïde et des épicycloïdes sphériques. Il a démontré, en outre, plusieurs propositions formulées simplement par Newton, en particulier le théorème suivant : on peut envisager toutes les courbes du 3e ordre comme les perspectives de trois d'entre elles.

Le comte Jacques de Riccati s'attacha aussi à propager en Italie les idées de Leibniz et de Newton. Il parvint à intégrer, indépendamment de l'équation qui porte aujourd'hui son nom, certaines équations différentielles. Ses deux fils, Vincenzo et Giordano, en appliquant le calcul intégral à diverses équations de mécanique, simplifièrent aussi plusieurs parties du domaine de cette science.

Avant de quitter la péninsule, n'oublions pas de mentionner le comte de Fagnano, considéré comme un des plus habiles géomètres de son temps. Dans ses *Produzzioni mathematiche*, réunion de ses articles parus dans les journaux scientifiques, il appela l'attention sur la théorie des *fonctions elliptiques*. En déterminant sur l'ellipse ou l'hyperbole des arcs dont la différence puisse s'exprimer algébriquement, il parvint à la rectification de ces courbes. Dans le même ordre d'idées, il découvrit qu'entre l'intégrale représentant l'arc de la lemniscate et celle qui exprime un arc de cercle, existent des analogies curieuses. Euler en étudiant peu après l'intégrale plus générale que nous désignons actuellement sous le nom d'intégrale elliptique de première espèce, formula le principe de cette remarquable propriété, échappée à la sagacité du noble Italien. Celui-ci cependant avait su ouvrir, dans le champ de l'analyse transcendante, des routes inconnues.

Vers la même époque où plutôt un peu avant, un gentilhomme français, Pierre Raymond de Montmort, publiait d'intéressants aperçus sur le calcul des probabilités. Dans son *Essai d'analyse sur les jeux de hasard* il donna plusieurs formules pour la sommation de certaines suites, entre autres celle qui permet de représenter la somme de *n* termes d'une série dont les différences finissent par s'annuler.

Terminons ce chapitre en examinant, d'après l'ouvrage contemporain de l'ingénieur Bion, *l'Usage des instruments de mathématiques* à la fin du XVIIe siècle. La planche VIII de ce livre (fig. 23) nous montre la forme des différents compas. En E nous voyons le compas à trois branches, en G et H ceux de réduction, en K celui « à coulisse », en L celui destiné à tracer les ellipses; en M, N, O les compas sphériques nécessaires pour mesurer les épaisseurs, les diamètres des globes ou autres corps ronds.

La planche IX (fig. 24) nous initie d'abord aux appareils « qui peuvent servir dans le cabinet ». En A et C nous apercevons les porte-crayons, F est la « plume sans fin », I une pince à tenir le papier, K le pentographe qui « se nomme aussi *singe*, parce qu'il sert à copier toutes sortes de dessins ». M c'est « le carat qui permet de connaître le poids des perles ». Il faut croire que les mathématiciens étaient riches dans le bon vieux temps, pour avoir besoin d'un tel attirail! L et N sont les équerres fixe et pliante, P indique la concordance entre les pieds usuels. Les règles R, Q s'emploient pour tracer les parallèles; enfin S, T, V représentent diverses coupes du « pédomètre » ou compteur de pas pour mesurer les distances.

CHAPITRE XVI

Les mathématiciens anglais de la première moitié du XVIIIe siècle et les recherches d'Euler.

Quittons le continent pour revenir dans la patrie de Newton où, pendant la première moitié du XVIIIe siècle les Mathématiques se maintinrent à un niveau très élevé. Commençons par le plus enthousiaste admirateur de l'immortel Anglais, par BROOK TAYLOR, qui naquit à Edmonton, dans le Middlesex, le 18 août 1685. Après une éducation encyclopédique, il se livra aux spéculations scientifiques, et devint membre de la Société Royale de Londres en 1712. Outre plusieurs mémoires sur le mouvement des projectiles, la capillarité, le centre d'oscillation et un traité *New principles of linear perspective*, il composa un grand ouvrage intitulé *Methodus incrementorum directa et inversa* (1715-17). La première partie de ce dernier livre renferme l'exposé de sa doctrine des « incréments » qui se rapproche assez du calcul des différences finies. Il y exalte les découvertes de Newton en critiquant injustement Leibniz et les Bernoulli dont les méthodes, d'après lui, manqueraient de précision. Comme points intéressants on y trouve la démonstration de la relation bien connue dite : « formule de Taylor [1] » et le problème du changement de variable indépendante y est abordé. Quant à la seconde

(1) $f(x+h) = f(x) + hf'(x) + \frac{h^2}{1 \cdot 2} f''(x) + \ldots$

partie, elle concerne l'application de ce procédé au mouvement des cordes vibrantes. Il arrive par de longs détours au nombre de vibrations exécutées par seconde. D'Alembert et Lagrange reprirent à nouveau ce sujet, mais s'ils rectifièrent certaines incorrections de détail, leurs recherches démontrèrent l'exactitude du résultat de leur prédécesseur.

Enfin Taylor réussit à obtenir l'équation différentielle représentant la trajectoire d'un rayon lumineux à travers un milieu hétérogène et, dans l'hypothèse où la densité de la couche d'air varie seulement selon sa distance à la surface de la terre, il construisit par une quadrature la forme approchée de la courbe.

On peut ranger dans l'école anglaise de cette période Abraham de Moivre. S'il naquit, en effet, à Vitry, comme il était d'une famille protestante, il dut quitter la France lors de la révocation de l'Édit de Nantes (1685), à peine âgé de huit ans, et passa la plus grande partie de sa vie à Londres où il se lia avec Newton et Halley. Ces précieuses amitiés lui permirent d'entrer fort jeune à la Société Royale.

Ses travaux ont contribué surtout à édifier la Trigonométrie des quantités imaginaires dont plus tard Lambert s'occupa à son tour. Les deux principaux théorèmes qu'on lui doit sont relatifs à la formule donnant sin mx et cos mx en fonction de sin x et de cos x[1] et aux facteurs binômes de $x^{2n} - 2\,ax^{n} + 1$. Mais le plus important de ses livres est sa *Doctrine of chances* (1716) complétée par plusieurs mémoires qui ouvrirent une voie nouvelle au calcul des probabilités. Bernoulli avait montré que le rapport des événements de différentes natures, fourni en observant une longue suite d'épreuves, s'approche d'autant plus du rapport exact des possibilités respectives de ces événements, que les observations sont plus multipliées. De Moivre fit faire

(1) Cette formule est : $(\text{Cos}\, x + \sqrt{-1}\, \text{Sin}\, x)^m = \text{Cos}\, m\, x + \sqrt{-1}\, \text{Sin}\, m\, x$.

un pas de plus à la question : il trouva une élégante expression mathématique de la probabilité que la différence de ces deux rapports est renfermée entre certaines limites. Puis, poursuivant ses investigations, il découvrit les séries récurrentes dont la sommation aisée lui permit d'abréger bien des calculs et d'introduire dans la théorie générale des suites infinies des principes féconds. D'autre part, il a démontré par d'ingénieux raisonnements que la probabilité d'un événement composé est le produit des probabilités des événements simples qui le composent, et enfin il parvint à des formules concises relativement aux probabilités de la vie humaine.

A l'égard de Roger Cotes, professeur d'Astronomie à l'Université de Cambrigde, rappelons qu'il apporta des perfectionnements aux méthodes d'intégration alors dans l'enfance, principalement à ceux relatifs aux différentielles rationnelles. On connaît surtout son nom dans l'enseignement actuel, par son théorème concernant les racines imaginaires de l'unité. Cependant on lui est redevable encore du théorème suivant, non moins utile, exposé dans son *Harmonia mensurarum*. Si d'un point P pris dans le plan d'une courbe de degré m on trace une droite qui coupe la courbe en m points, A_1, A_2, ,...A_m et qu'on prenne sur cette sécante un point M déterminé par la condition que l'inverse de la distance PM soit moyenne arithmétique des inverses des distances PA, PA_1... PA_m, le lieu géométrique du point M quand la transversale tourne autour du point P, est une ligne droite. La démonstration de cet énoncé, trouvé dans les papiers de Cotes après sa mort, fut donnée par son compatriote Maclaurin à qui la généralisation du théorème de Newton sur les asymptotes servit de fondement pour son *De linearum geometricarum proprietatibus generalibus* (1720).

Ce traité se continue par des applications de ces deux principes aux courbes du second et du troisième degré. On y rencontre entre autres les propriétés les plus importantes de la division harmonique des sécantes, le théorème sur le quadrilatère inscrit, et la belle proposition suivante. Quand un quadrilatère a ses quatre sommets et les deux points de concours de ses côtés opposés sur une courbe du 3e degré, les tangentes à celle-ci, menées par deux sommets opposés, se coupent sur la courbe.

Sa *Geometria organica*, publiée un an auparavant, avait pour but d'employer les courbes simples à la génération des courbes complexes. C'était le développement méthodique de cette question indiquée par Newton : lorsque deux angles de grandeurs constantes tournent autour de leurs sommets respectifs, de manière que le point de concours de deux de leurs côtés décrive une ligne donnée, l'intersection des deux autres tracera une courbe dépendant de la première. L'auteur des « Principes » avait montré que si la ligne donnée est une droite, l'autre sera une conique, et que si la ligne donnée est une conique, l'autre sera en général du 4e degré.

Son *System of the fluxions* (1742) est, au dire de Lagrange, un chef-d'œuvre. Maclaurin s'y applique à faire ressortir les analogies entre la méthode d'Archimède et celle de Newton. On y voit la formule [1] au moyen de laquelle il développe une fonction quelconque selon les puissances croissantes et entières de la variable. C'est un cas particulier de celle indiquée précédemment par Taylor. Quant à son *Exposition des découvertes philosophiques*, elle constitue un panégyrique « ad majorem Newtonii gloriam », au détriment de Descartes et de Leibniz. Nous ne saurions donc nous y arrêter.

Parmi ses élèves, citons MATHIEU STEWART que ses *General theorems* placent à un rang très honorable parmi les mathématiciens anglais du temps. Ce livre ren-

(1) $f(x) = f(o) + f'(o)\frac{x}{1} + f''(o)\frac{x^2}{1.2} + \ldots$

ferme plusieurs résultats de la Géométrie moderne relatifs au cercle, à la ligne droite, à la théorie des transversales et à l'involution. Dans ses *Tracts physical and mathematical* il exposa d'une façon très claire le fameux problème des trois corps, et étudia diverses autres questions de Mécanique céleste avec beaucoup de sagacité.

Un géomètre russe, Joseph Landen, qui naquit à Saint-Pétersbourg en 1719, mérite aussi une mention, car un de ses théorèmes concernant les arcs de l'hyperbole et de l'ellipse, a inspiré Euler et Lagrange.

Si l'Angleterre et l'Allemagne marchèrent à la tête du progrès pendant la belle période des Mathématiques modernes, la France n'avait eu à opposer aux grands noms des Leibniz et des Newton que des savants de second ordre. Mais la fin du XVIIIe siècle lui apportera le commencement de sa revanche. Quant à la Suisse, elle va continuer à fournir son brillant contingent. L'éclat des découvertes de Léonard Euler éclipsera même les travaux des Bernoulli.

Cet illustre algébriste naquit à Bâle, le 15 avril 1707, d'un père qui remplissait les fonctions de ministre protestant. Son professeur fut Jacques Bernoulli. Après avoir passé sa maîtrise ès arts en 1723, il remporta, trois ans plus tard, un accessit, au concours proposé par l'Académie de Paris sur la théorie mécanique de la mâture des vaisseaux. Puis, grâce à la protection de Nicolas Bernoulli, son condisciple, il fut nommé par l'impératrice Catherine Ire de Russie, membre adjoint de l'Académie de Saint-Pétersbourg. C'est vers cette époque qu'il publia sa *Mechanica*, premier traité didactique où l'Analyse ait été appliquée à la Science du mouvement.

L'excès de travail, joint sans doute aux rigueurs du climat, détermina chez lui une ophtalmie qui lui fit perdre un œil. Aussi à la mort de Biren, le tyrannique favori d'Anne Ivanowna, il quitta sans regret ce pays d'autocrates, et sur les instances du roi de Prusse se rendit à Berlin (1741) pour présider l'Académie. Fêté non seulement par les savants, mais bien accueilli par le beau sexe, Euler donna des leçons à la princesse

Fig. 25.

LEONHARD EULER.

(D'après la gravure contemporaine de C. T. Riedel, publiée à Leipzig.)

d'Anhalt-Dessau. Il composa même à son intention ses *Lettres sur quelques sujets de Physique et de Philosophie*, où il se révèle vulgarisateur de talent. Ce livre eut autant de succès que les « Entretiens sur la pluralité des mondes », de Fontenelle. On l'a souvent réédité.

Outre quelques mémoires sur les intégrales définies,

l'intégration des équations d'ordres supérieurs, la balistique, la théorie des isopérimètres, insérés dans diverses publications allemandes ou françaises, il composa peu après une *Théorie nouvelle de la lumière* (1746). La doctrine de l'émission, universellement adoptée depuis Newton, y était soigneusement examinée. Il en releva les contradictions, et se déclara partisan de la théorie des ondulations si génialement édifiée par Huygens. Soumettant alors au calcul les phénomènes observés en supposant que la lumière se propage par l'intermédiaire d'un fluide impondérable et élastique, l'éther, il réussit à enrichir la Dioptrique de formules analytiques dont la généralité égalait la simplicité. Souvent, au cours de sa carrière, il revint sur ce sujet, et toutes ses recherches optiques ont été réunies en trois volumes, sous le titre *Dioptrica* (1771).

Catherine II l'appela à nouveau en Russie, en 1766. Il était alors devenu presque aveugle, ce qui ne l'empêcha pas de produire jusqu'à sa mort. Ses plus importantes découvertes sont relatées dans sa *Methodus inveniendi lineas curvas* (1744), son *Introductio in Analysin infinitorum* (1748) et ses *Institutiones Calculi differentialis* (1755). Sans songer à rendre compte de ces grands traités, indiquons-en la substance en montrant de quels notables progrès les diverses branches des Mathématiques sont redevables à Euler.

En Analyse, il donna la solution générale du problème des isopérimètres ébauchée dans un travail précédent, et la théorie des intégrales dites « eulériennes ». Il imagina l'identification des fonctions circulaires et des fonctions exponentielles, apporta de multiples perfectionnements à l'étude des séries et à celle des fonctions elliptiques, en apercevant la comparabilité d'un arc d'hyperbole à la somme de deux arcs d'ellipse. Il fournit les équations différentielles du mouvement d'un corps libre soumis à des forces quelconques, et la théorie de la rotation d'un solide autour d'un point fixe.

En Géométrie, il aborda le problème du cercle tangent à trois cercles donnés, il trouva la construction des axes d'une ellipse définie par deux de ses diamètres conjugués et plusieurs solutions du problème de la sphère tangente à quatre sphères fixées.

C'est Euler encore qui introduisit dans les formules trigonométriques les abréviations dont nous nous servons aujourd'hui en désignant les angles d'un triangle par A, B, C et les côtés opposés par les lettres minuscules correspondantes *a*, *b*, *c*. D'autre part, en établissant d'une façon définitive de nombreuses méthodes générales, il transforma la Géométrie analytique. Signalons les points intéressants dans ce genre : discussion de l'équation générale du second degré à trois variables, qu'on n'avait pas même amorcée avant lui, formules de transformation des coordonnées dans l'espace, définition des foyers des coniques telle qu'on la donne actuellement, théorie complète des courbes géométriques et leur classification en ordres, classes et genres.

La Théorie des nombres, d'un autre côté, lui doit de multiples accroissements, entre autres la démonstration de plusieurs théorèmes énoncés par Fermat, et qui avaient jusqu'alors résisté aux efforts des plus sagaces arithméticiens.

Enfin sa *Theoria motuum planetarum* (1744) et sa *Theoria motus Lunæ* (1753) le font ranger parmi les fondateurs de la Mécanique céleste moderne. Dans le premier ouvrage il simplifia le calcul des perturbations planétaires en ramenant la question au problème des trois corps dont il posa de la sorte très nettement la donnée. Trois corps s'attirant mutuellement selon les lois de Newton (c'est-à-dire en raison directe des masses et en raison inverse du carré de la distance) sont lancés dans l'espace : trouver les orbites décrites, et déterminer les particularités de leurs mouvements. Dans le second livre il s'attaqua à notre satellite. Il considéra le mouvement de la Lune comme la résultante de trois forces, parallèles à trois axes perpendiculaires entre eux, qui se rencontrent au centre de cet astre et qui, emportés pour ainsi dire avec lui autour de notre globe, gardent leurs parallélismes respectifs. Mais si de cette façon il était relativement aisé de trouver les équations générales du problème, il n'en était pas de même lorsqu'on les appliquait aux phénomènes célestes : les équations se compliquaient alors singulièrement, et il fallut tout le génie du disciple de Jean Bernoulli pour arriver à déterminer ainsi la longitude et la latitude de la Lune.

Qu'on ne croit pas que là se bornent les recherches d'Euler [1]. Resserré dans notre cadre, nous ne pouvons donner qu'une idée très affaiblie de son activité scientifique. Celle-ci d'ailleurs se prolongea plus d'un demi-siècle, car il cessa seulement « de calculer et de vivre [2] », le 7 septembre 1783. Reproduisons pour conclure ces quelques lignes de Lacroix [3] qui caractérisent fort bien son œuvre : « Successeur immédiat de Bernoulli, et continuant ainsi l'école de Leibniz, il s'attacha surtout à perfectionner la science du calcul, en écartant de plus en plus les considérations de pure Géométrie, que les disciples de Newton appelaient le plus souvent à leur secours. Le premier, il offrit l'exemple de ces longues déductions où les conditions du problème étant d'abord exprimées à l'aide des symboles algébriques, c'est le calcul seul qui développe et surmonte toute la difficulté; mais pour en

---

(1) Leur simple énoncé occupe plus de 50 pages in-4° à la suite de son *Eloge* par Fuss. Saint-Pétersbourg, 1783.

(2) « Le 7 septembre 1783, après s'être amusé à calculer sur une ardoise les lois du mouvement ascensionnel des machines aérostatiques, dont la découverte occupait alors toute l'Europe, il dîna avec M. Lexell et sa famille, parla de la planète d'Herschel et des calculs qui en déterminent l'orbite ; peu de temps après, il fit venir son petit-fils, avec lequel il badinait en prenant quelques tasses de thé, lorsque tout à coup la pipe qu'il tenait à la main lui échappa, et il cessa de calculer et de vivre. » CONDORCET. *Eloge d'Euler*. Strasbourg, 1786.

(3) LACROIX. *Biographie universelle de Michaud*. Nouvelle édit. Paris, 1843 et suiv.

tirer ce parti, il faut le manier avec adresse, il faut en bien connaître les formes, en remarquer et en retenir toutes les circonstances, afin d'en pressentir tous les résultats. Euler a fait preuve à cet égard d'une éminente sagacité et d'un génie aussi profond qu'inventif. S'il était permis de mettre en parallèle deux hommes, qui se sont illustrés dans des genres très différents, on dirait avec raison que par son étonnante fécondité et sa facilité pour le travail, Euler doit occuper dans les Mathématiques la place que tient Voltaire dans les Belles-lettres. Celui-ci ne laissait échapper aucune des pensées, aucun des traits d'esprit qui s'offraient sous sa plume; celui-là ne perdait pas un seul des calculs qu'il essayait dans toutes les recherches qu'il entreprenait sur les sujets les plus variés. »

A côté de ce grand savant, la Suisse possédait Gabriel Cramer, dont l'*Introduction à l'Analyse des lignes courbes algébriques* (1750) est l'ouvrage le plus développé sur ce sujet. On le consulte encore aujourd'hui. En France, Alexis Clairaut par la précocité et la profondeur de ses recherches, contribuait beaucoup, pour sa part, au progrès scientifique. Fils d'un professeur de mathématiques, il publiait à seize ans ses *Recherches sur les courbes à double courbure*, qui lui ouvrirent avant l'âge réglementaire les portes de l'Académie (1731). Dans ce livre, il résolvait d'importants problèmes roulant sur les tangentes de ces courbes particulières. Leur rectification et la quadrature des cylindres qui les projettent sur les plans coordonnés y sont traitées par la méthode encore en usage aujourd'hui.

Dans des domaines moins élevés, Clairaut rendit de grands services à l'enseignement par la publication de ses *Éléments de Géométrie* (1741) et de ses *Éléments d'Algèbre* (1746) demeurés longtemps classiques. Son but constant dans la rédaction de ces cours est d'éviter toute démonstration ardue, toute pédanterie, tous détails inutiles, quitte à sacrifier l'exactitude rigoureuse, car il veut surtout « intéresser à la fois et éclairer les commençants », ainsi qu'il l'écrit dans la préface du premier volume.

Comme Euler, il s'occupa de Mécanique céleste. C'est même sa *Théorie de la Lune* qui a fondé sa réputation. Le procédé qu'il employait pour expliquer les inégalités observées était simple. Il décomposait l'action perturbatrice du Soleil en trois forces dirigées respectivement suivant le rayon vecteur tracé de la Lune à la Terre, la perpendiculaire à cette ligne menée dans le plan de l'orbite et la parallèle à la droite tirée de notre Globe au Soleil. Sous l'attraction isolée de la Terre, notre satellite décrirait une ellipse invariable. Les deux premières composantes de l'action perturbatrice du Soleil déforment cette trajectoire, et donnent à son grand axe un mouvement direct; d'autre part, les accélérations imprimées à l'axe le laisseraient se déplacer dans un plan fixe, mais l'effet de la troisième composante est de faire varier, dans chaque lunaison, l'inclinaison du plan de l'orbite sur celui de l'écliptique en même temps qu'elle imprime à la ligne des nœuds un mouvement rétrograde. Lagrange reprit plus tard le problème de ces perturbations.

En terminant l'analyse des œuvres de Clairaut, marquées toutes au cachet de l'élégance, notons qu'il exécuta d'immenses calculs sur la comète de Halley; ceux-ci lui permirent d'annoncer assez exactement son passage au périhélie [1].

L'étude de ces corps célestes était d'ailleurs affectionnée par ce savant, puisqu'il y revint dans deux autres ouvrages. Malheureusement, la marche suivie était pénible. JEAN LE ROND D'ALEMBERT résolut de la

(1) Il l'avait prédit pour le 4 avril 1759, mais comme il ne connaissait qu'approximativement les masses de Jupiter et de Saturne qui servaient de base à ses calculs, le passage eut lieu 23 jours plus tôt, le 12 mars. MAXIMILIEN MARIE. *Histoire des Sciences mathématiques et physiques*, t. VIII Paris, 1886.

simplifier en appliquant les principes dont il s'était déjà servi pour les planètes. Ce fut même l'origine d'une dispute assez longue entre ces deux mathématiciens. Cette querelle passionna les contemporains, mais cela n'a qu'un médiocre intérêt pour la postérité. Passons donc, sans plus nous attarder, à l'examen des monuments légués à la science par le fils naturel du chevalier Destouches et de Mme de Tencin.

Comme son adversaire, d'Alembert fut un enfant précoce. A vingt-deux ans, il composa un *Mémoire sur le Calcul intégral*, et il entra à l'Académie des Sciences à vingt-quatre (1742). L'année suivante son *Traité de dynamique* avait consacré définitivement sa renommée, et « fait époque dans la mécanique [1] ». Il y donna une méthode générale permettant de ramener toutes les lois du mouvement à des questions d'équilibre, en exprimant que les forces données qui meuvent le système considéré équilibrent les forces qui déplaceraient les particules de l'ensemble indépendamment les unes des autres et quelle que soit la façon dont s'opère la translation. On peut représenter effectivement ces dernières en fonction des accélérations, regardées comme inconnues ; alors les conditions d'équilibre des deux systèmes de force fournissent la mise en équation du mouvement.

Peu après, d'Alembert appliqua ces idées à l'étude de l'équilibre et du mouvement des fluides, et à la cause générale des vents. Il parvint à d'intéressantes conclusions. Mais de grandes difficultés se présentaient dans l'intégration et il dut inventer le calcul intégral aux différentielles partielles, dont il se servait dès 1744, pour la célèbre question des cordes vibrantes [2].

(1) JOSEPH BERTRAND. *D'Alembert*, Paris, 1889.

(2) L'équation à laquelle on arrive est $\frac{\partial^2 y}{\partial t^2} = a \frac{\partial^2 y}{\partial x^2}$. Il en trouva l'intégrale générale $y = f_1(x + at) + f_2(x - at)$, f_1 et f_2 désignant deux fonctions arbitraires.

Dans les huit volumes de ses *Opuscules mathématiques* il aborda de nombreux sujets soit de Science pure, soit d'Astronomie. Nous écartons les seconds et nous ne pouvons dire qu'un mot des premiers. On y voit les rudiments du calcul des quantités imaginaires, dont les géomètres ne surent tirer parti que bien plus tard, des perfectionnements sur divers points d'Optique, sur la Théorie des probabilités et sur la Mécanique céleste. Enfin son influence sur la philosophie des Mathématiques fut des plus heureuses. Il rédigea le discours préliminaire et beaucoup d'articles de Géométrie dans *l'Encyclopédie* qui se remarquent par leur discussion serrée et leur grande netteté.

Parmi les autres savants de cette époque accordons une mention toute spéciale à Jean-Henri Lambert, qui naquit à Mulhouse en 1728, mais passa la plus grande partie de sa vie en Allemagne. Ainsi que d'Alembert, ce mathématicien a fait des découvertes importantes. Il introduisit en Trigonométrie les fonctions hyperboliques et démontra le premier d'une façon rigoureuse que π est irrationnel (1751). On rencontre dans sa Perspective (1759) plusieurs propositions se rattachant à la théorie des transversales et son *Traité des comètes* renferme plusieurs propriétés des coniques, en particulier la proposition suivante qui conduisit l'astronome Olbers à la découverte de Pallas. Lorsque dans deux ellipses possédant le même axe on prend deux cordes égales, et qu'en outre les sommes des rayons vecteurs aboutissant à leurs extrémités sont aussi identiques, les secteurs limités par ces rayons vecteurs et les arcs d'ellipses, sont entre eux comme les racines carrées des paramètres. En appliquant ce théorème aux orbites planétaires, et en remplaçant les secteurs par les temps [1], il parvient à une formule très simple souvent usitée en astronomie. La

(1) Ce qui peut se faire, Newton ayant établi que le temps est proportionnel à la surface du secteur décrit, divisée par la racine carrée du paramètre.

notion de « travail » et de « force vive », dont il démontra l'importance, a été également introduite par lui en Mécanique.

Enfin, indépendamment de recherches originales sur l'Optique et l'Astronomie, il a ébauché dans ses *Observations analytiques* (1771) la théorie des fonctions, et aplani les voies à Lagrange. Certes il n'a pas rendu à la Science des services comparables à ceux des Leibniz et des Newton, mais la profondeur de ses vues et le talent qu'il déploya dans tous ses travaux en adaptant des méthodes appropriées à chaque problème, suffiront toujours à le distinguer.

Bien loin derrière lui, nous placerons la mathématicienne milanaise Marie Agnesi, dont les *Instituzioni analitiche* (1748) n'étaient cependant pas sans valeur [1], puisqu'ils eurent les honneurs de traductions française et anglaise. Elle y signale en particulier une courbe connue depuis sous le nom de cubique d'Agnesi [2].

L'algébriste Etienne Bezout a joui longtemps d'une grande popularité en France, à cause de son *Cours de Mathématiques*, dont la première édition date de 1770, et dans lequel plusieurs générations apprirent les éléments de la science. Cependant sa *Théorie générale des équations* (1779) est un livre qui mérite plus d'attention. Il y enseigne la méthode d'élimination dite des coefficients indéterminés, le calcul des *déterminants* esquissé dès 1771 par Vandermonde et les moyens de réduire au minimum le nombre des équations d'une question donnée. De son contemporain Jacques Cousin, qui professa au collège de France et mourut sénateur en 1800, nous retiendrons seulement les *Leçons de Calcul différentiel et intégral* (1772) où se rencontrent

---

(1) Voir pour les détails relatifs à la vie et aux travaux de cette savante, la notice que nous lui avons consacrée dans le *Popular Science Monthly* (New-York), t. 53, juillet 1898.

(2) Agnesi avait appelé cette courbe *Versiera*. Consulter à ce sujet un article de M. Gino Loria, dans la *Bibliotheca mathematica*. Stockholm. Nouvelle série, 1897, n° 2.

plusieurs simplifications relatives aux procédés d'intégration.

Quant au marquis de CONDORCET, la Philosophie plus que la Mathématique, a le droit de le réclamer. Toutefois son mémoire sur les *Séries récurrentes*, et son ouvrage sur l'*Application de l'Analyse à la probabilité des décisions rendues à la pluralité des voix*, dénotent des idées originales mais peut-être plus brillantes que solides. Le dernier n'en avait pas moins ouvert un champ intéressant à la doctrine du hasard, champ que le suisse Trembley devait quelque peu cultiver. Mais ses travaux sur les équations différentielles sont oubliés depuis longtemps. Il en est de même du *Calcul des dérivations* d'ARBOGAST, qui voulait supplanter l'analyse infinitésimale. Les résultats obtenus par l'auteur sont parfois curieux, mais les signes qu'il emploie sont nouveaux et compliqués, aussi rendent-ils difficile l'intelligence de son traité.

CHAPITRE XVII

Travaux de Lagrange. — Invention de la *Géométrie descriptive* par Monge (1800). — Œuvres de Laplace et de Legendre.

Génial créateur de méthodes analytiques devenues classiques aujourd'hui, Joseph-Louis Lagrange eut des vues profondes dans tous les domaines de la science qu'il a embrassés. Son style est clair, sa marche assurée. Dans son œuvre, pas de détours, pas d'artifices de calcul comme on en voit chez Euler. Combiner ingénieusement les équations fondamentales d'un problème, en déduire des résultats inespérés, en dévoiler la fécondité : voilà son but. A Lagrange les voies larges, spacieuses, où l'on circule aisément, où l'on avance sans fatigue ; à Euler les routes escarpées, les chemins semés d'obstacles, que l'habileté et le courage du voyageur doivent surmonter.

Cet illustre mathématicien naquit à Turin le 25 janvier 1736. Il descendait d'une ancienne famille de Touraine alliée à celle de Descartes. Son père, bien que ruiné par des spéculations malheureuses, lui fit donner une éducation soignée, et à dix-huit ans nous le trouvons professeur de Mathématiques à l'École Royale d'Artillerie de sa ville natale. Ses premiers travaux datent de cette époque. Ils roulent sur la théorie des séries récurrentes, et sur le calcul des variations. Ce dernier avait principalement pour but de remplacer d'une façon avantageuse la méthode différentielle, dans les questions de maxima et de minima d'intégrales. De plus, l'auteur en montre la nécessité dans la résolution des cas ardus où, d'après la nature du problème, les limites de l'intégrale sont elles-mêmes inconnues.

L'Académie des Sciences de Paris ayant proposé comme sujet de prix la théorie de la libration de la Lune, il se mit sur les rangs[1]. Il s'agissait de trouver une explication de ce fait d'observation que la Lune, sauf d'insensibles variations, tourne toujours la même face vers la Terre. Lagrange surmonta les difficultés du calcul et constata la justesse des vues théoriques émises par Newton à ce sujet. Son mémoire fut couronné. Ce succès encouragea le même corps savant à proposer une question encore plus aride : la théorie des quatre satellites de Jupiter. Quelques années auparavant Clairaut, Euler et d'Alembert avaient donné une solution dans l'hypothèse où le Soleil, la Terre et la Lune sont considérés comme agissant seuls. Mais ici il fallait examiner l'action de six corps : le Soleil, Jupiter et ses quatre satellites. Lagrange malgré son génie ne parvint à franchir qu'une partie des obstacles. Néanmoins le problème avait fait un grand pas. Laplace, vingt-quatre ans plus tard, devait forcer les derniers retranchements.

En 1766, il donna la solution du problème adressé par Fermat comme défi à plusieurs mathématiciens anglais, à savoir : un nombre entier non carré étant donné, déterminer un nombre entier et carré tel que le produit des deux nombres plus 1 soit un carré. Wallis l'avait résolu à force de tâtonnements successifs, mais Lagrange en s'y attaquant recula les bornes du sujet et formula le principe d'une solution complète de l'équation indéterminée du second degré à deux variables.

Puis, abandonnant ces travaux pour quelque temps, il

---

(1) Maximilien Marie. *Histoire des Sciences mathématiques et physiques*, t. IX, Paris, 1886.

Fig. 26. — Portrait de LAGRANGE (1736-1813.)
(D'après la gravure anglaise de Rob. Hart).

voulut rompre la monotonie de la vie qu'il menait à Turin en venant visiter Paris ou plutôt Condorcet, d'Alembert et Nollet, avec lesquels il entretenait une active correspondance. Son séjour dans la Capitale fut d'ailleurs d'assez courte durée, car Frédéric II l'appela pour remplacer Euler à la tête de l'Académie de Berlin. Le 6 novembre 1766, le nouveau directeur de la classe physico-mathématique était solennellement reçu par les membres de cette Société savante, et il conserva ses fonctions jusqu'en 1787.

Pendant les vingt années de son existence à Berlin, Lagrange publia d'importantes recherches. Énumérons les principales.

Dans son mémoire *Sur la figure des colonnes*, il montra qu'au conoïde, — ayant sa plus grande largeur vers le tiers de sa hauteur et allant en diminuant vers les deux extrémités, — adopté par les architectes, il est préférable de choisir le cylindre, offrant le « maximum maximorum » de résistance [1].

Son traité sur *la Percussion des fluides* a pour but de déterminer la résultante des pressions normales qu'exerce sur un plan fixe une veine liquide tombant perpendiculairement sur lui. Il conclut de la façon ci-jointe. Dans le cas du choc direct et si le plan est assez large pour que toutes les particules du fluide soient forcées d'en suivre la direction en le quittant, l'action contre le plan est égale au poids d'une colonne du fluide de la même grosseur que la veine et d'une longueur double de celle d'où un corps pesant devrait tomber pour acquérir la vitesse du liquide.

Dans ses travaux *Sur la résolution des équations numériques* [2] on rencontre la démonstration de ce théorème : toute racine incommensurable d'une équation du second degré à coefficients entiers, dévelop-

(1) *Miscellanea Taurinensia*, t. V (1770-73) ; HŒFER. *Histoire des Mathématiques*, 3e édit. Paris, 1886.

(2) *Mémoires de l'Académie des Sciences de Berlin*, t. XXIII et XXIV, 1769-70.

pée en fraction continue, donne naissance à un quotient périodique. Euler avait bien observé avant Lagrange que la racine carrée d'un nombre entier se réduit toujours en une fraction périodique, ce qui est un cas particulier du précédent. D'autre part, dans une note il donna un principe aisé pour réduire les équations en suites infinies. Ce procédé s'applique également aux équations transcendantes renfermant des logarithmes et des arcs de cercle.

La Théorie des nombres l'attira aussi. Dans cet ordre d'idées, il démontra la proposition suivante que Bachet de Méziriac avait découverte. Tout nombre entier non carré est toujours décomposable en deux, trois ou quatre carrés entiers. Il s'attaqua encore à ce théorème dû à Waring. Si n est un nombre premier, le produit $1 . 2 . 3 . 4 \ldots (n - 1) + 1$ est toujours un multiple de n. Enfin dans divers mémoires publiés de 1773 à 1775, il parvint à plusieurs résultats nouveaux en arithmétique.

Vers ce temps également, il fournit une théorie complète et très originale pour calculer les variations séculaires des éléments d'une planète. Il avait eu dans cette direction de nombreux prédécesseurs, mais il considéra le problème à un point de vue beaucoup plus général. Au lieu de combiner comme eux les orbites deux à deux, il les envisagea dans leur ensemble et il tomba sur l'équation intégrale résolvant complètement la question.

Mais l'œuvre capitale de Lagrange est sa *Mécanique analytique*, composée alors qu'il était à Berlin mais imprimée à Paris. Il déduisait tout son livre du principe de d'Alembert, combiné avec celui des vitesses virtuelles, qui fournit les moyens de l'utiliser. L'élégance d'exposition de cet ouvrage est assez grande pour que sir William Rowan Hamilton l'ait considéré comme « une espèce de poème scientifique [1] ».

---

(1) « *A kind of scientific poem,* » d'après FLORIAN CAJORI. *A History of Mathematics*. New-York, 1895.

Lagrange généralisait le théorème de son devancier, et en donnait la démonstration. Sa méthode consistait, en somme, à renfermer toutes les conditions d'équilibre d'un système matériel dans celle-ci : la somme des produits de toutes les forces qui y sont appliquées multipliées par les déplacements de leurs points d'applications respectifs est nulle, pourvu que ces translations ne soient pas incompatibles avec les liaisons du système considéré. Mettre en équation n'importe quel problème de Dynamique devenait alors chose aisée. Il suffisait d'égaler à zéro la somme des moments virtuels des forces appliquées à l'ensemble, et des forces égales et contraires à celles qui déplaceraient séparément les divers points du système s'ils se mouvaient effectivement.

Toutes ces remarquables découvertes avaient mis Lagrange très en relief, et comme à la mort de Frédéric il avait quitté Berlin, Louis XVI l'appela à Paris et le logea au Louvre. Plus heureux que Bailly, Lavoisier ou Condorcet, l'orage révolutionnaire l'épargna. La Convention le nomma même président de la commission chargée d'établir le nouveau système des poids et mesures. Un décret de la Constituante lui maintint sa pension, et le Comité de Salut Public le dispensa d'obéir au décret qui exilait tous les étrangers. L'Empire lui continua les faveurs de la Royauté et de la République, et quand il mourut, le 10 avril 1813, il était comte, sénateur, membre de l'Institut et grand-croix de la Légion d'honneur.

Son enseignement à l'École Polytechnique où il avait été appelé dès la fondation, fut l'origine de sa *Théorie des fonctions analytiques* (1797), qui couronna dignement sa carrière. Son but était de substituer au calcul différentiel un ensemble de propositions basées sur le développement des fonctions algébriques en série. La première partie est consacrée au théorème de Taylor et à ses conséquences théoriques, et la dernière à son emploi en Mécanique. Les *Leçons sur le calcul des fonctions*, professées en 1799 et publiées deux ans après, lui servent de commentaire et de supplément.

La Géométrie était depuis longtemps stationnaire; mais nous allons la voir briller à nouveau. Son histoire, peut-on dire, comprend trois périodes : sa création par les Grecs et ses développements successifs jusqu'à la fin du moyen âge, puis la période de transformation avec Descartes et Fermat, enfin son évolution moderne, qui date des recherches de Pascal et Desargues sur les sections coniques. L'abstraction et la généralité caractérisent l'esprit de cette phase de son renouvellement. Monge et Carnot en établirent définitivement les assises, au début du XIXe siècle, sur des méthodes aussi générales que fécondes. Cette continuation de l'Analyse géométrique des Anciens, tout en ayant le même objectif, en différait notablement à cause de l'uniformité de ses conceptions. Ses principes applicables à tous les cas remplaçaient avantageusement les problèmes particuliers et sans liaison entre eux, qui formaient uniquement la Science antique.

Gaspard Monge, le génial auteur de la *Géométrie descriptive*, vit le jour à Beaune, en 1746. Son père était un marchand ambulant, qui, en s'imposant de multiples privations, put placer son fils chez les Oratoriens de sa ville natale [1]. Intelligent, avide de s'instruire, celui-ci s'y dévoila sujet d'élite; puis il entra à l'Ecole de Mézières où se formaient les officiers du Génie. Peu après, ayant été remarqué par ses maîtres, on le nomma répétiteur du cours qu'y professait Bossut, un savant qui, entre autres livres, a laissé un *Cours* complet de Mathématiques dont le succès fut grand à l'époque. Dès 1768, il songeait à rédiger l'ouvrage qui devait établir sa réputation; mais les autorités lui interdirent de publier ses méthodes, car il ne fallait pas « aider les

(1) François Arago. *Œuvres*, t. II, Paris, 1854.

Fig. 27.
Portrait de Gaspard Monge, inventeur de la *Géométrie descriptive*.
(D'après le médaillon de David d'Angers.)

étrangers à devenir habiles dans l'art des constructions ». Elles ne devaient être divulguées qu'en 1800. C'était d'un patriotisme mesquin. Monge sut se venger en grand homme, de ce mutisme forcé. Il traita les questions géométriques, qu'il avait résolues par les projections à l'aide de l'Analyse transcendante. Ce fut l'objet de ses premières et très remarquables productions. Celles-ci lui ouvrirent les portes de l'Académie des Sciences en 1780, et lui valurent, trois ans plus tard, la place d'examinateur des élèves de la Marine.

La Révolution le porta vers la carrière politique. Le 10 août 1792, le fils du colporteur bourguignon devenait ministre. Toutefois, il conserva peu de temps son portefeuille. Bien que décrété d'accusation, il échappa par la fuite au Tribunal révolutionnaire, devint membre de l'Institut dès sa fondation (1795) et avec Berthollet il recruta les savants chargés d'accompagner l'expédition d'Egypte où lui-même suivit Bonaparte. Revenu en France, il entra au Sénat, et il reçut peu après le titre de comte de Péluse. Mais revenons à son œuvre maîtresse.

L'auteur a soin d'indiquer au début les deux objectifs de la *Géométrie descriptive* : « Le premier est de donner les méthodes pour représenter sur une feuille de dessin qui n'a que deux dimensions, savoir : longueur et largeur, tous les corps de la nature qui en ont trois, longueur, largeur et profondeur, pourvu néanmoins que ces corps puissent être définis rigoureusement.

« Le second objet est de donner la manière de reconnaître, d'après une description exacte, les formes des corps, et d'en déduire toutes les vérités qui résultent et de leur forme et de leurs positions respectives...

« Mais aussi, de même qu'en Analyse, lorsqu'un problème est mis en équation, il existe des procédés pour traiter ces équations, et pour en déduire les valeurs de chaque inconnue, de même aussi, dans la Géométrie descriptive, il existe des méthodes générales pour construire tout ce qui résulte de la forme et de la position respective des corps.

« Ce n'est pas sans objet que nous comparons ici la Géométrie descriptive à l'Algèbre ; ces deux sciences ont les rapports les plus intimes. Il n'y a aucune construction de Géométrie descriptive qui ne puisse être traduite en Analyse, et lorsque les questions ne comportent pas plus de trois inconnues, chaque opération peut être regardée comme l'écriture d'un spectacle en Géométrie. Il serait à désirer que ces deux sciences fussent cultivées ensemble : la Géométrie descriptive porterait dans les opérations analytiques les plus compliquées l'évidence qui est son caractère, et à son tour l'Analyse porterait dans la Géométrie la généralité qui lui est propre [1]. »

Nous n'analyserons pas ce traité, car il renferme les matières enseignées aujourd'hui dans les écoles. Son ordre ne diffère même pas essentiellement de celui que suivent les professeurs de mathématiques, mais il présente une particularité intéressante bien qu'on la passe souvent sous silence. L'auteur indique toujours la relation qui unit les opérations de la Géométrie descriptive à celles correspondantes de l'Algèbre.

La Mathématique doit encore à Monge, outre de nombreux mémoires dispersés dans les recueils scientifiques, deux ouvrages importants : *Application de l'Algèbre à la Géométrie* (1805) et *de l'Analyse à la Géométrie* (1807) qui mirent le sceau à sa gloire. Ses recherches ont apporté beaucoup de lumière dans le sujet si ardu de l'intégration des équations aux différentielles partielles. Avant lui on n'était guère fixé sur le degré d'indétermination qui doit peser sur l'intégrale générale d'une relation de la sorte. Monge éclaircit beaucoup ce point épineux sur lequel d'Alembert et Euler avaient déjà longuement discuté.

---

(1) Monge. *Géométrie descriptive*, Paris, an VII (1800).

Camoir del — Hu Sculp.t

L.re N.as M.te CARNOT,

LIEUTENANT GÉNÉRAL,

Chevalier des Ordres Royal et Militaire de S.t Louis et de la Légion d'Honneur.

Né le 13 Mai 1753, à Nolay Dép.t de la Côte d'Or.

Il a organisé la victoire.

Moniteur An 3, page 1104.

À Paris, chez l'Auteur — *Déposé*

Fig. 28.

Les dernières années de ce grand homme furent attristées. Privé de toutes ses charges par la Restauration, rayé de l'Institut (1816), son organisme ne put supporter tant d'assauts, et après s'être obscurcie quelque temps, cette sublime intelligence s'éteignit le 18 mars 1818.

Les méthodes de Monge pénétrèrent bientôt dans toutes les écoles techniques. En France, HACHETTE, qui avait remplacé son maître, continua la tradition et publia en 1822 un nouvel exposé de ses doctrines; en Allemagne SCHREIBER, de Carlsruhe, s'en fit l'ardent propagateur dans un volume paru en 1828-29, et CLAUDE CROUZET, ancien élève de l'École Polytechnique, les porta jusqu'aux États-Unis. En effet, il écrivit en 1821 le premier livre de Géométrie descriptive en langue anglaise[1]. Il était destiné aux cadets de l'Académie militaire de West-Point où il professait les mathématiques. D'autre part, COUSINERY, dans sa *Géométrie perspective*, employa seulement une seule projection.

Tandis que Monge et ses successeurs Dupin, Olivier et de la Gournerie étudiaient les relations de forme et principalement celles des surfaces et des courbes dans l'espace à trois dimensions, LAZARE CARNOT et son école s'attaquaient aux relations métriques des figures[2].

Ce mathématicien naquit à Nollet, le 13 mai 1753, et fit la plus grande partie de son éducation au petit séminaire d'Autun. A sa sortie de l'École de Mézières (1773) il fut nommé sous-lieutenant du génie, mais n'en continua pas moins ses études mathématiques, et dès 1783 mit à jour un *Essai sur les machines en général*. Il y envisage d'une façon neuve tout système de corps mobile.

---

(1) FLORIAN CAJORI. *The teaching and history of Mathematics in the United States*. Washington, 1890.

(2) En géométrie, les figures et leurs parties ont entre elles des relations de deux sortes : les unes *descriptives* concernent leurs formes et leurs situations, et les autres *métriques* se rapportent à leurs grandeurs. D'où deux méthodes géométriques rationnelles dont les chefs respectifs sont Monge et Carnot.

Après avoir indiqué que pour mesurer exactement la force employée à soulever un poids, par exemple, il suffit de multiplier la masse du corps par la hauteur d'élévation, il montre que le produit ainsi obtenu est constant. Donc une machine, quelque perfectionnée qu'elle soit, n'ajoutera jamais rien à la force motrice, elle transformera seulement l'effort afin de le rendre plus facile à vaincre. Il remarque aussi que sous peine de diminuer considérablement la force vive, il ne faut pas modifier brusquement les vitesses. Par le théorème suivant, il donne même l'expression mathématique de cette perte : elle égale la force vive dont tous les corps seraient animés, si on imprimait à chacune des parties du système la vitesse finie qu'elle a perdue à l'instant même où le changement brusque s'est opéré.

A la Révolution, le département du Pas-de-Calais nomma Carnot député, puis en 1793 il devint membre du Comité de Salut public où il fut chargé spécialement de la direction de nos armées, et il sortit à son honneur de cette période troublée de notre histoire, ce qui lui valut le surnom « d'Organisateur de la victoire ». Opposé au Coup d'État, il se réfugia à Genève et à Augsbourg. Entre temps, il composa ses *Réflexions sur la métaphysique du Calcul infinitésimal* (1799), où il prend partie contre la réforme qu'avait tentée Lagrange par sa méthode des variations. Il souhaite qu'on s'en tienne à la marche si simple, si lumineuse de Leibniz, qui se prête d'ailleurs mieux aux applications. Les mathématiciens ont suivi ses conseils, sans goûter toutefois ses raisonnements.

Rappelé par Bonaparte après le 18 brumaire, il devint Ministre de la guerre ; mais démissionnaire peu après, il entra au Tribunat en 1802. Son rôle jusqu'en 1814 fut assez effacé, et proscrit au retour de Louis XVIII, il se retira à Magdebourg où il décéda le 22 août 1823. Du moins sa retraite de la scène politique ne fut pas perdue pour la Science. Il avait établi sa réputation sur des bases solides, par son *Essai sur la théorie des trans-*

versales et surtout par sa *Géométrie de position* (1807). Il discuta dans ce dernier ouvrage les fondements mêmes de la Géométrie analytique. Il aperçut la concordance nécessaire entre les changements de forme d'une figure et les changements de signes qui s'opèrent dans les transformations algébriques correspondantes. Par suite, quelles que soient les déformations subies par une figure, les mêmes équations s'y rapporteront toujours. Les multiples propriétés de l'espace, qu'il exposa dans ce traité ont été pendant plus d'un demi-siècle l'origine des progrès de la Géométrie.

Parmi les savants qui marchèrent sur ses traces, distinguons : Servois dont les *Solutions peu connues de différents problèmes de Géométrie* (an XII) ont décélé la fécondité des principaux théorèmes de la théorie des transversales, soit pour la démonstration de certaines propositions, soit pour résoudre sur le terrain différents problèmes de Géométrie pratique [1]; Brianchon qui dans son *Mémoire sur les lignes du second ordre* [2] déduisit pour la première fois du théorème de Desargues sur l'involution des six points l'étude de ces courbes, et Poncelet dont le *Traité des propriétés projectives des figures* est classique. Grâce au principe de continuité, à la considération des polaires réciproques et des figures homologiques à deux et à trois dimensions, il démontra sans calculs les propriétés déjà connues des lignes et des surfaces du second degré, et sut en découvrir de nouvelles; enfin, plus près de nous, nous trouvons Michel Chasles qui, outre l'*Aperçu historique* cité plusieurs fois au cours de notre Histoire, a laissé d'intéressantes études sur la Géométrie supérieure.

Après avoir vu quels heureux progrès la Science de l'étendue devait aux Carnot, aux Monge et à leurs

---

(1) Jacques Boyer. *Le mathématicien franc-comtois François-Joseph Servois d'après des documents inédits.* Besançon, 1895.

(2) Consulter l'article que nous avons écrit sur Brianchon (1783-1864) dans la *Revue scientifique*, 4e série, t. I. Paris, 1894.

successeurs, assistons à la rénovation de la Mécanique céleste avec Pierre Simon marquis DE LAPLACE.

Né à Beaumont-en-Auge (Calvados) le 23 mars 1749, nous le trouvons dès 1767 à Paris où la protection de d'Alembert lui valut une place de professeur à l'École Militaire. Dès lors sa carrière se poursuivit heureuse et tranquille. Aussi nous la résumerons rapidement avant de passer à l'analyse de son œuvre. Il prit une part importante à la création des Écoles Normale et Polytechnique, et, après le 18 brumaire, Bonaparte lui confia le Ministère de l'Intérieur ; mais comme il « portait l'esprit des infiniment petits » dans ses délicates fonctions, celui-ci jugea opportun de le remplacer deux mois plus tard par son frère Lucien. Cependant l'Empereur ne lui tint pas rigueur des déceptions qu'il avait causées au Premier Consul, puisqu'il le nomma successivement sénateur, comte et grand officier de la Légion d'honneur. Cela ne l'empêcha pas de voter, en 1814, la déchéance de son protecteur, et de se montrer le plat serviteur des Bourbons. Aussi la Royauté récompensa la souplesse de son échine en le faisant entrer à la Chambre des Pairs et en le nommant marquis. Laplace mourut à Paris le 5 mars 1827. Nous parlerons peu de ses hypothèses cosmogoniques qui relèvent plutôt de la Physique et de l'Astronomie, pour nous étendre plus longuement sur le parti que la Mathématique a tiré de ses travaux.

En Analyse pure, ses titres sont des perfectionnements aux procédés d'intégration des équations aux différentielles partielles et la première démonstration rigoureuse des formules de résolution d'un système d'équation du premier degré. D'autre part, il a trouvé les équations aux différences mêlées, reprises plus tard par Poisson, et il a approfondi la théorie des séries.

Son *Exposition du système du Monde* (1796) et son *Traité de Mécanique céleste* (1799) l'ont fait surnommer le « Newton français ». Pour résoudre le pro-

Fig. 29. — Portrait de LAPLACE (1749-1827).
(D'après le tableau de Paulin Guérin. Galerie de Versailles.)

blème des trois corps, Euler, Clairaut et d'Alembert avaient créé des méthodes d'approximation restreintes à chaque question particulière. Laplace partit d'un point de vue différent. Il se servit d'un procédé capable de fournir des approximations en séparant les uns des autres par ordre de grandeur, les termes se rapportant aux différentes perturbations.

Dans la théorie de la Lune, les observations ne cadrant pas avec les lois qu'on avait déduites des recherches de ses prédécesseurs, il ajouta de nouvelles équations qui sont, au dire de Delambre, « un des services les plus signalés que l'Analyse ait pu rendre à l'Astronomie [1] », car tous ses calculs concordent avec ceux que Burg a fondés sur les observations mêmes.

D'un autre côté, une particularité bizarre se présentait dans la marche des satellites de Jupiter. Leurs mouvements moyens semblaient l'un accéléré, l'autre retardé. Laplace en chercha l'interprétation et il reconnut qu'un terme de la série des perturbations de ces deux astres, considéré comme peu important, était loin d'être négligeable; il put alors fournir l'équation tant désirée en rétablissant ce terme. Cette belle réussite le détermina à reprendre la théorie des satellites de Jupiter. Après avoir expliqué toutes les inégalités périodiques, il arriva à découvrir une relation simple entre les mouvements moyens et les longitudes des trois premiers satellites.

Il fournit encore un procédé remarquable, et dispensant de toute intégration, pour calculer les orbites des comètes et il formula la *théorie des marées*. C'est en faisant entrer en ligne de compte les circonstances physiques et locales du phénomène qu'il parvint à l'édifier. Grâce à sa méthode on peut aujourd'hui prédire avec exactitude, plusieurs années à l'avance,

---

(1) Delambre. *Rapport historique sur les progrès des Sciences mathématiques*. Paris, 1810.

l'heure et la hauteur des grandes marées pour un port donné. En outre, il découvrit un fait capital pour la stabilité de notre système planétaire. Si, en effet, les orbites des planètes varient, si leurs grands axes tournent perpétuellement autour du Soleil, et si leurs plans se déplacent d'une façon continue, il existe un élément qui au milieu de cet apparent chaos ne change pas : le grand axe, ou du moins sa longueur, ne subit que de très petites variations périodiques. Telles sont les principales découvertes renfermées dans ces deux ouvrages dont le style est un modèle de précision, et qui peuvent soutenir la comparaison avec l'impérissable chef-d'œuvre de l'auteur des *Principes*.

Sa *Théorie analytique des probabilités* (1812) donna à la doctrine des hasards son unité systématique. Deux livres la composent : dans le premier se trouve indiqué le calcul des fonctions génératrices que Laplace prend pour base de sa théorie, et le second est réservé aux applications des méthodes générales à de multiples problèmes. L'*Essai philosophique des probabilités* (1819) a pour objet d'exposer sans calcul les grands principes et les résultats obtenus. Cette œuvre popularisa cette science inaccessible jusque-là aux personnes non versées en Algèbre. Transcrivons au sujet de ces volumes le jugement suivant. « Laplace, dans sa *Théorie analytique*, avait terminé toute une époque : il en avait fini, si je puis ainsi dire, avec le passé entier de l'Analyse des hasards ; il avait élevé à ce passé un monument immortel, témoignage et dépôt de ses connaissances et de son génie ; dans l'*Essai philosophique* il poursuivait un dessein différent. Après avoir clos toute une ère écoulée, il en ouvrait une nouvelle. L'*Essai* était la charte des âges à venir, comme la *Théorie* avait été la conclusion des âges accomplis [1]. »

Un autre mathématicien français, ADRIEN-MARIE LE-

(1) GOURAUD. *Histoire du Calcul des probabilités*. Paris, 1848.

GENDRE occupe une assez grande place dans l'histoire de cette période. Dans son mémoire sur *la Figure des planètes* (1782) il démontra d'une façon nouvelle que la forme ellipsoïdale est la seule qui puisse convenir à une masse fluide, homogène, animée d'un mouvement de rotation, et dont toutes les particules s'attirent selon les lois newtoniennes. Peu après, il publia un premier travail sur la *Théorie des nombres* où se trouvait le célèbre théorème de réciprocité connu sous son nom [1]. Il résuma plus tard toutes ses recherches sur ce sujet, dans un grand traité. « Si l'on compare le contenu de cet ouvrage à ce qu'on avait découvert pendant les deux mille ans qui ont précédé l'année 1785, on voit qu'aucun savant n'a marqué son passage dans cette branche des mathématiques par une trace comparable à celle des efforts de Legendre [2]. »

Puis, en 1794, parurent ses *Éléments de géométrie*, qui eurent un énorme succès. Ce livre d'enseignement fut traduit dans presque toutes les langues de l'Europe, et assura la fortune de son auteur. L'Académie des Sciences lui avait d'ailleurs ouvert ses portes auparavant. Enfin sa *Théorie des fonctions elliptiques* (1825-26) contribua beaucoup à sa renommée. Il s'y propose de comparer entre elles toutes les transcendantes, réduit chacune d'elles à sa forme la plus simple, et les groupe en trois classes. La première renferme les transcendantes plus simples que les arcs d'ellipse ou d'hyperbole, et qui peuvent s'exprimer au moyen d'arcs d'ellipse sans réciprocité; la seconde comprend les arcs d'ellipse ou d'hyperbole et dans la troisième, il range des transcendantes plus compliquées que les arcs d'ellipse. Depuis lors, cette branche de la Science a considérablement progressé. Abel, Jacobi et tant d'autres, ont bien

(1) MAXIMILIEN MARIE. *Histoire des Sciences mathématiques et physiques*, t. X, Paris, 1887.

(2) ELIE DE BEAUMONT. *Eloge de Legendre*, Paris, 1861.

dépassé le niveau de ce livre, si remarquable cependant.

La Mécanique était aussi très cultivée au commencement du siècle. LOUIS POINSOT, avec ses *Éléments de Statique* (1803), simplifia beaucoup les démonstrations en introduisant la théorie des couples et ce cours, bien que démodé aujourd'hui, est un modèle que les professeurs auraient tout intérêt à relire. Du reste le nom de Poinsot est connu des étudiants, son théorème sur le mouvement d'un solide abandonné à lui-même étant souvent appliqué dans la mise en équations des problèmes.

Le *Traité de Mécanique* de POISSON (1811) procède du même esprit, et fut classique pendant longtemps. Indépendamment de cette œuvre, l'auteur a publié de nombreux mémoires sur toutes les parties de la Physique mathématique, principalement sur la chaleur, l'action capillaire, la théorie de l'électricité, du magnétisme et de l'élasticité. Enfin nous voyons naître, vers la même époque, l'Optique mathématique avec THOMAS YOUNG qui formula le premier le principe des interférences lumineuses. Un peu après, AUGUSTIN FRESNEL, mort en 1827, dut, pour établir la théorie des ondulations, manier l'Algèbre avec autant d'habileté que l'expérience.

CHAPITRE XVIII

Coup d'œil sur la Science contemporaine.

Arithmétique Supérieure. — Analyse et théorie des fonctions. — Algèbre et Mécanique. — Géométrie euclidienne et Géométries non euclidiennes.

Entrons en matière par une déclaration.

Ce chapitre n'a pas la prétention d'être une revue tant soit peu complète des recherches si importantes publiées depuis un demi-siècle. Une telle tâche serait fort difficile à remplir en plusieurs volumes, *a fortiori*, il est impossible d'exposer en une trentaine de pages la quintessence des innombrables travaux qui ont vu le jour pendant cette période tant surchargée. En outre, il est malaisé de parler des vivants... Je prie donc le lecteur de ne voir dans ce qui va suivre qu'un choix de noms pris dans chaque branche de la Mathématique, une simple note ajoutée à la fin de mon livre, des points de repère disposés dans le champ immense que ne cessent de défricher d'opiniâtres travailleurs parmi lesquels nous signalerons simplement quelques-uns des plus habiles ou les plus favorisés.

ARITHMÉTIQUE SUPÉRIEURE

La Mathématique est la reine des Sciences, et l'Arithmétique est la reine des Mathématiques, disait Gauss. Commençons donc cette rapide esquisse par la Théorie des nombres, si délaissée des époques précédentes et qui revint en faveur au commencement de notre siècle, grâce à ce savant.

Charles-Frédéric Gauss naquit à Brunswick, le 30 avril 1777, et fit preuve dès son enfance des plus rares aptitudes pour le calcul mental. Aussi Bartels qui était alors simple surveillant à l'école où le jeune prodige faisait son éducation, le signala-t-il au duc Charles-Guillaume. Ce prince s'intéressa à lui, le plaça à ses frais au gymnase de la ville, et une fois ses études classiques achevées l'envoya à l'Université de Göttingue. La chaire mathématique était occupée par Kæstner, dont l'enseignement n'enflamma guère notre étudiant qui, dès cette époque, se livra à des recherches originales. Il découvrit entre autres une méthode pour inscrire un polygone régulier. Ce succès l'encouragea à poursuivre ses spéculations sur la haute Arithmétique.

En 1798, il se rendit à Helmstædt où il fut bien accueilli par Pfaff et, après avoir consulté les bibliothèques de l'endroit, il retourna à Brunswick achever son fameux ouvrage : *Disquisitiones arithmeticæ*, qui parut en 1801 et qui marque une nouvelle ère pour la théorie des nombres. Ce livre étonne par la foule des théorèmes et par la profondeur des résultats. Parmi les découvertes les plus intéressantes qu'il renferme, notons le caractère d'abaissement pour les équations à deux termes. Si le degré d'une équation de ce genre est, en effet, exprimé par un nombre entier, on peut la décomposer en d'autres dont les exposants soit respectivement les facteurs premiers du nombre, qui précède d'une unité ce nombre premier.

L'illustre auteur indiqua aussi un nouveau procédé pour trouver les propriétés des nombres par la considération de la *congruence* ou relation existant entre tous les nombres donnant le même reste lorsqu'on les divise par un terme identique. Puis en passant des congruences du premier ordre à celles du second, il ramena à la théorie de ces expressions toute l'Analyse indéterminée. Ce ouvrage fut reçu avec enthousiasme dans le monde mathématique. Puis Gauss s'appliqua à d'autres objets qui répandirent son nom dans le grand public. Piazzi venait de découvrir à Palerme, en 1801, la première planète télescopique, Cérès. Aussitôt le savant de Brunswick s'empressa de calculer ses éléments à l'aide de méthodes ingénieuses qui permirent de la retrouver quand on la vit reparaître après son passage au périhélie. L'année suivante, Olbers découvrit à son tour Pallas, et Gauss consacra également de longues veilles à l'étude de ses perturbations. Ceci lui valut d'être nommé directeur de l'Observatoire que le gouvernement hanovrien venait de fonder à Göttingue (1807). Dès lors sa vie s'écoula calme et paisible sans particularités bien saillantes. Seule, l'édition de ses travaux en marqua les étapes.

Prenant pour point de départ la loi de la gravitation universelle, le sagace astronome développa, dans sa *Theoria motus corporum cœlestium* (1809), des moyens simples pour calculer plus exactement toutes les orbites des corps de notre système solaire, sans en excepter les comètes dont la marche avait jusque-là déjoué l'attention des observateurs. Il y applique cette idée réformatrice, — la méthode des moindres carrés, — si usitée aujourd'hui par les astronomes ou les ingénieurs lorsqu'ils ont à déduire des quantités inconnues, d'autres déterminées par l'expérience. En passant sous silence ses remarquables recherches d'Astronomie pratique et de Physique poursuivies sans relâche jusqu'à sa mort (1855), signalons encore un de ses plus importants mémoires *Disquisitiones circa superficies curvas* (1827) où se rencontre son célèbre théorème : Quelle que soit la déformation subie par une surface flexible et inextensible, la somme de ses courbures principales en chaque point reste toujours identique.

Si Gauss, par la date de ses publications, appartient à la

période contemporaine, l'universalité de son œuvre doit le faire classer plutôt parmi les mathématiciens de la fin du XVIIIe siècle, à côté des Euler, des Lagrange et des d'Alembert. La *spécialisation*, cette caractéristique de notre temps, n'apparaît, en effet, dans aucun de ses Mémoires. « Nous aurons un tableau du développement des Mathématiques, si nous imaginons une chaîne de montagnes élevées représentant les hommes du XVIIIe siècle, terminée par une cime imposante — Gauss, — puis une large et riche contrée, formée de collines moins élevées, mais remplie de nouveaux éléments de vie [1]. »

Un autre savant allemand, JACOBI, que nous retrouverons lorsque nous nous occuperons des fonctions, poursuivit aussi d'intéressants travaux sur la haute Arithmétique, entre autres sur la théorie des résidus. Ce sujet fut repris par son compatriote LEJEUNE-DIRICHLET, né à Düren en 1805. Après avoir fait son éducation à Bonn, puis à Cologne, celui-ci vint à Paris en 1822, attiré par la célébrité des mathématiciens français de l'époque, les Laplace, les Cauchy et les Legendre. Trois ans plus tard il présentait à l'Académie des Sciences un premier mémoire sur l'impossibilité de certaines équations indéterminées du 5e degré. Puis il retourna en Allemagne, fut nommé, en 1827, professeur à Breslau, ensuite à Berlin (1831), chaire qu'il quitta seulement en 1855 pour remplacer Gauss à Göttingue. Pendant ses années de professorat, il s'efforça dans une série d'études de sim-

(1) FÉLIX KLEIN. *Conférences sur les Mathématiques*, traduction L. LAUGEL. Paris, Librairie Hermann, 1898. Pour ce chapitre, nous ferons plusieurs emprunts à cet ouvrage. Voici, d'autre part, les principales sources que nous avons utilisées, et que nous citons ici une fois pour toutes ; MERRIMAN et WOODWARD. *Higher Mathematics*, ch. XI. *History of modern Mathematics*, par DAVID EUGÈNE SMITH, New-York, 1896 ; CAJORI, *History of Mathematics*, New-York, 1895 ; ROUSE BALL. *A short account of the History of Mathematics*, Londres, 1888 ; articles de la *Bibliotheca mathematica* de M. ENESTRÖM. Stockholm 1887 et suiv. ; collection du *Zeitschrift für Mathematik und Physik, Historisch-literarische Abtheilung* dirigé par M. MORITZ CANTOR, Leipzig, 1875 et suiv. et surtout l'excellent livre de M. GINO LORIA, *Il passato ed il presente delle principali teorie geometriche*, 2e édit. Torino, 1896.

plifier les notations souvent peu intelligibles de Gauss, et dans ses *Leçons sur la théorie des nombres*, rédigées par Dedekind, il arriva, grâce à une lucidité parfaite, à rendre accessibles aux débutants et suggestifs aux lecteurs plus avancés, les principes ardus de cette partie de la Science.

Parmi ses continuateurs, outre Cauchy dont nous parlons ci-après afin d'éviter des redites, nous citerons les suivants. Tchebycheff, professeur à l'Université de Saint-Pétersbourg, dans son mémoire *Sur les nombres premiers* (1850), fixa les limites entre lesquelles doit être renfermée la somme des logarithmes des N nombres premiers, inférieurs à un nombre donné x. Dernièrement Poincaré et Hadamard ont fait de ce sujet particulier l'objet de savants mémoires.

L'Anglais Stephen Smith s'occupa aussi d'Arithmologie. Né à Londres en 1826, il acheva ses études au Balliol College d'Oxford, devint en 1861 professeur de Géométrie dans cette dernière ville où il résida jusqu'à sa mort survenue en 1882. Outre des rapports historiques communiqués annuellement à l'Association Britannique de 1859 à 1865, il a effectué des recherches originales sur la théorie des congruences et la théorie des formes. En particulier, il remarqua que la représentation des nombres par des formes quadratiques simples peut se déduire d'une méthode générale dont il formula les principes. Les théorèmes relatifs aux cas de 5 carrés avaient été donnés par Eisenstein de Berlin, ce génie ravi trop tôt à la science. Smith compléta ses énoncés et ajouta les théorèmes se rapportant à la décomposition en 7 carrés. Ceux de 2, 4 et 5 avaient été obtenus au moyen des fonctions elliptiques et Smith parvint à la limite extrême de ces groupes, celle de 8 carrés.

Edouard Kummer, qui mourut, en 1893, professeur à l'Académie de Berlin, aborda également la « seule branche pure des mathématiques non souillée par le contact des applications », comme il appelait l'Arithmétique supérieure. Ses mémoires sur les nombres complexes formés avec les racines de l'unité et sa notion originale des facteurs « idéaux » le placent à côté de Dirichlet, sans compter ses autres travaux algébriques ou géométriques sur les intégrales définies, l'évaluation des séries lentement convergentes, les systèmes de rayons rectilignes et la réfraction atmosphérique.

Kronecker et Dedekind portèrent leur attention sur les nombres transcendants et irrationnels, mais surtout Hermite, le doyen actuel des géomètres français, éclaira bien des points obscurs de l'édifice laborieusement construit par Gauss. Sa généralisation des fractions continues, sa méthode féconde pour démontrer l'impossibilité de la quadrature du cercle et tant d'autres idées, semées au cours d'écrits que nous analyserons plus loin, l'ont rendu célèbre. Les tentatives sur la réduction des formes ont été enfin poussées très avant par Camille Jordan.

On voit par ce qui précède combien la conception du *nombre* s'est étendue et modifiée à travers les âges. Au temps de Diophante, on ne considérait que les nombres positifs, entiers ou fractionnaires. Il faut arriver jusqu'à Descartes pour voir s'introduire la notion de nombre négatif et jusqu'au commencement de notre siècle celle des imaginaires était inconnue ; tandis que de nos jours la continuité des nombres réels est regardée comme acquise. On l'envisage même sous différents aspects.

ANALYSE ET THÉORIE DES FONCTIONS

L'homme qui, au cours de la période contemporaine, a le plus contribué à l'avancement de l'Analyse, est sans contredit Augustin-Louis Cauchy. Ce mathématicien naquit à Paris en 1789, et entra à l'École Polytechnique en 1805. Il en sortit dans les Ponts et Chaussées. Employé d'abord comme ingénieur aux travaux du port de

Acad.^e des sciences. (Mécanique.)

CAUCHY,
(Augustin-Louis.)

Ingénieur des Ponts et Chaussées, Professeur d'Analyse à l'École polytechnique, Chevalier de la légion d'honneur.

Né à Paris le 21 Août 1789, élu en 1816.

Fig. 30. — (D'après une lithographie de Boilly, 1831.)

Cherbourg (1810), il ne tarda pas à revenir à Paris où, sur les conseils de Laplace, il renonça à la carrière administrative, pour se consacrer exclusivement à la Science pure. Il n'eut pas du reste à le regretter, puisque l'Académie l'admit dans son sein en 1816, et qu'il fut nommé professeur de Mécanique à l'Ecole Polytechnique. Mais à l'avènement de Louis-Philippe il dut quitter sa chaire pour refus de serment. Cauchy se retira alors à Turin, puis à Prague où de 1833 à 1838 il enseigna les sciences au duc de Bordeaux. De retour à Paris, vers cette époque, il professa dans plusieurs établissements religieux, notamment chez les Jésuites [1]. Enfin le gouvernement de 1848 le dédommagea en lui donnant la chaire d'Astronomie mathématique à la Sorbonne, chaire qu'il occupa jusqu'à sa mort (25 mai 1857). Tous les domaines de la mathématique lui doivent d'utiles contributions : l'Arithmétique comme la Géométrie, l'Analyse aussi bien que l'Algèbre, l'Optique comme la Mécanique céleste. Toutefois, certaines de ses recherches priment les autres. Il a fondé la théorie des résidus, et a pu entreprendre, grâce à elle, l'explication des périodes des intégrales ; il a porté ses efforts sur la série de Taylor, dont il a tenté de déterminer les conditions de convergence. Il a trouvé, le premier, un procédé général pour l'intégration des équations aux dérivées partielles du premier ordre à une seule inconnue. Avant lui, Jean-Frédéric Pfaff de Göttingue, s'était efforcé de résoudre le problème, mais sa méthode, pénible du reste, reposait sur des calculs compliqués.

Cauchy arriva, d'autre part, à déterminer immédiatement les valeurs générales des variables principales

---

(1) Maximilien Marie. *Histoire des Sciences mathématiques et physiques*, t. XII, Paris, 1888. Si nous empruntons quelques renseignements biographiques à cet ouvrage, nous n'aurions garde d'accueillir les appréciations extraordinairement partiales et injustes émises par Marie sur Cauchy, son ennemi personnel du reste.

qui vérifient un système d'équations linéaires à coefficients constants, en fonction de la variable indépendante et des valeurs initiales des inconnues principales et de leurs dérivées, sans établir aucune distinction pour le cas où l'équation auxiliaire possède des racines égales.

Navier avait entrepris un des premiers d'analyser les lois élémentaires de l'équilibre et du mouvement des systèmes de corps solides. Il était arrivé aux équations différentielles de cette question de Mécanique. Lagrange et Poisson s'en étaient inquiétés également. Cauchy voulut généraliser le problème, et le rendre indépendant des conditions particulières auxquelles on l'avait primitivement assujetti : l'introduction du *principe de continuité* des déplacements géométriques lui suffit pour trouver une marche des plus heureuses.

L'illustre analyste formula aussi la théorie de l'équilibre et du mouvement des tiges et des plaques élastiques, sachant déduire des formules plusieurs considérations physiques que l'expérience vérifia par la suite.

Fresnel venait de fournir une explication presque complète des divers phénomènes lumineux, en partant de quelques données simples fournies par l'observation ; mais il restait à coordonner les théories partielles en un corps de doctrine unique, émanation directe des lois fondamentales de la Mécanique. Le génie de Cauchy mena cette tâche délicate à bonne fin. Il parvint aux équations générales de l'Optique en soumettant à l'Analyse les mouvements qui peuvent coexister dans un double système de molécules (celles des masses pesantes et celles de l'éther) se pénétrant mutuellement. Il eut encore recours à son principe de continuité qu'il énonce ainsi, en la circonstance : les particules d'éther, intérieures ou extérieures, forment un système unique et continu, et les déplacements moléculaires comme leurs dérivées partielles varient par degrés insensibles lorsqu'on passe d'un milieu à un autre.

Ajoutons qu'il enrichit la théorie des *déterminants*, ébauchée par Vandermonde et qu'en Géométrie élémentaire il a exécuté un remarquable travail sur les polyèdres. Cette esquisse sommaire n'a pu rendre que bien imparfaitement l'énorme activité de ce savant, attestée par plus de 700 mémoires insérés dans les publications académiques ou autres, et que le Gouvernement français est en train de réunir et de rééditer. Beaucoup d'entre eux avaient aussi été publiés sous le titre : *Exercices mathématiques*, sorte de revue qu'il faisait paraître à intervalles irréguliers. On a souvent comparé Cauchy à Gauss. Comme ce dernier, en effet, sans se cantonner dans un coin de la science, il sut créer souvent, et perfectionner toujours.

A ce génial algébriste français, la Norvège a un grand nom à opposer, Nicolas Henri Abel, que ses malheurs autant que ses découvertes ont rendu célèbre. Né le 25 août 1802 à Frindœ où son père était pasteur protestant, il fit son éducation à l'école cathédrale de Christiania, et prit goût aux Mathématiques dès l'âge de seize ans. Vers cette époque il pensait avoir trouvé la solution de l'équation générale du 5e degré. Puis en 1820 il mit à jour quelques mémoires d'analyse dont le succès lui valut de voyager pendant deux ans en Allemagne, en France et en Italie aux frais du roi. Il resta d'abord six mois à Berlin, se liant avec Crelle, se dirigea ensuite vers Milan et Turin, et arriva enfin à Paris. Assez froidement accueilli par les académiciens de la Capitale, il se vit obligé d'accepter un modeste emploi pour subvenir à ses besoins. Mais l'excès de travail joint au dépit consuma ses forces, et il s'éteignit le 6 avril 1829, à Froland où séjournaient ses parents. On s'aperçut seulement alors de la perte que venait d'éprouver l'Humanité. Dans toute l'Europe savante une douloureuse émotion s'empara bientôt des moins prévenus. L'Institut de France décerna à sa vieille mère la moitié du grand prix des Sciences mathématiques, et le Gouvernement norvégien décida la publication de ses œuvres. Rien n'a manqué à la gloire du géomètre après sa mort; mais tout a manqué à son bonheur pendant sa vie[1].

Ses principales études se rapportent aux équations algébriques et aux fonctions elliptiques dont il aperçut la double périodicité. Dans le premier ordre d'idées son mémoire *Sur une classe d'équations résolubles algébriquement* est un modèle d'élégance. Il y démontre entre autres résultats que si toutes les racines d'une équation sont liées entre elles par un rapport rationnel, il sera possible de les déterminer algébriquement.

Pour exposer ce qu'on lui doit dans le second genre, remontons un peu en arrière.

Lorsqu'on eut trouvé le Calcul intégral, on jugea d'abord facile de ramener aux fonctions algébriques et circulaires l'intégration des fonctions différentielles d'une seule variable; mais on se heurta vite à des expressions simples qu'on ne put intégrer et auxquelles conduisaient la rectification des sections coniques, d'où le nom d'*intégrales elliptiques* donné à ces fonctions transcendantes nouvelles qu'on s'efforça de réduire à leur forme la plus simple.

Au commencement du XVIIIe siècle, l'Italien Fagnani ouvrit une voie nouvelle en arrivant à une intégrale particulière de l'équation différentielle servant à la division de l'arc de la lemniscate. Euler fit faire un pas de plus à la question, en découvrant l'intégrale générale d'une équation différentielle du premier ordre dont chaque membre est une transcendante elliptique complète. Lagrange la retrouva par une méthode plus élégante, et le géomètre anglais Landen, en 1755, formula un théorème remarquable au moyen duquel il montra que chaque arc de l'hyperbole est immédiatement rec-

(1) Libri. Art. *Abel* dans la *Biographie universelle ancienne et moderne* (nouvelle édition, t. I. Paris, 1843).

tifiable par deux arcs d'une ellipse. Puis Legendre composa son grand traité contenant divers perfectionnements importants; enfin Abel, en 1827, dans une série de mémoires classiques fournit, pour le développement et la multiplication des transcendantes elliptiques, d'élégantes expressions correspondant à celles en usage pour les fonctions circulaires. Il déduisit toute sa théorie du théorème fondamental connu aujourd'hui sous son nom et communiqué à l'Académie des Sciences de Paris en 1825, mais publié seulement en 1841.

Pendant qu'Abel poursuivait ses profondes recherches, un mathématicien allemand, Carl Gustav Jacobi, travaillait de son côté dans la même direction. Cet algébriste naquit à Postdam en 1804. Après avoir terminé ses études à l'Université de Berlin où il obtint le grade de docteur en philosophie (1825), il devint professeur de mathématiques à Königsberg, puis voyagea pendant plusieurs années, visitant Gauss à Göttingue, Legendre et Poisson à Paris. En 1842 il résida en Italie pour rétablir sa santé ébranlée puis retourna peu de temps après à Berlin. Le gouvernement prussien lui servit alors une pension jusqu'à sa mort (18 février 1851). Ses premiers travaux roulent sur la valeur des intégrales définies et les équations aux différentielles partielles, mais les plus célèbres se rapportent aux fonctions elliptiques. Epars dans divers mémoires, ils sont condensés dans ses *Fundamenta nova Theoriæ functionum ellipticarum* imprimés en 1829. Ils paraissent avoir été établis indépendamment de ceux d'Abel; en tous cas il a inventé les notations qui nous servent actuellement.

Deux de ses compatriotes Göpel et Georg Rosenhain s'occupèrent également des fonctions abéliennes et des fonctions-theta dont le dernier établit la théorie. L'illustre doyen de nos géomètres, Charles Hermite, les introduisit dans l'enseignement supérieur. Né à Dieuze (Meurthe) le 25 décembre 1822, ce savant entra à l'École Polytechnique en 1843, mais n'en sortit dans aucun service public afin de pouvoir plus librement se consacrer à la Mathématique. Ses succès furent d'ailleurs assez grands pour qu'en 1856 l'Académie des Sciences l'appelât dans son sein et qu'en 1869 on le nommât professeur d'Algèbre supérieure à la Sorbonne. Il sut, par une sagace application des fonctions elliptiques à la théorie des nombres, déduire de nombreuses propositions arithmétiques. Ses études de la transformation, sa résolution de l'équation du cinquième degré, sa démonstration de la nature de la fonction modulaire, premier type de toute une classe de transcendantes nouvelles, et tant d'autres recherches qu'il nous est impossible même de citer, l'ont placé au premier rang des mathématiciens de notre temps.

Les fonctions elliptiques furent envisagées au point de vue géométrique par BERNHARD RIEMANN, né à Breselenz (Hanovre) en 1826. Après des études théologiques à Göttingue, il apprit les Mathématiques avec Gauss, Jacobi et Eisenstein, puis la Physique sous Weber. En 1851, il obtint le grade de docteur et remplaça Dirichlet dans sa chaire (1859). Peu après il alla demander à l'Italie le rétablissement de sa santé chancelante, mais le climat de Sélasca ne put le guérir et il décéda le 20 juillet 1866. Ses découvertes scientifiques remontent aux environs de l'année 1857 et se rapportent à la théorie des fonctions algébriques d'une seule variable. Un mémoire de PUISEUX sur ce sujet avait transformé l'Analyse en lui donnant de nouvelles bases. Précisant la notion de fonction si obscure jusque-là, ce savant marcha sur les traces de Cauchy. En examinant la succession des valeurs imaginaires, les chemins décrits simultanément par la variable et les racines d'une équation, il aperçut dans leurs grandes lignes leur nature analytique. Il dévoila le rôle des points critiques et les circonstances de l'échange des valeurs initiales des racines quand la variable revient à son point de départ en décrivant un contour fermé ; puis il poursuivit les conséquences de ces résultats relativement aux intégrales de différentielles algébriques, ce qui l'amena à trouver l'origine de la périodicité des fonctions circulaires, elliptiques et transcendantes à plusieurs variables.

Vinrent ensuite les travaux de Riemann, « accueillis par une admiration unanime, comme l'événement le plus considérable de notre temps [1] ». Ils reposent sur une idée féconde, celle des surfaces désignées aujourd'hui sous son nom. Elles sont formées de plans superposés, en nombre égal au degré d'une équation algébrique et reliés par des lignes de passage qu'on obtient en joignant d'une certaine façon les points critiques. Des développements qu'il en tira découle une représentation géométrique devenue entre ses mains et celles de ses successeurs un instrument si puissant.

En énonçant son fameux théorème, Abel avait fait une découverte de premier ordre. Il avait montré qu'une somme d'intégrales à limites arbitraires, de la même fonction algébrique, se représente par un nombre fixe d'intégrales identiques auxquelles s'ajoute une quantité algébrique et logarithmique. Riemann, en voyant que ce nombre est le genre de la fonction, compléta l'œuvre de son devancier dont la proposition simplifiée revêtit alors sa forme définitive. D'autre part, le profond analyste introduisit la considération féconde de *classes de courbes algébriques* [2] : deux courbes appartiennent à la même classe si elles se correspondent point par point, voulant dire par là que les coordonnées d'un point quelconque de la première s'expriment rationnellement en fonction des coordonnées d'un point de la seconde, et réciproquement.

Karl Weierstrass considéra les fonctions elliptiques à un point de vue purement analytique. Son œuvre se

---

(1) Appell et Goursat. *Théorie des fonctions algébriques.* Préface de Ch. Hermite. Paris, 1895.

(2) Picard. *Sur la théorie des surfaces algébriques*, dans la *Revue générale des Sciences pures et appliquées*, t. V. Paris, 1894.

distingue donc bien de celle de Riemann. C'est à Ostenfeld, en Westphalie, que ce sagace géomètre vit le jour, le 31 octobre 1815. A sa sortie du gymnase de Paderborn, il ne se livra pas tout d'abord aux Mathématiques, il étudia le droit à l'Université de Bonn, et n'aborda la Science qu'à 23 ans[1]. Puis, en 1841, il subit son examen d'aptitude au professorat. ce qui lui valut les modestes fonctions d'instituteur à Deutsch-Krone (Prusse Rhénane) où pour développer ses remarquables facultés il devait enseigner l'écriture et la gymnastique à ses élèves. Ce temps d'épreuve se termina en 1848. A cette époque, il obtint une chaire au lycée de Braunsberg, et la publication de ses premiers mémoires remonte à son séjour dans cette cité qu'il ne quitta qu'en 1856 pour occuper une chaire à l'Institut industriel de Berlin puis à l'Université de cette ville quelques mois après. L'année suivante, il était élu membre de l'Académie. Enfin, en 1873, ses collègues le nommèrent recteur magnifique, fonctions qu'il conserva jusqu'à sa mort (19 février 1897). Tous les corps savants du monde se l'étaient associé depuis longtemps.

La partie maîtresse de ses recherches est l'établissement d'une théorie générale et définitive des fonctions analytiques. Il montra qu'une fonction entière peut être décomposée en un produit d'un nombre généralement infini de facteurs primaires, chacun de ceux-ci étant le produit d'un facteur linéaire par une exponentielle d'une certaine forme. Cette méthode le conduisit à l'importante notion du *prolongement analytique*, considération qui joua par la suite un grand rôle dans les travaux de FÉLIX KLEIN (actuellement professeur à Göttingue) sur les fonctions modulaires. En représentant les fonctions par les séries, Weierstrass remarqua le premier que certaines séries, ordonnées suivant les puissances crois-

(1) *Revue des questions scientifiques*. Art. de M. D'OCAGNE, 2e série, t. XII. Bruxelles, 1897.

Fig. 31. — Portrait de KARL WEIERSTRASS (1815-1897).
(D'après la planche du tome VII des *Acta Mathematica*, Stockholm.)

santes d'une variable ne peuvent être prolongées au delà de leur cercle de convergence, et il fut amené à fournir l'exemple d'une fonction continue d'une variable x n'ayant pas de dérivée. Les ouvrages d'Halphen, de Picard, et le traité plus récent d'Appell et Goursat (1895), en réunissant toutes ces découvertes en corps de doctrine, ont beaucoup contribué à leur diffusion.

La théorie des fonctions abéliennes attira aussi l'illustre professeur berlinois. L'inversion des intégrales hyperelliptiques avait été formulée par Jacobi, et étudiée par Göpel et Rosenhain dans le cas où le polygone sous le radical est du cinquième ou du sixième degré. Par une méthode toute différente, Weierstrass étendit le problème aux intégrales hyperelliptiques de degré quelconque.

Comme nous l'avons dit plus haut, dans ses recherches sur les fonations algébriques et leurs intégrales, son point de départ fut différent de celui de Riemann. Il parvint à la notion du genre d'une courbe sans quitter le domaine de l'Algèbre, en recherchant le nombre minimum des infinis arbitraires qu'une fonction rationnelle des coordonnées d'un point variable de la courbe est susceptible d'avoir. Du reste, les tendances d'esprit de ces deux grands analystes s'accusent nettement dans ces travaux en quelque sorte parallèles. Weierstrass déduit tout de transformations de calcul qui permettent de parvenir de façon assurée au but cherché. Dans son exposition il paraît se garder des vues d'ensemble, tandis que Riemann se complaît dans les méthodes intuitives qui éclairent d'un jour nouveau le sujet, quitte à négliger certains détails. Weierstrass s'est encore attaqué à bien d'autres questions. Son grand souci de la rigueur l'a conduit à élucider les principes qui servent de base à l'Analyse, de manière à les mettre à l'abri du doute. Enfin la théorie des surfaces minima lui est redevable d'importants perfectionnements qu'a augmentés encore, dans un des plus remarquables chapitres de ses *Leçons de géométrie infinitésimale*, le doyen actuel de la Faculté des sciences de Paris, DARBOUX.

Parmi les plus brillants élèves du mathématicien allemand, citons : MITTAG-LEFFLER, de Stockholm, qui dirige le recueil si estimé des *Acta mathematica*, et s'occupa de généraliser bien des points de la théorie des fonctions; SCHWARZ, qui développa aussi la doctrine des surfaces minima et publia un intéressant travail sur les séries hypergéométriques, et enfin la mathématicienne russe SOPHIE KOVALEWSKI, gracieuse figure sur laquelle nous nous arrêterons quelques moments.

Cette femme remarquable naquit à Moscou en 1850 et non en 1853 comme la plupart de ses biographes l'ont imprimé par erreur [1]. Elle poursuivit ses études scientifiques d'abord à Heidelberg ensuite à Berlin où elle sut conquérir l'estime et l'amitié de Weierstrass. Elle resta sous sa direction pendant quatre années consécutives, et en 1874 l'Université de Göttingue lui décerna sans examen le grade de docteur en Philosophie, sur la production de deux thèses, dont celle *Sur la théorie des équations aux différences partielles* a une grande valeur. Puis, tout en continuant ses recherches d'analyse, elle fut nommée en 1884, grâce à l'appui de Mittag-Leffler, professeur à l'École supérieure de Stockholm où son enseignement obtint un vif succès. Peu après elle remporta le prix Bordin (1888), une des des plus hautes distinctions accordées par l'Académie des Sciences de Paris, avec le sujet suivant : « Perfectionner en un point important la théorie du mouvement d'un corps solide. » On lui décerna solennellement cette récompense dont la valeur fut doublée en raison du service extraordinaire rendu à la Physique mathématique. Elle avait découvert un cas nouveau dans lequel les équations différentielles d'un corps pesant, mobile

(1) *Souvenirs d'enfance de* SOPHIE KOVALEWSKY, *écrits par elle-même, et suivis de sa biographie par* Mme A.-CH. LEFFLER, *duchesse de Cajanello*. Paris, 1895.

Fig. 32. — Portrait de SOPHIE KOVALEWSKY (1850-1890).
(D'après une phototypie suédoise.)

autour d'un point fixe, peuvent s'intégrer. Ce fut une de ses dernières productions. Élue en 1890 correspondante de l'Académie de Saint-Pétersbourg, cette savante dont le talent en pleine maturité donnait tant d'espérances, s'éteignit le 10 février de la même année. Sa mort éveilla bien des sympathies, et de tous les coins du monde civilisé, depuis la Société Royale de Londres jusqu'à l'école primaire de Tiflis, des télégrammes de condoléances parvinrent au recteur de l'Université de Stockholm. Ses funérailles furent royales, des monceaux de fleurs ornèrent son tombeau, les journaux mathématiques lui consacrèrent des articles nécrologiques émus, et les femmes russes décidèrent d'élever à celle qui avait si bien honoré leur sexe, un monument dans la ville même où elle avait enseigné.

ALGÈBRE ET MÉCANIQUE

Après avoir constitué ce qu'on dénomme aujourd'hui l'Algèbre supérieure, les mathématiciens de notre siècle se sont attachés à envisager sous tous leurs aspects les principes fondamentaux, et surtout ils ont créé la théorie des équations.

W. Rowan Hamilton fut un de ceux qui se distinguèrent le plus dans ce domaine. Né à Dublin le 4 août 1805, sa première éducation se fit dans sa famille, et il entra seulement en 1824 au Trinity College, un an après avoir publié son premier mémoire qui roule sur une question d'Optique et fut très remarqué. Aussi dès 1827 il devenait professeur d'Astronomie dans sa ville natale, bien qu'il ne possédât aucun grade universitaire.

Dans sa *Théorie des systèmes de rayons* il prédisait le phénomène de la réfraction conique, et les années suivantes il publia de nombreux mémoires sur l'équation du 5e degré, sur la courbe dite « hodographe », sur la solution numérique des équations différentielles, etc.

Mais surtout il énonça, en 1835, le principe des *quaternions* ou calcul s'appliquant aux figures géométriques de l'espace. Il compléta et développa par la suite cette théorie, pratiquée avec succès en Angleterre mais peu connue en France malgré la remarquable *Introduction à l'étude des quaternions* qu'a publiée, en 1881, Laisant, examinateur à l'École Polytechnique. Le calcul géométrique était né d'ailleurs avant l'habile astronome de Dublin. Le Genevois Robert Argand, dans son *Essai sur une manière de représenter les quantités imaginaires* (1806), avait indiqué le moyen d'exprimer graphiquement des nombres de la forme $A + B\sqrt{-1}$. Möbius, professeur à Leipzig, dans son *Calcul barycentrique* (1827), basé comme son nom l'indique sur les propriétés du centre de gravité, ouvrit une nouvelle route et l'Italien Bellavitis, en imaginant la conception des *Equipollences*, traduisit les faits géométriques du plan.

Mais peu après la découverte d'Hamilton, Hermann Grassmann inventa une méthode puissante établissant, en somme, le lien entre les précédentes.

Ce mathématicien naquit à Stettin en 1809. Il commença son éducation au gymnase de sa ville natale, puis il apprit durant plusieurs années la théologie à Berlin, sans négliger toutefois les études scientifiques. Aussi, en 1834, succéda-t-il à Steiner comme professeur de Mathématiques à l'École industrielle de Berlin où il enseigna à la fois l'Astronomie, la Physique et le dogme. Vers cette époque il produisit des travaux originaux, et en 1844 publia son fameux ouvrage *Lineale Ausdehnungslehre*, dont la forme ardue d'exposition retarda longtemps la diffusion. Le but de cette « Science extensive » a été de constituer une théorie des fondements abstraits de l'étude des grandeurs sans recourir à la Géométrie, simple application de son système à l'espace. Ses propositions ont d'ailleurs une portée des plus générales. Procédé de calcul géométrique à la fois synthétique et analytique, sa méthode est devenue féconde en permettant la résolution aisée de bien des problèmes complexes se rapportant aux diverses branches des mathématiques où entre la considération de l'étendue.

En Italie, tout récemment, le professeur Peano a fourni une interprétation géométrique concrète des formes et des opérations comprises dans l'ouvrage de Grassmann. Partant de l'idée commune de tétraèdre, il définit le produit de 2 et de 3 points puis les produits de ces éléments par des nombres, et enfin les sommes de ces produits. La théorie des formes du premier ordre fournit les calculs barycentrique et vectoriel. Les formes du deuxième ordre représentent les droites, les orientations et les systèmes de forces appliquées à un corps solide ; les formes du troisième ordre expriment les plans et le plan à l'infini. Enfin, en 1897, Burali Forti de Turin a présenté très simplement dans son *Introduction à la Géométrie différentielle*, les éléments essentiels de la doctrine de Grassmann.

D'un autre côté, Maurice d'Ocagne, professeur à l'Ecole des Ponts-et-Chaussées, dans son *Traité de Nomographie* (1899) s'est efforcé d'établir une théorie de la représentation graphique des équations à un nombre quelconque de variables. Les principes de la dualité et de l'homographie, en passant ici dans le domaine de la pratique, lui ont permis de fixer les dispositions d'abaques préférables pour les types de formules habituelles. De la sorte, il a pu réduire les longs calculs d'ingénieurs à de simples lectures sur des tableaux graphiques, construits une fois pour toutes.

Dans un domaine quelque peu différent, Auguste de Morgan se signala tout particulièrement. Fils d'un colonel de l'armée anglaise [1], il naquit à Madura (Inde) en 1806, fit ses études à Cambridge, devint par la suite professeur à l'Université de Londres,

---

(1) *The Open Court* (New-York), numéro de décembre 1898.

et prit une part active à la fondation de la Société mathématique de cette ville. Ses plus importants travaux roulent sur les principes fondamentaux de l'algèbre. Il s'attaqua dans sa *Formal Logic* à analyser méthodiquement les lois, les opérations et les symboles des Mathématiques. Sa maxime favorite était la suivante : « Les mathématiciens ne prennent pas plus soin de la Logique, que les logiciens des Mathématiques ; cependant les deux yeux de toute Science exacte sont les Mathématiques et la Logique ; la secte mathématique dédaigne l'œil logique, la secte logique ne regarde pas avec l'œil mathématique, chacune croyant voir mieux avec un œil qu'avec deux. » De Morgan, lui, s'efforça de se servir des « deux yeux », et ses travaux philosophiques resteront. Son enseignement a laissé d'ailleurs une trace profonde dans les recherches de ses successeurs, les Cayley, les Benjamin Peirce et les Sylvester, pour ne citer que quelques-uns de ses compatriotes.

Avec Évariste Galois l'Algèbre s'enrichit d'inventions remarquables. Ce génial mathématicien naquit à Bourg-la-Reine, près de Paris, le 25 octobre 1811. Après avoir travaillé dans sa famille, il entra au lycée Louis-le-Grand (1823), et dès la fin de 1827 son aptitude spéciale se révéla : il lisait avec avidité Lagrange et Legendre. Bientôt il remporta un prix au Concours général, se présenta à l'École Polytechnique (1828), mais se vit refusé deux ans de suite à ce concours. Cependant son professeur avait su l'apprécier. Il commentait en classe les solutions originales trouvées par son élève, qui pendant l'année même de son échec publia dans le journal de Gergonne [1] sa *Démonstration d'un théorème sur les fractions continues périodiques* (1829), et communiqua à l'Académie des Sciences

(1) Les *Annales de Mathématiques*, premier journal français consacré exclusivement aux mathématiques, se publièrent à Nîmes, sous la direction de Gergonne, de 1811 à 1833. La collection de ce recueil est très estimée, car elle renferme d'importants mémoires.

Fig. 33. — Portrait d'Evariste Galois (1811-1832.)
(D'après l'héliogravure placée en tête de ses *Œuvres*, 1897.)

une de ses plus belles découvertes sur la théorie des équations. Il n'avait pas dix-huit ans ! Sur ces entrefaites, il perdit son père et fut reçu à l'école Normale en 1829. Durant l'hiver suivant, son activité mathématique ne se démentit pas, et il écrivit plusieurs mémoires importants ; mais en juillet 1830 la révolution éclatait. Alors le jeune Galois se jeta avec ardeur dans la mêlée politique, fut renvoyé de l'École, devint, malgré son jeune âge, un orateur influent du parti républicain avancé, et fut même poursuivi pour un toast régicide [1]. Acquitté cependant, il fut arrêté à nouveau un mois plus tard, passa quelque temps à Sainte-Pélagie où il se remit au travail. Mais à peine sorti de prison, il fut tué en duel à la suite d'une intrigue d'amour, le 30 mai 1832. Sa vie si courte, semée de tant d'épreuves, ne fut cependant pas perdue pour la Science. Les notes qu'il avait laissées furent d'abord publiées par Liouville, en 1846, puis rééditées en 1897, par la Société mathématique de France.

Si Lagrange, Gauss et Abel avaient perfectionné la théorie des équations, aucun n'avait trouvé l'élément primordial de celles-ci. Galois sut le découvrir. Il montra qu'à toute équation algébrique correspond un groupe de substitutions où viennent, pour ainsi dire, se réfléchir son image, ses caractères essentiels. Cauchy avait poursuivi de multiples recherches sur la théorie des groupes, et introduit divers éléments de classification. Galois poussa plus loin l'analyse du problème. Il saisit l'importance de la notion de sous-groupe invariant d'un groupe donné, ce qui l'amena à partager les groupes en simples et en composés.

Ses travaux en Analyse ne le cèdent en rien aux précédents. Dans une *lettre* à un de ses amis, Chevallier,

---

(1) M. Dupuy, dans les *Annales de l'Ecole Normale supérieure*, 3e série, t. XIII (1896), a consacré une attachante notice biographique à Galois. C'est à ce travail, composé d'après des documents inédits, que nous avons emprunté les renseignements qui précèdent.

sorte de testament scientifique écrit la veille de sa mort, on rencontre les vues les plus curieuses sur les intégrales de fonctions algébriques. En particulier, il paraît avoir possédé les parties essentielles de la théorie des intégrales abéliennes qu'il était réservé à Riemann d'apercevoir un quart de siècle plus tard. Si quelques années lui avaient été accordées pour mûrir ses idées, il aurait sans doute posé les fondements de la théorie des fonctions algébriques dont nous ont doté ses continuateurs. En tout cas, on ne peut s'empêcher d'une douloureuse émotion en songeant qu'une vie si courte et si agitée a permis d'édifier une telle œuvre. « Sa mort fut pour la Science une perte immense ; l'influence de Galois, s'il eût vécu, aurait grandement modifié l'orientation des recherches mathématiques... il a sans doute des égaux parmi les mathématiciens de ce siècle ; aucun ne le surpasse par l'originalité et la profondeur de ses conceptions[1]. » Parmi ses successeurs, que le cadre de notre livre nous force de sacrifier quelque peu, distinguons : CAYLEY qui formula les principes de la théorie des invariants ; STURM, Genevois naturalisé Français, qui succéda à Poisson dans sa chaire de Mécanique à la Faculté des Sciences de Paris, et dont le théorème, permettant de décider combien il existe de racines réelles d'une équation algébrique comprises entre deux limites données, est bien connu ; enfin HENRI POINCARÉ que nous avons déjà rencontré à plusieurs reprises et dont les mémoires de haute analyse ont trait principalement à la théorie des fonctions et à leur application aux équations différentielles. Né à Nancy le 29 avril 1854, membre de l'Académie des Sciences de Paris depuis 1887, il professe actuellement à la Sorbonne. C'est là l'origine de son remarquable *Cours de Physique mathématique* (1885-1896).

---

(1) *Œuvres mathématiques* D'EVARISTE GALOIS. Paris, 1897. Introduction par EMILE PICARD.

Signalons encore parmi les nombreuses applications de l'algèbre à cette dernière branche de la science, la *Théorie analytique de la chaleur* par Fourier, qui parut en 1822 et qui est un modèle du genre. Avec une grande pénétration ce savant inventait des ressources inconnues pour résoudre ces difficiles questions. Il prit comme point de départ ce principe : le flux différentiel de calorique entre deux molécules infiniment voisines est proportionnel à la différence infiniment petite des températures de ces deux particules. Il parvint à trouver les équations différentielles des phénomènes thermiques et plusieurs théorèmes au moyen desquels on peut remonter de celles-ci aux intégrales et par le fait arriver jusqu'aux applications numériques. Il jeta aussi un jour nouveau sur la théorie des équations aux différentielles partielles en découvrant la série connue sous son nom et qui permet de développer une fonction continue ou discontinue en une suite infinie de termes composés des sinus et des cosinus des multiples de la variable.

Dans la même voie, Georges Green, qui mourut à Cambridge en 1841, rendit de grands services en introduisant dans l'étude mathématique de l'électricité, la *fonction potentielle* utilisée déjà par Lagrange et Laplace au sujet de l'attraction universelle. Plus près de nous, Clerk Maxwell, né à Edimbourg le 13 juin 1831, créa une théorie électro-magnétique complète basée sur l'intervention du milieu ambiant, en traduisant en langage algébrique les résultats expérimentaux découverts par Faraday. Son hypothèse peut se résumer ainsi : tout milieu capable de transmettre la force magnétique est formé d'une infinité de particules sphériques susceptibles de tourner. Sous l'influence de la force magnétique ces corpuscules prennent, autour des lignes de force comme axe, un mouvement de rotation dont le sens et la vitesse dépendent du sens et de l'intensité de la force. Grâce à ce principe et à quelques transformations analytiques il parvint, dans son *Traité d'électricité et de magnétisme* (1873), non seulement à expliquer tous les phénomènes connus, mais à déduire de nouvelles relations intéressantes entre la lumière et l'électricité. Maxwell, après avoir professé à Aberdeen et au King's Collège de Londres, termina sa carrière comme professeur à l'Université de Cambridge où il décéda le 5 novembre 1879.

Parmi les ouvrages les plus connus exposant l'ensemble de la Science physico-mathématique on peut mentionner, outre ceux cités plus haut, celui de Resal, mort à Annemasse (Haute-Savoie) le 22 août 1896. Enfin Boussinesq, le savant professeur de Mécanique à la Faculté des Sciences de Paris, a singulièrement fait progresser l'*Hydrodynamique mathématique* à laquelle il a su appliquer avec sagacité l'analyse et l'algèbre.

GÉOMÉTRIE EUCLIDIENNE ET GÉOMÉTRIES NON EUCLIDIENNES

Toutes les branches des Mathématiques ont reçu de l'impulsion dans la seconde moitié du XIXe siècle. La science d'Euclide ne fit pas exception à cette règle. Le *Traité des propriétés projectives des figures* de Poncelet ouvrit des routes nouvelles à la Géométrie pure en agrandissant ses ressources, en généralisant les conceptions et en les rapprochant de celles de la Géométrie analytique. Il offrit des moyens propres à déceler d'une façon aisée les propriétés dont jouissent les figures quand on les envisage d'une manière abstraite et indépendamment d'aucune grandeur absolue et déterminée. Ces propriétés se retrouvent à la fois dans toutes les projections ou perspectives de la figure considérée. On les a alors distinguées des autres en les désignant sous le nom générique de « propriétés projectives » destiné à en rappeler la nature.

Les deux volumes qui forment l'ouvrage parurent l'un en 1822, l'autre en 1866; mais le savant mit à jour pendant cet intervalle les découvertes les plus importantes qu'il y expose. Elles ont contribué puissamment à fonder la Géométrie moderne, si différente de la Science antique. La marche de celle-ci est timide ; toujours, dans les démonstrations, on raisonne sur des grandeurs déterminées, des figures réellement décrites. Celle-là, plus hardie et plus subtile, ignore le plus souvent les formes individuelles représentant les objets sensibles, ou, en tout cas, s'en dégage autant que possible.

Le *Traité* de Poncelet renferme outre l'exposition de ces principes, les notions élémentaires des pôles et polaires réciproques, une théorie de la perspective des reliefs ou bas-reliefs, et les principales propriétés des centres de moyennes harmoniques. Il fut aussi pour son auteur l'origine d'une polémique avec Chasles. Ce dernier ayant fait paraître en 1837 un Mémoire sur deux principes généraux de la Science, la *dualité* et l'*homographie*, Poncelet revendiqua le premier comme lui appartenant.

Michel Chasles était né à Epernon (Eure-et-Loir) le 15 novembre 1793 et fut reçu à l'École Polytechnique en 1812, puis à sa sortie donna sa démission pour aller exercer à Chartres la profession d'agent de change, sans cesser de se livrer aux spéculations scientifiques. Ses découvertes lui valurent bientôt d'être élu correspondant de l'Académie (1839) et professeur à la Sorbonne deux ans plus tard. Il mourut à Paris le 18 décembre 1880. Dans ses belles recherches il s'efforça d'affranchir la Géométrie des procédés de calcul que les Descartes, les Newton et les Leibniz avaient introduits et qui, en quelque sorte, avaient mis la Science de l'étendue sous la tutelle du calcul. A la base de ce monument, Chasles posa la notion du rapport anharmonique. Ce fut l'origine de ses belles théories de l'homographie et de l'homologie et il puisa, dans un mode de transformation particulier où à un point correspond une droite, à une droite un point, sa féconde doctrine de la dualité. Grâce à lui, l'idée de transformations des figures[1] prit dès lors une place considérable dans la nouvelle Géométrie. On vit nettement les analogies existantes entre les transformations de figures et celles d'équations. Comme, d'autre part, on peut imaginer des transformations en nombre infini, cette méthode devint entre les mains des géomètres un puissant mode d'investigation.

Plus près de nous, les notions établies par Poncelet ont été généralisées. Avec la *Géométrie synthétique* de STEINER (1867), avec les *Eléments de Géométrie projective* de LUIGI CREMONA, l'érudit professeur de l'Université de Rome et avec la *Geometria projectiva* du mathématicien espagnol TORROJA (1893), ils ont fini par former une science particulière dont les conquêtes s'augmentent chaque jour.

Le dernier quart de ce siècle a vu s'édifier d'intéressantes théories. En 1873, M. EMILE LEMOINE publia un mémoire relatif à un point remarquable du plan d'un triangle. On avait trouvé de nombreuses propriétés de ce point, mais sans faire attention qu'elles s'appliquaient toutes à ce dernier, dénommé aujourd'hui « point de Lemoine ». Plusieurs savants, entre autres H. BROCARD, en France, et NEUBERG, en Belgique, dirigèrent alors leurs recherches dans cette voie et la *Géométrie du triangle* se fonda. Depuis cette époque, des centaines de travaux ont paru sur ce sujet dans les divers journaux mathématiques du monde.

On doit encore à Lemoine l'invention de la *Géométro-*

---

(1) Voici en quoi consiste cette série d'opérations, connues des Grecs, mais utilisée seulement par Chasles et ses successeurs. On déduit d'une figure F grâce à des constructions nettement définies, une nouvelle figure F'; et réciproquement, on pourra revenir de la figure F' à la figure F. Si donc une propriété est facile à découvrir dans la figure F' il s'ensuivra qu'on possédera par le fait même la propriété correspondante de la figure F, souvent très pénible à trouver directement. Voir LAISANT. *La Mathématique.* Paris, 1898.

graphie (1893) ou art des constructions géométriques, ébauché déjà par Steiner. Il montra que toute construction quelle que soit sa complication est toujours réductible à un petit nombre de constructions faciles et identiques. Au moyen d'une hypothèse naturelle permettant de comparer entre elles ces constructions élémentaires de même nature, il arriva à un système de notation commode où deux nombres, le coefficient de simplicité et le cofficient d'exactitude, permettent d'analyser et de caractériser une construction géométrique quelconque.

D'autre part, Schœnflies, professeur à l'Université de Göttingue, dans sa *Géométrie du mouvement*, et le colonel Mannheim dans sa *Géométrie cinématique* (1894) ont tiré de la Mécanique rationnelle de nouvelles méthodes pour la détermination des propriétés des figures.

Mais sans contredit les recherches les plus originales de cette période se rattachent aux *Géométries non euclidiennes*, et c'est par elles que nous terminerons cet exposé bien incomplet de la Science contemporaine.

Depuis longtemps, on a cherché à démontrer le fameux axiome posé il y a vingt siècles par Euclide, à savoir : par un point on ne peut mener qu'une parallèle à une droite donnée.

Ces tentatives demeurèrent infructueuses. Cependant, à la fin du xviiie siècle, un jésuite italien, Saccheri, voulut fonder une Géométrie reposant sur un principe différent du célèbre postulat; enfin, au début du xixe, un russe, Lobatschevsky, et un hongrois, Jean Bolyai, aperçurent à peu près en même temps l'impossibilité de cette démonstration. Leurs travaux publiés indépendamment les uns des autres avaient sans doute été inspirés par les doctrines du philosophe Kant qui, dans un passage de sa *Critique de la raison pure*, indiquait une nouvelle considération de l'espace. Pour ce dernier, l'espace existait *a priori*, précédant toute expérience, comme forme complètement subjective de notre intuition.

NICOLAS LOBATCHEVSKY était né en 1793 à Makarief, dans la province de Nijni-Novgorod, et fit ses études à l'Université de Kazan qu'on venait de fonder. Il y suivit les cours de Bartels, puis obtint, en 1811, le titre de licencié, avec une thèse de Mécanique céleste. Dès lors il s'absorba dans de profondes méditations [1]. A l'hypothèse de Kant, il en opposa une autre affirmant la relativité de nos notions d'espace. Sa façon de procéder est simple : il préfère aux méditations métaphysiques la vérité scientifique qui repose sur l'expérience. « Les premières données, dit-il dans ses *Nouveaux Principes de Géométrie* (1836-38), seront incontestablement les concepts que nous acquérons dans la nature au moyen de nos sens ; la raison peut et doit les réduire au plus petit nombre possible, pour qu'elles servent ensuite de base solide à la science. » Cela posé, voici comment il procède au développement de sa doctrine.

Il énonce au début l'axiome suivant : par un point on peut mener *plusieurs parallèles* à une droite donnée. Puis, tout en conservant les autres axiomes primordiaux de la Géométrie ancienne, il en tire une série de conclusions qui, s'enchaînant d'une façon logique et sans aucune contradiction, constituent la Géométrie *non-euclidienne*.

Naturellement, ces théorèmes diffèrent de ceux auxquels nous sommes habitués. Citons-en deux exemples :

La somme des angles d'un triangle est toujours plus petite que deux droits, et la différence entre cette somme et deux droits varie proportionnellement à la surface du triangle.

La construction d'une figure semblable à une figure

---

(1) VASSILIEF. *Eloge historique de Nicolas-J.-Lobatchevsky*, traduit du russe par Mlle FICHTENHOLTZ, Paris, librairie Hermann, 1896. Consulter également un remarquable article de H. POINCARÉ dans la *Revue générale des Sciences*, t. II. Paris, 1891.

Fig. 34.
Portrait de NICOLAS LOBATCHEVSKY, mort à Kazan (Russie) en 1856.
(D'après une photographie.)

donnée, mais de dimensions différentes, est impossible.

Ces curieuses vues mirent du temps à se répandre, et le savant russe n'eut pas la satisfaction d'assister à leur triomphe. Sa carrière s'était pourtant poursuivie avec honneur. Il était devenu professeur, et quand il mourut en 1856 il occupait les fonctions de recteur de l'Université où il était entré comme simple étudiant. Quatre ans plus tard Hoüel publia une traduction française de son ouvrage sur *la Théorie des parallèles*, et dès lors ces idées pénétrèrent un peu partout. En France, en Allemagne, en Angleterre et en Italie, on vit éclore de nombreux travaux dans le champ qu'il venait de défricher. Lobatchevsky pas plus que Bolyai n'avaient, en effet, épuisé le sujet, et Riemann, en 1867, ouvrit de nouveaux horizons en considérant l'espace comme sphérique. Dans cette hypothèse l'espace est sans limites, puisqu'en continuant à marcher toujours droit devant soi on n'est jamais arrêté ; et cependant il est fini, car on peut faire également le tour d'une sphère.

Pour construire cette Géométrie, son inventeur rejette le postulatum et le premier axiome d'Euclide : deux points déterminent une droite. Si effectivement on ne peut, en général, tracer entre deux joints qu'un grand cercle (jouant ici le rôle de la droite), il y a une exception au cas où les deux points sont aux extrémités diamétralement opposées ; une infinité de grands cercles peuvent y passer. D'une façon analogue, dans la Géométrie de Riemann, il se trouvera certains cas où par deux points, passeront une infinité de droites. Les propositions qu'elle renferme sont différentes bien entendu, et de la Géométrie de Lobatchevsky et de celle d'Euclide.

Prenons les deux exemples correspondant à ceux de tout à l'heure : ils deviennent ceux-ci dans la doctrine de Riemann.

La somme des angles d'un triangle est *plus grande* que deux droits.

Le nombre des droites qu'on peut tracer parallèlement à une droite donnée par un point fixe est égal à *zéro*.

D'autre part EUGENIO BELTRAMI, professeur à l'Université de Rome, ramena dans une suite de mémorables travaux la Géométrie de Lobatchevsky à deux dimensions, à n'être plus qu'une branche de la Géométrie ordinaire, à l'aide des considérations ci-après. Supposons qu'une figure quelconque soit tracée sur une toile flexible et inextensible appliquée sur une surface de manière que quand la toile se déforme les différentes lignes de cette figure changent d'aspect, leur longueur restant la même. La flexibilité et l'inextensibilité empêcheront en général cette figure de se déplacer sans quitter la surface, à moins qu'on n'ait affaire aux *surfaces à courbure constante*. Mais celles-ci sont de deux espèces : les unes sont à *courbure positive*, et se déforment de cette manière en s'appliquant sur une sphère (Géométrie de Riemann) ; les autres sont à *courbure négative*, et Beltrami a montré que la Géométrie de ces surfaces n'étaient ni plus ni moins que celle de Lobatschevsky.

En outre un mathématicien suédois SOPHUS LIE [1], enlevé malheureusement à la Science le 18 février 1899, en cherchant à réduire au minimum le nombre des axiomes dont on se sert implicitement dans les démonstrations habituelles, est arrivé, en posant simplement les prémisses suivantes — l'espace a n dimensions ; le mouvement d'une figure invariable est possible ; pour déterminer la position de cette figure dans l'espace il faut P conditions ; — Lie est parvenu, dis-je, à la curieuse proposition suivante : le nombre des géométries compatibles avec ces prémisses est limité.

Enfin, et cette remarque clora notre livre, quelques astronomes ont été amenés à se demander si « l'espace

(1) S. DICKSTEIN. *Wiadomosci Matematyczne*, t. III, fasc. 3-4. Varsovie, 1899.

physique de notre expérience » est celui de Lobatchevsky, et si nos télescopes permettaient de résoudre le problème. Peirce conclut par l'affirmative en se basant sur de délicates observations des parallaxes d'étoiles fixes. En admettant comme acquis ce dernier résultat, il ne s'ensuivrait nullement qu'une *seule* de ces géométries serait exacte. La question ainsi posée n'a aucun sens. Comme l'a dit Poincaré, une Géométrie ne saurait être plus *vraie* qu'une autre : elle est seulement plus ou moins *commode*. La Science fondée par Euclide, il y a deux mille ans, n'a donc rien à redouter de l'avenir. Simple, et en parfaite harmonie avec les propriétés des corps solides qui nous, environnent nous n'aurions aucun intérêt à l'abandonner.

INDEX

NOMS CITÉS ET MATIÈRES TRAITÉES[1]

Abacus ou *Abaque*, 1, 67, 68, 79, 82, 231.
Abd-al-Gehl, 77.
Abel, 217-19, 235.
Abélard (1079-1142.), 88.
Abéliennes (fonctions), 219, 235.
Aboul-Wéfa, 76.
Académie des sciences de Berlin 173, 187.
Académie des sciences de Paris 128, 184, 226.
Acta Eruditorum, 145, 157, 158.
Adalbolde, 80.
Agnesi (Maria) (1718-1799), 181.
Agrimenseurs romains, 63.
Ahmes, 5, 59.
Ailly (P.) (XIVe siècle), 85.
Al Batani, 75, 76, 93, 102.
Albert-le-Grand (1193-1280), 88.
Alcuin (735-804), 78.
Alembert (d'), 178-79, 188, 210.
Alexandre d'Aphrodisie, 21.
Alexandrie (école d'), 22, 42, 52.
Algèbre : Egypte, 4 ; Diophante, 59-61 ; Hindous, 70-72 ; Arabe, 74, 75 ; Moyen âge, 78, 88 ; Renaissance, 94, 97-99. Viète, 105-7 ; période contemporaine, 111, 142, 160, 177, 194, 229-38.
Algorithme, 83.
Alhazen, 76.
Alkwarizmi, 73-74.
Allman (né le 28 septembre 1824), 20.
Almageste de Ptolémée, 55-56.
Analyse, 18, 174, 190, 225.
Analytique. V. *Géométrie*.
Anatolius, 52, 56.
Anaxagoras, 10.
Anaximandre, 10.
Anaximène, 10.
Annales de mathématiques, 232.
Anthemius, 52, 62.
Antiphon, 18.
Apices de Boèce, 66-67.
Apollonius, 39, 62.
— (*Problème d'*), 40.
Appell (né en 1855), 221, 225.
Arabes (chiffres et notation), 67, 71-72, 83, 84.
Arabes (mathématiciens), 73-77.
Arago (François), 190.

[1] Les chiffres entre parenthèse sont les dates de *naissance* et de *mort* des savants cités. Les autres renvoyent aux pages du livre. Nous avons seulement indiqué dans la table les dates qui ne figurent pas dans le corps de l'ouvrage. Quant à celles insérées au cours de notre Histoire nous avons jugé inutile de les répéter ici. D'autre part, les noms des sujets traités ont été imprimés *en italique*, afin de les distinguer aisément de ceux des personnes.

Aratus, 47.
Arbogast (1759-1803), 182.
Archimède, 29, 31-38, 68, 100.
Archytas de Tarente, 13.
Argand (1768-?), 230.
Argyrus, 89.
Aristote (384 av. J.-C. -322), 20.
Arithmétique : chinoise, 1 ; égyptienne, 7 ; grecque, 7, 13 ; école de Platon, 17, 21 : pythagoricienne, 54, 55, 66 ; hindoue, 69 ; moyen âge, 63, 78 ; Renaissance, 93 ; période contemporaine, 154, 184, 188, 205, 207-12.
Arithmétique (machine), 132, 157.
Arithmétique (triangle) 122, 133.
Arpentage, 1, 63, 80, 164, 165-167.
Aryabhatta, 69.
Arzachel, 82.
Astronomie : orientale, 3-4 ; grecque, 29, 46, 55-57 ; hindoue, 69-72 ; arabe, 74, 77, 82 ; moyen âge, 81, 89 : Newton, 142-50 V. *Mécanique céleste*.
Athelard de Bath, 30, 82.
Athènes (école d'), 17-21.
Axiomes de géométrie, 23, 241.

Bachet de Méziriac (1581-1638), 188.
Baillet, 5.
Bailly (1736-1793), 189.
Ball (Walter W. Rouse Ball) (né le 14 août 1850), 15, 20, 46, 94, 142, 210.
Barlaam, 90.
Barrow (1630-1677), 126, 142.
Bartels, 242.
Barycentrique (calcul), 230, 231.
Bassani, 24.
Beaumont (Elie de), 205.
Beaune (de, 1601-1652), 116, 121.
Bède le Vénérable (675-735), 68.
Bellavitis (1803-1880), 230.
Beltrami, 246.
Benedetti (J.-B.), 96.
Berkeley (1684-1753), 160.
Berlinus, 80.
Bernoulli (famille des), 161.
Bernoulli (Jacques), 40, 161, 163.
— (Jean), 162, 163, 176.
— (Nicolas), 161, 172.
Bertrand (Joseph) (né le 11 mars 1822), 113, 142, 179.
Beyer (Hartmann J.), 111.
Bezout (F.) (1730-1783), 181.
Bhaskara (V. 1150), 77.
Billy (de), 107.
Bion (Nicolas), 164-65, 167.
Boèce, 30, 54, 64-68.
Bolyai (1775-1856), 241, 245.
Bombelli (Raph.), 99.
Bossut (1730-1814), 44, 132, 190.
Boussinesq (né le 13 mars 1842), 238.
Bovelles (Ch. de) (1470-1553), 134.
Boyer (Jacques), 161, 181, 199.
Boyle (1626-1691), 157.
Brachistochrone, 163.
Brahmagupta (né vers 598), 70.
Brennand, 72.
Bretschneider, 13.
Brianchon (1783-1864), 135, 199.
Briggs (1556-1630), 114.
Brocard (Henri), 45, 162, 240.
Brouncker (1620 ?-1684), 141.
Bryson d'Héraclée, 18.
Buffon (1707-1788), 31.
Burali-Forti, 231.
Burgi, 111.
Buteon, 99.

Cajori (Florian) (né le 28 février 1859), 3, 161, 188, 197, 210.
Calcul. V. Barycentrique, différentiel, exponentiel, infinitésimal, intégral.
Calculer (machine à). V. *Arithmétique (machine)*.
Calendrier, 81.
Cantor (Moritz) (né le 28 août 1829), 5, 15, 59, 66, 210.
Capella, 64.
Capillarité (théorie de la), 168.
Cardan (Jérôme), 98.
Carnot (Lazare), 190, 196-99.
Carrés magiques, 90-91.
Cascade, 160-61.

Cassiodore, 63.
Castro (Hugues de), 85.
Catelan (abbé de), 160.
Cauchy (Augustin), 211, 212-17, 220.
Caustiques, 161.
Cavalieri (1598-1647), 114, 122, 136.
Cayley (né le 16 août 1821), 236.
Cercle (V. *Quadrature du*).
Chaînette, 162.
Chaleur (*théorie mécanique de la*), 237.
Chasles (Michel), 58, 66, 135, 163, 199, 239-40.
Châtelet (marquise du), 146, 151.
Chiffres, 2, 67, 88, 111.
Cicéron, 31.
Cissoïde, 45, 166.
Clairaut (Alexis, 1713-1765), 177.
Colen (van), 99.
Comberousse (C. de), 24.
Conchoïde, 45.
Condorcet (1743-1794), 176, 182, 187.
Congruences, 208, 211.
Coniques (*sections*): grecs, 19, 29, 39, 42; hindous, 76; arabes, 77; période moderne, 131, 132, 134-38.
Conon, 30, 35.
Continuité (*principe de la*), 216.
Coordonnées, 116, 117.
Copernic (1473-1543), 47, 55, 112.
Cosécante, 76, 102, 113.
Cosinus, 76, 102.
Cossali (1748-1815), 59.
Cotangente, 76, 102.
Cotes (Roger) (1682-1716), 170.
Courbes: 10, 13; théorie des, 46, 119, 177, 221; V. *Coniques* (*sections*.)
Cousin (Jacques), 181.
Cousinery (1787-?), 197.
Cramer (Gabriel), 177.
Cremona (Luigi), 221.
Crelle (1780-1855), 217.
Crible d'Eratosthène, 43.
Cridhara, 71.
Crouzet, 197.
Cube (*duplication du*), 13, 45.
Cubique V. *Équations*.
Cubique d'Agnesi, 181.
Cusa (Nicolas de) (mort en 1464), 93, 134.
Cycloïde, 134, 138.
Cyzique (*école de*), 17-20.

Darboux (Jean-Gaston) (né le 14 août 1842), 226.
Décimale (*numération*), 3.
Décimales (*fractions*), 107, 111.
Dedekind (né en 1831), 212.
Delambre (1749-1822), 46, 203.
Democrite, 10.
Desargues (1593-1662), 58, 134-37.
Descartes, 115-121, 127.
Descriptive. V. *Géométrie*.
Déterminants, 181, 217.
Développée, 41, 139.
Différentiel (*calcul*), 122, 157, 166, 174, 181.
Différentielles (*équations*), 179, 226.
Dinostrate, 19, 57.
Diocles, 45.
Dionysidore, 48.
Diophante, 52, 58-61, 95.
Dirichlet (1805-1859), 210-11.
Dosithée, 30.
Dualité (*principe de*), 231, 239.
Dupuy, 235.
Dynamique, 146, 179, 189.

Eisenlohr, 4.
Eisenstein (1823-1852), 211.
Eléments d'Euclide, 14, 19, 23-30.
Ellipse, 20. V. *Coniques* (Sections).
Elliptiques (*fonctions*), 166, 205, 219, 220.
Elliptiques (*intégrales*), 208.
Emission (*théorie de l'*), 153.
Eneström (Gustaf) (né le 5 septembre 1852), 210.
Engrenages, 132.
Epicycloïdes, 138, 166.
Equations : résolution des, 94, 220; théorie des, 94, 154, 161, 181, 218, 229, 235. V. *Algèbre*.

Equations numériques, 187.
Equipollences, 230.
Eratosthène, 43, 44.
Euclide, 19, 28-30, 76, 241, 247.
Eudème, 21.
Eudoxe, 14, 23, 25.
Euler, 172-77, 183.
Eulériennes (intégrales), 174.
Eutocius, 52, 62.
Exhaustion (Méthode d'), 19, 122.
Exponentiel (calcul), 162.
Exposants, 60, 105, 141, 153.
Ezra (Abraham ben), 82.

Fagnano (1682-1766), 166, 218.
Faraday, 237.
Fermat (P. de), 59, 125-127, 184.
Ferrari, 99.
Ferro (Scipion) (mort en 1626), 97.
Fibonacci (V. Léonard de Pise),
Fichtenholtz (Mlle), 242.
Finé (Oronce) (mort en 1555), 96, 100.
Fiore, 97.
Fluxions (calcul des), 142, 149, 153, 171.
Fonctions : théorie, 189, 218, 222. V. *abélienne, hyperelliptique, potentiel.*
Fontenelle (1657-1757), 142.
Foucault (1819-1868), 139.
Fourier (1768-1830), 237.
Fourrey, 91.
Fractions, 5, 107, 111, 188, 232.
Francon de Liège, 80.
Fresnel (Aug.) (1788-1827), 139, 206, 216.
Fuss, 176.

Galilée, 112, 138.
Galois (Evariste), 232-36.
Gauss, 207-10.
Geber-ibn-Aphla, 82.
Geminus, 45, 49.
Géodésie, 47, 50, 74, 99, 111.
Géométrie : antiquité orientale, 1, 4; grecque, 9, 17, 21, 23, 49, 58; romaine, 63; hindoue, 69-72; arabe, 76; moyen âge, 79; moderne, 175, 177, 190, 217, 238-41.
Géométrie analytique, 115, 119, 121, 153, 175.
Géométrie cinématique, 241.
Géométrie descriptive, 190-97.
Géométrie différentielle, 231.
Géométrie du triangle, 240.
Géométrie euclidienne, 23-30, 238-41.
Géométries non-euclidiennes, 241-47.
Géométrie perspective, 197.
Géométrographie, 240-41.
Gérard de Crémone, 83.
Gerbert ou Sylvestre II, 78-80.
Gergonne, 214.
Göpel, (1812-1847), 219.
Gouraud, 133, 204.
Goursat, 221, 225.
Grassmann (Hermann) (1809-1877), 230-31.
Gravitation universelle (théorie de la), 134, 150.
Green (1793-1841), 237.
Grynaeus, 30.
Guldin (Paul) (1577-1643), 57, 125.
Gunther, 114.

Hachette (1769-1834), 197.
Hadamard, 211.
Halley (1656-1742), 42.
Halphen (1844-1889), 225.
Hamilton (1805-1865), 229.
Harriot (Th.) (1560-1621), 111.
Heiberg (né le 27 novembre 1854), 30.
Heilbronner, 64.
Hélice, 35.
Henrion, 112.
Henry (Charles) (né en 1856), 93.
Hériger, 80.
Hermite, 219, 221.
Hermotime de Colophon, 25.
Héron d'Alexandrie, 47.
Hexagramme mystique, 132.
Hipparque, 44, 46.
Hippias d'Elée, 19.
Hodographe, 211.

Hippocrates, 14, 23, 24.
Hoefer (F.) (1811-1878), 37, 75, 138, 187.
Homographie, 231, 239.
Honeïn-ben-Ishak, 30.
Hôpital (Mis de l'), 160.
Huygens (Christian), 138, 140, 149.
Hypatia, 52, 61.
Hydrodynamique, 187, 238.
Hyperbole, 20, 42, 110. V. *Coniques*.
Hyperelliptiques (fonctions), 225.
Hypsicles, 45.

Ibn-Younis, 76.
Imaginaires (quantités), 98, 169, 180, 230.
Incommensurables (grandeurs), 14, 19, 28.
Indéterminée (analyse), 61.
Indivisibles, 122, 136.
Infini, 14, 88.
Infinitésimale (analyse), 141-67, 198, 235.
Instruments de Mathématiques, 164-167.
Intégral (calcul), 159, 162, 179, 181.
Intégrales elliptiques, 218.
Interpolation, 141.
Involution des six points, 132.
Ionienne (école), 9-11.
Isidore de Séville (mort en 636), 68.
Isochrone (courbe), 162.
Isopérimétriques (figures), 46, 162, 174.

Jacobi, 210, 219.
Jamblique, 52, 56.
Jean d'Espagne, 83.
Jordan (Camille) (né le 5 janvier 1838), 212.
Jupiter (théorie de), 184, 203.

Kant, 241.
Kepler (1571-1630), 113.
Kirique, 80-81.
Klein (Félix) (né en 1849), 210, 222.
Kovalewski (Sophie), 226-29.
Kronecker (1823-1891), 212.
Kummer (1810-1893), 211.

Lacroix (1765-1843), 176.
Lagrange, 127, 163, 169, 183-90, 210, 232.
Lahire (Ph. de) (1640-1718), 45, 137.
Laisant (né le 1er novembre 1841), 24, 230, 240.
Lambert, 169, 180.
Landen (1719-1790), 172.
Laplace, 200-205, 210.
Lazzeri, 24.
Leffler (Mme) 226.
Legendre, 204-205, 219, 232.
Leibniz, 127, 145, 154-60, 172.
Lejeune-Diriclet. V. *Diriclet*.
Lemoine (Emile), 240.
Léonard de Pise, 87, 105.
Libri, 95, 97, 126, 219.
Lie (Sophus), (1842-1899), 246.
Lieux géométriques, 17.
Liouville (1803-1860), 235.
Lobatschevsky, 241-47.
Logarithmes, 112, 113, 114.
Loria (Gino) (né le 19 mai 1862), 29, 181, 210.
Loxodromie, 96.
Lulle (1235-1315), 88.
Lune (théorie de la), 178, 184, 203.
Lunule d'Hippochrates, 16.

Machine. V. *Arithmétique*.
Maclaurin (1698-1746), 170.
Magiques. V. *Carrés*.
Mannheim, 241.
Marées (théorie des), 203.
Marie (Maximilien), 178, 184, 205, 215.
Maurolycus (1494-1575), 95.
Maxwell, 237.
Mécanique céleste, 47, 55, 71, 145, 149, 175, 178, 200.
Mécanique rationnelle, 20, 31, 35, 108, 121, 156, 159, 163, 172, 175, 188, 197, 206, 209.
Ménéchme, 19.
Menelaus, 53.

Meré (chevalier de), 133.
Merrimann, 210.
Mersenne (le P.) (1588-1648), 116, 128, 139.
Metius (Adrien), 99.
Mittag-Leffler (né en 1846), 226.
Möbius (1790-1868), 230.
Mohammed-ben-Musa, 73.
Moivre (de), 169.
Monge, 130, 190-97.
Montmort (1678-1719), 167.
Morgan (A. de), 231-32.
Moschopoulos, 90-91.
Murris (Jean de) 89.
Musa ben Schaker, 74-75.
Mydorge (1585-1647), 116, 128, 136.

Napier, 109, 111-13.
Nasir-ed-din, 30.
Navier (1785-1836), 216.
Négatives (quantités), 105, 117.
Nemorarius, 86.
Nesselmann, 33, 59.
Neuberg, 240.
Newton, 56, 127, 135, 142-50.
— *Binôme*, 97, 133.
— *Lois*, 146-50.
— V. « *Principes* ».
Nicolas de Smyrne, 89.
Nicole (François) (1625-1695), 166.
Nicomaque de Gérase, 52, 64.
Nicomède, 45.
Nieuwentyt, 161.
Nombres : Egypte, 5 ; Babyloniens, 2 ; Grecs, 37, 54. V. *Chiffres*, *Notation*.
Nombres (théorie des), 49, 80-81, 126, 175, 184, 188, 205, 207-12. V. *Premiers*.
Non-euclidienne. V. *Géométrie*.
Notation : algèbre, 60, 111 ; analyse infinitésimale, 153-54, 159 ; arithmétique, 2, 7, 66 ; trigonométrie, 175.
Nomographie, 231.
Nunez (Pedro) (1492-1577), 96.

Ocagne (Maurice d'), 222, 231.
Oenopides, 10.
Olbers (1758-1840), 209.
Ondulations (théorie des), 139.
Optique mathématique, 29, 121, 139, 153, 174, 181, 216, 229.
Oscillation (centre d'), 168.

Pachymère, 89.
Paccioli, 93-94.
Padmanabha, 71.
Palmos, 90.
Pappus, 44, 56-58, 68.
Papyrus d'Akhmim, 5, 7.
Papyrus mathématique de Rhind, 4, 5.
Parabole, 20, 35. V. *Coniques*.
Parallélogramme des forces, 108.
Parallèles, 14, 241-45.
Parent (Antoine) (1666-1716), 163.
Pascal, 58, 100, 127-134.
Peano, 231.
Peirce (Benjamin) (1809 - 1880), 247.
Pentagone étoilé, 12.
Perseus, 45.
Perspective, 29, 135, 197.
Pfaff (1795-1825), 208.
Pherecydes, 11.
Philolaus, 13.
Philopon, 52.
Physique mathématique, 139, 163, 181, 206, 209, 226.
Pi (π), 4, 10, 34, 70, 99, 141, 180.
Piazzi (1746-1825), 209.
Picard (C.-E.) (né le 24 juillet 1856), 221, 225, 236.
Planude, 89, 99.
Platon, 17-18.
Platon (école de), 17.
Platon de Tivoli, 83.
Plotin, 56.
Poincarré (Henri) (né le 19 avril 1854), 211, 236, 247.
Poinsot (1777-1859), 206.
Poisson (1781-1840), 206, 219.
Poncelet (1788-1867), 135, 199, 238-39.
Porphyre, 52, 56.
Potentiel, 237.
Prætorius, 99.

Premiers (*nombres*), 43, 211.
« *Principes* » de Newton, 138, 142-50.
Priscien, 64.
Probabilités (*calcul des*), 127, 133, 162, 167, 169, 182, 204.
Problème de Pappus, 57.
— *des trois corps*, 172, 175.
Proclus, 15, 29, 30, 62.
Progression, 5, 110.
Ptolémée, 55-6.
Puiseux (1820-1883), 220.
Purbach, 35.
Pythagore, 11, 23, 52.
— *Ecole de*, 11, 15.

Quadratrice, 20, 57.
Quadrature du cercle, 10, 18, 80, 137.
Quadrature des courbes, 35, 137, 153.
Quaternions, 212.

Ramus ou La Ramée (1515-1572), 100.
Raoul de Laon, 86.
Ratholt (Ehrard), 30.
Rebière, 61.
Regiomontanus (1436-1476), 59, 85, 92.
Resal (Henri) (1828-1896), 238.
Rhind. V. Papyrus.
Riccati (Jacques de) (1676-1754), 166.
— Giordano, 166.
— Vincenzo, 166.
Riemann (Bernhard), 220-21, 245.
— *Surfaces de*, 221, 245-46.
Ritter (François), 106.
Roberval (Gilles Personnier de) 1602-1675), 128, 136-37.
Rolle (Michel) (1652-1719), 160.
Romain (Adrien), 42, 99.
Romains (*mathématiciens*), 63-68.
Rosenhain (1816-1887), 219.
Rouché, 24.
Roulette (*problème de la*). V. *Cycloïde*.

Saccheri, 241.
Sacro-Bosco (Jean de), 83-85, 89.
Saint-Vincent (Grégoire de) (1584), 137.
Saunderson, 142, 147.
Schœnflies, 241.
Schooten (van) (mort en 1660), 138.
Schreiber de Carlsruhe, 197.
Schwarz (né en 1845), 226.
Serenus, 52.
Séries, 141, 153, 168, 169, 182, 215. V. Fourier.
Servois (1767-1847), 135, 199.
Sexagésimal (*système*), 3.
Signes (*règle des*), 61.
Similitude, 25.
Simson (Robert) (1687-1768), 42, 135.
Sinus, 76, 102, 113.
Sluse (de) (1622-1685), 122.
Smith (E.), 210.
Smith (Stephen), 211.
Société mathémathique de Londres (*fondation*), 232.
Société Royale de Londres, 157.
Sphérique. V. *Trigonométrie*.
Spiriques, 45-6.
Statique, 108, 192, 118.
Steiner (1796-1863), 230, 240, 241.
Stéréométrie ou *coupe des pierres*, 135.
Stevin (Simon), 107, 108, 111.
Stewart (Mathieu) (1717-1785), 171.
Stifel (Michel) (1486-1567), 100, 112.
Sturm (1803-1855), 236.
Surfaces (*théorie des*), 220-21, 25, 245.
Synthèse, 18.

Tabit ben Korra (836-901), 75.
Table de multiplication, 12.
Tangentes, 42, 76, 120, 177.
Tannery (Paul) (né le 20 décembre 1843), 14, 20, 47, 52, 55, 90.
Tartaglia (Nicolo) (1500?-1557), 97.

Tautochrone (*courbe*), 138.
Taylor (1685-1731), 168-69.
Tchebycheff (né en 1821), 211.
Thalès de Milet, 9.
Theano, 11.
Théétète d'Athènes, 19.
Théodose de Tripoli, 48.
Théon d'Alexandrie, 47, 52.
Théon de Smyrne, 54.
Théophraste d'Erèse, 21.
Théorie des équations. V. *Equations*.
Théorie des fonctions. V. *Fonctions*.
Théorie de Jupiter. V. *Jupiter*.
— *de la Lune*. V. *Lune*.
— *des nombres*. V. *Nombres*.
Theudiose de Magnésie, 25.
« *Timée* » de Platon 16.
Torroja, 222.
Triangle Arithmétique. V. *Arithmétique*.
Trigonométrie, 75, 105, 169.
— *rectiligne*, 93, 169.
— *sphérique*, 47, 76, 93, 102.
Trisection des angles, 19, 75.
Tycho-Brahe (1546-1601), 112.

Ubaldi (Guido) (mort en 1607), 108.
Universités au moyen âge : Bologne, 89; Cambridge, 89; Cordoue, 82; Grenade, 82; Oxford, 89; Paris, 82, 88; Prague, 89.

Vandermonde (1735-1796), 181, 217.
Varignon (1654-1722), 108, 163.
Vassilief, 242.
Victorius, 64.
Viète (François), 42, 99, 101-107.
Vinci (Léonard de), 91.
Vlacq, 114.

Wallis, 122, 141, 184.
Waring (Ed.) (1734-1798), 188.
Weierstrass, 221-25.
Werner, 112.
Whiston, 142.
Widmann (xve siècle), 93.
Wœpcke, 72.

Xénophane, 11.

Young (1773-1829), 206.

Zénodore, 46.
Zéro, 68, 79, 86.

TABLE DES FAC-SIMILÉS

ET DES PORTRAITS

Fac-similé des *Acta Eruditorum* 158
Instruments de mathématiques au XVIIe siècle 164-65
Instruments de mathématiques (construction et usage). Frontispice.
Manuscrit de l'*Algorithmus* de Jean de Sacro-Bosco 84
— de l'*Ars Geometriæ* de Boèce 65
— des *Éléments* d'Euclide. 27
Papyrus mathématique d'*Akhmim* 7
Portrait de Carnot. 195
— Cauchy. 213
— Descartes 117
— Du Chatelet (Mme). 151
— Euler 173
— Fermat. 123
— Galois. 233
— Kovalewsky (Mme) 227
— Lagrange. 185
— Laplace 201
— Leibniz 155
— Lobatchevsky. 243
— Monge. 191
— Napier. 109
— Newton. 143
— Pascal. 129
— Saunderson. 147
— Viète 103
— Weierstrass 223

TABLE DES CHAPITRES

Préface ix

Chapitre premier. — Les Mathématiques chez les anciens peuples de l'Orient 1

Chapitre II. — Les Écoles Ionienne et Pythagoricienne 9

Chapitre III. — Les Écoles d'Athènes et de Cyzique : Platon, ses disciples et leurs contemporains 17

Chapitre IV. — Fondation de l'École d'Alexandrie. Œuvres d'Euclide et d'Archimède 22

Chapitre V. — Les travaux d'Apollonius et le développement des Mathématiques appliquées 39

Chapitre VI. — Les Mathématiques en Égypte et en Grèce, du Ier au ve siècle. Etablissement de la Trigonométrie sphérique et naissance de l'Algèbre 52

Chapitre VII. — Les Mathématiques chez les Romains 63

Chapitre VIII. — Le développement des Mathématiques dans l'Inde 69

Chapitre IX. — La Science arabe du ixe au xiie siècle 73

Chapitre X. — Les Mathématiques en Occident au moyen âge. Influence des Arabes 78

Chapitre XI. — La fin du moyen âge et l'École Byzantine . . . 87

Chapitre XII. — Les précurseurs de la Mathématique moderne. 92

Chapitre XIII. — Invention de l'Algèbre moderne par Viète et découverte des logarithmes par Napier 101

Chapitre XIV. — La *Géométrie* de Descartes (1637). Les travaux de Fermat et de Pascal 115

Chapitre XV. — Découverte de l'Analyse infinitésimale par Newton et Leibniz 141

CHAPITRE XVI. — Les Mathématiciens anglais de la première moitié du XVIIIe siècle et les recherches d'Euler 168

CHAPITRE XVII. — Travaux de Lagrange. Invention de la *Géométrie descriptive* par Monge (1800). Œuvres de Laplace et de Legendre. 183

CHAPITRE XVIII. — Coup d'œil sur la Science contemporaine : Arithmétique supérieure. — Analyse et théorie des fonctions. — Algèbre et Mécanique. — Géométrie euclidienne et Géométries non euclidiennes 207

INDEX. NOMS CITÉS ET MATIÈRES TRAITÉES. 249

TABLE DES FAC-SIMILÉS ET DES PORTRAITS. 257

ÉVREUX. IMPRIMERIE DE CHARLES HÉRISSEY

GEORGES CARRÉ ET C. NAUD, ÉDITEURS
3, RUE RACINE, PARIS

Sixième année

L'ÉCLAIRAGE ÉLECTRIQUE

ÉLECTRICITÉ — MÉCANIQUE — THERMIQUE

REVUE HEBDOMADAIRE PARAISSANT LE SAMEDI

ABONNEMENTS

FRANCE et ALGÉRIE : 50 francs. — UNION POSTALE : 60 francs

Les abonnements partent du commencement de chaque trimestre.

Prix du Numéro : 1 franc

Lorsqu'en septembre 1894 *La Lumière Électrique* cessa brusquement de paraître, l'émoi fut grand parmi tous ceux, savants et industriels, qui s'occupent d'électricité. C'était, en effet, un recueil universellement apprécié, dont la collection constitue aujourd'hui une sorte d'encyclopédie de la Science électrique et de ses applications, où tous les faits nouveaux, toutes les découvertes récentes se trouvent consignés et étudiés avec les développements qu'ils comportent.

Combler le vide laissé dans la Presse scientifique par la disparition de cet important organe s'imposait. C'est dans ce but que, groupant les principaux collaborateurs de ce recueil et y adjoignant des éléments nouveaux en vue d'accentuer son double caractère industriel et scientifique, **L'Éclairage Électrique** a été fondé. Publié sous le même format, avec la même périodicité, aussi largement illustré que *La Lumière Électrique*, **L'Éclairage Électrique**, qui paraît régulièrement depuis le 15 septembre 1894, a su conserver, et même, suivant d'aucuns, dépasser le rang qu'avait atteint son prédécesseur.

COMPOSITION DE CHAQUE NUMÉRO

Chaque numéro comprend quatre parties :

1° *Articles de fond.*

2° *Revue industrielle et des inventions.*

3° *Revue des Sociétés savantes et des publications scientifiques.*

4° *Chronique.*

Depuis avril 1897, il a été ajouté à chaque numéro un Supplément où sont publiés :

5° *Nouvelles.*

6° *Littérature des périodiques.*

7° *Bibliographie.*

8° *Brevets d'invention.*

I. Articles de fond. — Les articles de fond, généralement au nombre de quatre, se composent d'*articles originaux, de revues critiques et de descriptions d'usines, d'installations et de matériel.*

Les *articles originaux*, dus à la plume des savants les plus illustres et des ingénieurs les plus distingués, sont de beaucoup les plus nombreux et les plus développés. Les questions les plus complexes de l'électricité pure, aussi bien que les problèmes les plus ardus de l'art de l'ingénieur électricien y sont traités avec ampleur ; en outre, une place est accordée aux questions qui, sans être absolument du domaine de l'électricité, comme celles de l'optique et, dans un autre ordre d'idées, les questions relatives aux moteurs hydrauliques et thermiques, s'y rattachent assez étroitement pour présenter quelque intérêt aux savants et aux industriels.

Les *revues critiques* ont pour objet de remettre sous

les yeux du lecteur, à l'occasion de quelque nouvelle découverte, l'ensemble des travaux effectués dans une des parties du domaine si vaste de l'électricité ; toujours confiées à un savant ou à un praticien au courant de la question, ces revues ont pour le lecteur l'inappréciable avantage de le dispenser d'aller chercher dans d'innombrables publications les mémoires originaux qui l'intéressent.

Les *descriptions d'usines, d'installations et de matériel*, généralement faites par les ingénieurs chargés de leur exécution ou en mesure de les étudier avec soin, sont toujours illustrées avec la plus grande profusion.

II. Revue industrielle et des inventions. — Dans cette seconde partie, *L'Éclairage Électrique* donne l'analyse des principaux articles publiés dans les *journaux français et étrangers*, des communications faites aux *Sociétés techniques* et des *Brevets d'invention*. Ces analyses, faites avec le plus grand soin et le plus rapidement possible, tiennent chaque semaine les ingénieurs au courant des questions qui les intéressent.

III. Revue des Sociétés savantes et de la presse scientifique. — Cette troisième partie rend aux savants les mêmes services que la précédente aux industriels ; elle est consacrée à l'analyse détaillée des mémoires présentés aux diverses *Académies et Sociétés savantes* ou publiés dans les principaux *Recueils scientifiques* du monde entier. Grâce à la compétence des collaborateurs qui en sont chargés, grâce aussi au soin et à la scrupuleuse exactitude qu'ils apportent au travail délicat qui consiste à résumer la pensée des autres sans la défigurer, cette *Revue* jouit d'une estime universelle et tout auteur d'un travail sérieux tient à honneur d'y figurer.

IV. Chronique. — Dans cette partie, sont donnés des renseignements sur le développement des applications de l'électricité : *travaux projetés*, *installations d'usines* *récentes*, *résultats d'exploitation*, *statistique*, etc., ainsi que des analyses succinctes des travaux industriels et scientifiques de nature à pouvoir être exposés sans illustration.

Supplément. — Dans les *Nouvelles* sont publiées aussi rapidement que possible les informations relatives à la traction, l'éclairage, la téléphonie, etc., aux expositions, concours, formations de sociétés, etc.

La *Littérature des périodiques* donne, chaque quinzaine et dans le plus bref délai, les titres des articles originaux publiés dans les principaux journaux d'électricité allemands, américains, anglais, autrichiens, etc., ainsi que des articles relatifs à l'électricité que publient les journaux et revues industriels ou scientifiques d'ordre plus général ; ces titres sont classés méthodiquement.

Dans la *Bibliographie*, tout ouvrage important publié en France ou à l'étranger et se rapportant à l'électricité est l'objet d'une analyse critique absolument impartiale, assez étendue pour indiquer au lecteur la valeur de l'ouvrage et la nature de son contenu.

En outre les ouvrages envoyés à la Rédaction y sont annoncés, dès leur réception, de sorte que les lecteurs de *L'Éclairage Électrique* se trouvent ainsi constamment tenus au courant de la littérature électrique.

Enfin chaque semaine une liste des *Brevets d'invention* pris récemment en France, termine le supplément.

Cette division du journal et le développement qu'il est possible de donner à chacune de ses parties grâce à l'étendue de chaque numéro permettent de renseigner le lecteur, *rapidement et complètement*, sur tout ce qui s'écrit ou se fait en électricité, dans le monde entier.

PRINCIPAUX SUJETS RÉCEMMENT TRAITÉS

S'adressant aux savants, aux ingénieurs et aux constructeurs, *L'Éclairage Électrique* traite des sujets des plus variés se rapportant à *l'Électricité pure* et aux nombreuses *Applications de l'électricité.*

I. — Électricité pure.

Bien que toutes les questions d'électricité pure soient traitées avec ampleur dans la *Revue des Sociétés savantes et des publications scientifiques* où sont reproduits ou analysés les travaux présentés aux Académies des sciences et aux Sociétés de physique de Paris, Londres, Berlin, Vienne, Rome, Saint-Pétersbourg, et les mémoires publiés par les grandes revues scientifiques : *Annales de Chimie et de Physique, Journal de Physique, Annalen der Physik und Chemie, Philosophical Magazine, Physical Review,* chaque livraison de **L'Éclairage Électrique** contient généralement un article de fond sur l'*Électricité pure.*

Voici à titre de spécimens quelques-uns des articles de ce genre récemment publiés :

La Théorie de Lorentz et le phénomène de Zeeman	**M. H. Poincaré** De l'Académie des Sciences, Professeur à la Sorbonne.
La décimalisation de l'heure et de la circonférence	**M. A. Cornu** De l'Académie des Sciences, Professeur à l'École Polytechnique.
Recherches expérimentales sur la polarisation rotatoire magnétique	**M. Cotton** Maitre de conférences à la Faculté des Sciences de Toulouse.
La Théorie électromagnétique de la lumière et l'absorption cristalline	**M. B. Bruhnes** Professeur à la Faculté des Sciences de Dijon.
Propriétés des aimants rectilignes	**M. V. Guillet**
Les progrès de la bobine d'induction	**M. H. Armagnat** Chef du service des mesures à la maison Carpentier.
Sur la transformation des rayons X par les différents corps	**M. G. Sagnac** Préparateur à la Faculté des Sciences de Paris.
Électrisation de la vapeur émise par un liquide électrisé	**M. H. Pellat** Professeur à la Faculté des Sciences de Paris.
Théorie de l'électricité et de la chaleur de M. Riecke	**M. M. Lamotte** Agrégé de l'Université.

LA TÉLÉGRAPHIE SANS LIGNE CONTINUE PAR INDUCTION ÉLECTROMAGNÉTIQUE .	**M. J. Voisenat** Ingénieur des télégraphes.
RECHERCHES SUR L'AIMANTATION	**M. Pierre Weiss** Maître de conférences à la Faculté des Sciences de Rennes.

Les questions d'actualité trouvent naturellement un large développement dans **L'Éclairage Électrique.** Les *rayons cathodiques*, les *rayons X* et le *phénomène de Zeeman*, y sont l'objet de nombreux articles, revues ou chroniques, et il est rare qu'un numéro du journal ne contienne pas quelque étude sur les questions à l'ordre du jour.

A la limite du domaine de l'*Électricité pure* se placent les analyses des travaux d'électricité présentés aux Congrès et les descriptions des appareils nouveaux rencontrés aux Expositions. Dans les derniers volumes de **L'Éclairage Électrique** ont paru sur ces sujets les articles qui suivent :

CONGRÈS DE NANTES DE L'ASSOCIATION FRANÇAISE POUR L'AVANCEMENT DES SCIENCES	**M. J. Blondin** Agrégé de l'Université.
LES TRAVAUX DE L'ASSOCIATION BRITANNIQUE.	**M. A. Hess**
LES TRAVAUX DE LA SOCIÉTÉ ALLEMANDE D'ÉLECTROCHIMIE	**M. Th. Müller** Professeur à la Faculté de Nancy.
L'EXPOSITION DE LA SOCIÉTÉ DE PHYSIQUE.	**M. G. Goisot**

II. — Électricité appliquée.

Plus nombreux encore sont les articles se rapportant aux applications de l'Électricité.

Brevets d'invention. — La description des *Brevets d'invention*, d'une si grande importance pour l'ingénieur et le constructeur, est régulièrement faite sous forme d'articles et de revues très largement illustrés. Parmi les articles nous relevons :

Les applications mécaniques. . . . . . Les applications thermiques . . . . . Les lampes a arc. . . . . Les lampes a incandescence.	**M. G. Richard** Ingénieur des Arts et Manufactures, Secrétaire général de la Société d'Encouragement.
Les applications a la traction. . . .	**M. G. Pellissier**
Les dynamos et les moteurs.	**M. F. Guilbert** Ingénieur de la maison Farcot.
La téléphonie et la télégraphie . .	**M. A. Hess**
Les applications chimiques.	**M. J. Blondin**
Les instruments de mesure.	**M. H. Armagnat** Ingénieur de la maison Carpentier.

Descriptions d'installation. — Mais s'il est de la plus grande utilité d'être tenu au courant des inventions récentes, il est non moins utile de connaître celles qui ont subi l'épreuve de la pratique. **L'Éclairage Électrique** publie, dans ce dernier but, la description détaillée des grandes *Installations*.

Voici quelques-uns des articles de ce genre publiés dans les derniers volumes :

La distribution d'énergie électrique a Lyon.	**M. J.-L. Routin** Ingénieur de la Société des forces motrices du Rhône.
Le transport de force Chèvres-Genève	**M. C.-E. Guye** Professeur agrégé à l'Ecole polytechnique de Zurich.
L'Usine a carbure de calcium de Méran	**M. Keller**
Les tramways électriques de Tours. — Le système magnétique Diatto .	**M. J. Blondin**
Les tramways électriques de Lyon. .	**M. J. Reyval**
Les alternateurs du secteur des Champs-Elysées . . . . Le nouveau matériel générateur du secteur de la Société d'Éclairage et de Force.	**M. F. Guilbert** Ingénieur de la maison Farcot.
La station centrale de Buda-Pesth.	**M. A. Moutier** Ingénieur du chemin de fer du Nord.

Études industrielles. — Ces études forment la majeure partie des articles de fond. Toujours signées par les ingénieurs les plus distingués, elles se rapportent aux sujets les plus divers : Mesures industrielles, Génération et Transformation de l'électricité, Distribution, Moteurs, Transport de force, Éclairage, Électro-Chimie, etc., et contribuent à faire de **L'Éclairage Électrique** un journal indispensable à l'ingénieur-constructeur.

Voici quelques-uns des sujets récemment traités :

Disposition des feeders de retour d'une ligne de tramways électriques	**M. H. Tripier**
Étude sur la transmission et la distribution de l'énergie par courants alternatifs	**M. M. Leblanc**
Les stations centrales de hauts fourneaux	**M. A. Witz**
Les commutatrices	**M. C.-F. Guilbert**
Contribution a l'étude de l'accumulateur au plomb	**M. L. Jumau**
Automobiles électriques : Voiture Columbia	**M. P. Dupuy**
Les appareils de chauffage électrique Parvillée frères	**M. J. Reyval**
Accumulateurs pour automobiles électriques	**M. J. Reyval**
Les commutatrices	**M. J.-B. Ritter**

Parmi les applications de l'électricité, deux ont pris dans ces dernières années une extension considérable; nous voulons parler de la *Traction électrique* et de l'*Électrochimie.* Ces deux applications ont été dans **L'Éclairage Électrique** l'objet de nombreux articles, revues et chroniques.

EN VENTE

Tables générales des dix premiers volumes de **L'Éclairage Électrique**, 1 fascicule de 86 pages, donnant un état de ce qui a été publié jusqu'à ce jour . . 3 fr.

L'ENSEIGNEMENT

MATHÉMATIQUE

REVUE INTERNATIONALE

Paraissant tous les deux mois par fascicule in-8° raisin de 80 pages.

DIRECTEURS

C.-A. LAISANT
Docteur ès sciences,
Répétiteur à l'École polytechnique
de Paris.

H. FEHR
Privat-docent à l'Université de Genève,
Professeur au Collège et à l'École
professionnelle.

Prix de l'Abonnement annuel.

FRANCE ET SUISSE. . . **12** fr. | UNION POSTALE. . . . **15** fr.

Dans tous les pays où se cultive la science mathématique, le corps enseignant se compose à tous les degrés de professeurs profondément attachés à leur mission, et qui s'y consacrent avec tout ce qu'ils ont de dévouement, d'instruction et d'intelligence. Mais presque tous en sont venus à comprendre qu'il y a, dans les moyens pédagogiques employés, des perfectionnements possibles ; à l'heure où la science a tant progressé, certaines simplifications peuvent être désirables, les programmes des diverses branches de l'enseignement appellent des réformes plus ou moins complètes. Et avec cela il y a une question fondamentale dont on ne saurait méconnaître l'importance : c'est celle de la préparation du corps enseignant.

Toutes ces transformations ne sauraient s'accomplir brusquement, ni sans de sérieuses réflexions préalables. Mais, pour procéder à une telle étude d'une façon judicieuse et utile, la première des conditions n'est-elle pas de connaître ce qui se passe dans les autres pays, de savoir quel est dans chacun d'eux le mode d'organisation de l'enseignement mathématique; quels sont les programmes en vigueur, les moyens de sanction des études, etc. Or sur toutes ces choses, on vit, il faut le reconnaître, dans une ignorance générale profonde, et il n'en peut être autrement.

Par la publication de **L'Enseignement mathématique** nous avons voulu créer une sorte de correspondance mutuelle, continue, entre les hommes qui ont consacré leur vie à cette noble mission : l'éducation mathématique de la jeunesse.

En vue de ce résultat, notre premier soin a été de donner à **L'Enseignement mathématique** un caractère franchement et hautement international.

Chaque numéro de **L'Enseignement mathématique** contiendra en principe : 1° des articles généraux ; 2° des études pédagogiques ; 3° une chronique et des correspondances ; 4° une partie bibliographique.

SOMMAIRES

N° 1. — 15 Janvier 1899.

Les Directeurs : L'Enseignement mathématique. — Z.-G. de Galdeano : Les Mathématiques en Espagne. — C.-A. Laisant : Les Questions de terminologie. — Alfred Binet : La Pédagogie scientifique. — H. Laurent : Considérations sur l'enseignement des mathématiques dans les classes de Spéciales en France. — H. Fehr : Sur l'enseignement des éléments de Trigonométrie. — G. Fontené : Sur l'enseignement de la théorie des Vecteurs.

Chronique. — Congrès de Düsseldorff (Dr Maurer). — La Société italienne « Mathesis » (F. Giudice). — Les programmes de l'enseignement intérieur de l'École polytechnique de Paris. — Récents traités classiques de Géométrie en Italie et en France. — Congrès international des mathématiciens de 1900. — Les moyens physiques dans le calcul. — La Bibliothèque mathématique des travailleurs (Dr Hulmann). — Brevet de l'enseignement secondaire supérieur en Prusse. — Société mathématique de France.

Bibliographie. — Lazzeri e Bassani : Elementi di Geometria *(L. Ripert).* — P. Appell : Éléments d'analyse mathématique *(A.-G. Greenhill).* — G. Oltramare : Calcul de généralisation *(C.-A. Laisant).* — L'éducation mathématique. — Annuaire du bureau des Longitudes pour 1899.

Bulletin bibliographique.

N° 2. — 15 Mars 1899.

V.-V. Bobynin : L'Enseignement mathématique en Russie ; aperçu historique. — R. Baron : Sur un paradoxe de notre numération parlée. — H. Poincaré : La Notation différentielle et l'enseignement. — L'Agrégation des sciences mathématiques en France ; Concours de 1898 et Programme de 1899. — C.-A. Laisant : Le Choix des sujets de composition. — G. Fontené : Sur l'emploi des signes en Géométrie. — *Chronique.* — *Correspondance.* — *Bibliographie.* — *Bulletin bibliographique.* — *Nécrologie.*

N° 3. — 15 Mai 1899.

H. Poincaré : La logique et l'intuition dans la science mathématique et dans l'enseignement. — W.-W. Beman (trad. par C. Berdellé) : Un chapitre de l'histoire des mathématiques. — R. de Montessus : Les fondements de l'Arithmétique moderne. — Z.-G. de Galdeano : Quelques principes généraux sur l'enseignement mathématique. — G. Candido : Sur la fusion de la Planimétrie et de la Stéréométrie dans l'enseignement de la Géométrie élémentaire en Italie. — *Chronique.* — *Correspondance.* — *Bibliographie.* — *Bulletin bibliographique.*

Dans la **Petite Correspondance**, publiée en tête de chaque numéro, il est répondu à toutes les questions posées par nos abonnés.

La rédaction se tient, du reste, constamment à leur disposition pour leur donner par correspondance, et d'une façon tout à fait désintéressée, les renseignements qui peuvent leur être utiles.

SOMMAIRES DES DERNIERS NUMÉROS PARUS

25 Mars 1899.

Une exposition d'Art photographique, E. Wallon. — Les impressions en couleurs et les méthodes photographiques dites orthochromatiques, C. Gravier. — Le plus simple de tous les stéréoscopes, E. Flobert. — Procédé au sulfate de cuivre, Ch. Benham. — Images monochromes de couleur quelconque au moyen de la gélatine bichromatée, E. J. — Propriétés des verres employés en optique et en photographie, E. J. — Bas-reliefs photographiques. — Nouveautés photographiques : Appareil pour plaque ou pellicule en rouleau. — Nos illustrations. — Échos et nouvelles. — Recettes et formules : Parallélisme du verre dépoli avec l'objet à copier ; Révélateurs à l'acide pyrogallique.

25 Avril 1899.

La photographie en Suisse, Comte d'Asshe. — Transparence des corps opaques pour certaines radiations, G. M. — L'hydramine. — Comment on s'attache à une épreuve, Crusat. — Nouveautés photographiques, Pocket Kodak transformé ; Jumelle « La Gauloise » ; Développateur et fixateur de voyage. — Nos illustrations. — Échos et nouvelles. — Recettes et formules : Pour photographier l'eau dormante ; Virage inégal du papier à la celluloïdine.

25 Mai 1899.

La photographie documentaire, E. Monchelet. — Conseils aux débutants : Causes d'insuccès, E. Forestier. — Le portrait en plein air, J.-B. — Le papier au gélatino-bromure comme grand négatif dans les agrandissements sur papier, H. Belliéni. — Vues de projections à tons chauds, J. Bompas. — Cuvette facile à faire, Dr de Taroni. — Nouveautés photographiques : Un nouveau cinématographe, l'Aléthorama ; Amplificateur universel J. Carpentier, à mise au point automatique. — Nos illustrations. — Échos et nouvelles. — Recettes et formules : Développement hydroquinone et lithine ; Taches de pyrogallol sur les vêtements, moyen de les enlever.

L'ART Photographique

RECUEIL DE REPRODUCTIONS PHOTOGRAPHIQUES

PAR LIVRAISON MENSUELLE

Contenant au moins quatre gravures de format 30 × 40

L'envoi de chaque numéro se fait dans un rouleau de carton afin d'éviter le froissement.

SCIENTIA

Exposé et développement des questions scientifiques à l'ordre du jour.

RECUEIL PUBLIÉ SOUS LA DIRECTION DE :

MM. APPELL, CORNU, D'ARSONVAL,
LIPPMANN, MOISSAN, POINCARÉ, POTIER, membres de l'Institut,
pour la partie physico-mathématique ;

ET SOUS LA DIRECTION DE :

MM. BALBIANI, professeur au Collège de France ; D'ARSONVAL,
FILHOL, FOUQUÉ, GAUDRY, GUIGNARD, MAREY.
MILNE-EDWARDS, membres de l'Institut, *pour la partie biologique.*

Chaque fascicule comprendra de 80 à 100 pages in 8° écu, avec cartonnage spécial.

Prix du fascicule. . . . . 2 francs.

On peut souscrire à une série de 6 fascicules (Série Physico-Mathématique ou Série Biologique) au prix de **10** *francs.*

A côté des revues périodiques spéciales enregistrant au jour le jour le progrès de la Science, il nous a semblé qu'il y avait place pour une nouvelle forme de publication, destinée à mettre en évidence, par un simple exposé philosophique et documenté des découvertes récentes, les idées générales directrices et les variations de l'évolution scientifique.

A l'heure actuelle, il n'est plus possible au savant de se spécialiser ; il lui faut connaître l'extension graduellement croissante des domaines voisins : mathématiciens et physiciens, chimistes et biologistes, ont des intérêts de plus en plus liés.

C'est pour répondre à cette nécessité que, dans une série de monographies, nous nous proposons de mettre au point les questions particulières, nous efforçant de montrer le rôle actuel et futur de telle ou telle acquisition, l'équilibre qu'elle détruit, ou établit, la déviation qu'elle imprime, les horizons qu'elle ouvre, la somme de progrès qu'elle représente.

Mais il importe de traiter les questions non d'une façon dogmatique, presque toujours faussée par une classification arbitraire, mais dans la forme vivante de la raison qui débat pas à pas le problème, en détache les inconnues et l'inventorie avant et après sa solution, dans l'enchaînement de ses aspects et de ses conséquences. Aussi, indiquant toujours les voies multiples que suggère un fait, scrutant les possibilités logiques qui en dérivent, nous efforcerons-nous de nous tenir dans le cadre de la méthode expérimentale et de la méthode critique.

Nous ferons, du reste, bien saisir l'esprit et la portée de cette nouvelle collection, en insistant sur ce point que la nécessité d'une publication y sera toujours subordonnée à l'autorité du sujet.

SÉRIE PHYSICO-MATHÉMATIQUE

Vient de paraître :

La Théorie de Maxwell et les Oscillations hertziennes, par H. Poincaré, de l'Académie des Sciences.
La Stéréochimie, par P. Freundler.
Le Magnétisme du fer, par Ch. Maurain.

Sous presse, pour paraître prochainement :

Appell (P.). **Les Mouvements de roulement en dynamique.**
Cotton (A.). **Le Phénomène de Zeemann.**
Décombes. **La Statique des fluides.**
Job (A.). **Les Terres rares.**
Lippmann (G.). **Détermination de l'ohm.**
Raveau. **Les Nouveaux Gaz.**
Villard. **Les Rayons cathodiques.**
Wallerant (F.). **Groupements cristallins ; Propriétés optiques.**

SÉRIE BIOLOGIQUE

Vient de paraître :

Les Fonctions rénales, par H. Frenkel.
La Spécificité cellulaire, par L. Bard.
La Sexualité, par F. Le Dantec.
Les Travaux récents sur la circulation du sang, par M. Arthus.
Les Actions moléculaires dans l'organisme, par H. Bordier.

Sous presse, pour paraître prochainement :

Courtade. **L'irritabilité dans la série animale.**
Delage (Yves) et Labbé (A.). **La fécondation chez les animaux.**
Gilbert (A.) et Carnot. **Les fonctions hépatiques.**
Hallion. **Modifications du sang sous l'influence des solutions salines.**
Hallion et Julia. **Action vasculaire des toxines microbiennes.**
Martel (A.). **Spéléologie.**
Mazé (P.). **Évolution du carbone et de l'azote.**
Mendelssohn (M.). **Les réflexes.**
Poirault. **La fécondation chez les végétaux.**
Renault (B.). **La houille.**
Thiroloix (J.). **La fonction pancréatique.**
Van Gehuchten (A.) **La cellule nerveuse et la doctrine des neuronnes.**
Winter (J.). **La matière minérale dans l'organisme.**

ÉVREUX, IMPRIMERIE DE CHARLES HÉRISSEY

www.ingramcontent.com/pod-product-compliance
Lightning Source LLC
LaVergne TN
LVHW010547110826
845149LV00003B/591

* 9 7 8 1 4 1 8 1 8 1 9 6 3 *